DER FEINSCHMECKER

DAS INTERNATIONALE GOURMET-JOURNAL

DIE BESTEN WEINLÄDEN IN DEUTSCHLAND

Was soll, nein, muss ein gutes Weingeschäft leisten? Das war die zentrale Frage, die wir uns stellten, als wir uns an die Überprüfung von über 2000 Adressen machten und FEINSCHMECKER-Mitarbeiter kreuz und quer durch die Republik schickten. Wir trafen auf viele engagierte Weinhändler, die ihr Fachwissen gern mit den Kunden teilten und uns kompetent und kenntnisreich berieten. Oder uns einfach in Ruhe in ihren Schätzen stöbern ließen. Hunderte von Weinen konnten probiert werden, oft wurde auch auf Anfrage bereitwillig die eine oder andere Flasche entkorkt.

Immer wieder ein Erlebnis ist es zum Beispiel, in die 13 Meter unter der Erde liegenden Katakomben des „Kölner Weinkellers" hinabzusteigen und sich dann wie im siebten Weinhimmel zu fühlen. Aber natürlich kann nicht jedes Weingeschäft solch ein Ambiente bieten – muss es auch nicht. Eine freundliche Atmosphäre, gepaart mit einer übersichtlichen Präsentation des Angebots sind jedoch Anforderungen, die jeder Weinladen, der auf sich hält, erfüllen kann.

Natürlich freut sich der Weinfreund über ein breites Sortiment. Jedoch ist Masse nicht gleich Klasse. Ein ausgewogenes Programm, ein repräsentatives Angebot heimischer Weine – plus Interessantes aus Europa und Übersee – sind uns auf den Touren durch Deutschland immer wieder begegnet. Aber auch bei Spezialisten waren wir gern zu Gast.

Das Internet bringt den Weinladen als Onlineversion nach Hause. Unter den zahlreichen Versendern trafen wir unsere Auswahl aufgrund der Übersichtlichkeit der jeweiligen Websites, der Qualität der Suchfunktion, der Beschreibung der angebotenen Weine und, sehr wichtig, der Sicherheit des Bezahlsystems.

Wir freuen uns, Ihnen die 600 besten Weinläden in Deutschland empfehlen zu können. Viel Spaß beim Stöbern und vor allem beim Besuch der Weinläden wünscht

Ihre FEINSCHMECKER-Redaktion

DIE BESTEN DEUTSCHEN WEINLÄDEN

SIEGER

INHALT

WAS DIE SYMBOLE BEDEUTEN

Restaurant/Imbiss

EC EC-Cash

Keine Kreditkarten

SIEGER

Bester Weinladen im jeweiligen Bundesland

„Weinhaus Haar": umfangreiches Sortiment im großen Verkaufsraum

BADEN-WÜRTTEMBERG

Aalen

Weinmarkt Grieser

Innenstadt, Ulmer Str. 68, PLZ 73431
Tel. 07361-618 45
www.weingrieser.de
Mo-Mi, Fr 10-19 Uhr, Do 10-20 Uhr, Sa 10-15 Uhr EC
Der „Weinmarkt" am Aalener Stadtrand zählt zu den größten in Deutschland. Kein Wunder, denn hier finden sich auf 750 Quadratmetern annähernd 1200 verschiedene Posten aus allen relevanten Anbaugebieten der Welt. An einer üppig ausgestatteten Weintheke kann probiert werden, regelmäßige Personalschulungen sorgen dafür, dass der Service stets kompetent berät.
Anzahl der Weine: 1200
Weitere Angebote: Balsamico, Feinkost, Käse, Olivenöl, Pasta, Salami, Saucen, Schinken, Süßwaren, Weinproben, Weinseminare

Weinhaus Schmid

Innenstadt, Beim Hecht 6, PLZ 73430
Tel. 07361-620 18
Mo-Fr 8.30-12.30 und 14-18.30 Uhr, Sa 8.30-14 Uhr EC
Zahlreiche Weine aus Baden-Württemberg finden sich im Sortiment, darunter auch solche von Württemberger Genossenschaften, die zumeist von Großkunden abgenommen werden. Ein weiterer Schwerpunkt liegt neben Weinen aus den klassischen Anbaugebieten auf Erzeugern aus Übersee. Vor allem Südafrika steht bei Schmid hoch im Kurs.
Anzahl der Weine: 1000
Weitere Angebote: Feinkost, Olivenöl, Pralinen, Süßwaren, Weinproben, Weinseminare

Backnang

Weinhaus Haar

Obere Bahnhofstr. 10, PLZ 71522
Tel. 07191-686 04
www.weinhaus-haar.de
Mo-Fr 9-13 und 14-19 Uhr, Sa 9-14 Uhr
EC
Über 600 verschiedene Weine werden im großen Verkaufsraum angeboten – und aus dem großen Lager ist schnell Nachschub geholt. Der Schwerpunkt liegt auf Gewächsen aus Deutschland, und zwar aus Würt-

Gastronomen und Weinliebhaber: Karl Schwemmle mit Ehefrau Bärbel in der „Vinothek Lamm"

temberg, aber auch die klassischen europäischen Weinländer sind gut vertreten. Darüber hinaus gibt es feine Bordeaux, Barolos etc. „Etikettenverkäufe" liegen Marianne und Frieder Haar dabei weniger am Herzen als gute Weine um die 10 Euro. Zehnmal im Jahr werden kostenlose Degustationen veranstaltet, darunter auch Fassproben. Bei Interesse werden Flaschen auch außerhalb der Aktionen geöffnet.
Anzahl der Weine: 650
Weitere Angebote: Essig, Olivenöl, Pasta, Saucen, Schokolade, Weinproben, Weinseminare

Bad Herrenalb

Vinothek Lamm

OT Rotensol, Mönchstr. 31, PLZ 76332
Tel. 07083-924 40
www.lamm-rotensol.de
Di-So 9-18 Uhr AmEx DINERS EC MASTER VISA
Vom Kurort Bad Herrenalb führt eine malerische Serpentinenstraße ins Örtchen Rotensol, wo das „Lamm" seit Generationen gehobene kulinarische Ansprüche befriedigt. Im Keller des Landhotels lagern wahre Schätze. Die meterdicken Steinmauern sorgen auch im Hochsommer für die richtige Temperatur der italienischen, spanischen, französischen und heimischen Weine. Champagner sowie Top-Lagen aus Burgund und Bordeaux erfreuen sich bei der Stammkundschaft konstanter Beliebtheit. Dabei nimmt Inhaber Karl Schwemmle zunehmend auch Weine aus unterrepräsentierten Regionen wie zum Beispiel dem Languedoc ins Sortiment, sofern das Preis-Leistungs-Verhältnis stimmt. Auch die selbst gebrannten Obstbrände, darunter das „Ziebärtle", ein Pflaumenschnaps, sollte man probieren.
Anzahl der Weine: 500
Weitere Angebote: Feinkost, Nudeln, Olivenöle, Pfeffer, Salze, Trüffelpralinen, Weinproben, Weinseminare

Bad Mergentheim

Victoria Weine

Seegartenstr. 4, PLZ 97980
Tel. 07931-56 34 11
www.victoria-weine.de
Mo-Fr 10-18 Uhr, Sa 9-18 Uhr
EC MASTER VISA

B

Seit 2006 haben Pascal Boesch und Rouven Fritzenschaft das Ruder bei „Victoria Weine" von Otto Geisel übernommen, und auch unter ihrer Leitung ist das Geschäft eine wahre Fundgrube für Weinfreunde. Authentische Weine, Terroir-geprägte aus den großen europäischen Weinbauländern sind im Angebot. Ausgezeichnete Olivenöle sowie gute Feinkost und Brände gibt es obendrein. Der Laden lädt zum Probieren und Verweilen ein. Zudem werden in regelmäßigen Abständen Weinproben veranstaltet, und auch das Angebot an Weinseminaren ist bemerkenswert.
Anzahl der Weine: 600
Weitere Angebote: Armagnac, Essig, Calvados, Feinkost, Gläser, Grappa, Laguiole-Messer, Olivenöl, Salsas, Salz, Weinproben, Weinseminare

Bad Schönborn

VIF Weinhandel

OT Mingolsheim, Marktplatz 4
PLZ 76669
Tel. 07253-92 09 80
www.vif.de
Mi, Sa 10-13 Uhr, Do-Fr 10-13 und 15-19 Uhr EC
Bei „VIF" liegt der Schwerpunkt auf europäischen Weinregionen, was allerdings Ausflüge in andere Länder, beispielsweise nach Südafrika oder Chile, nicht ausschließt. Deutschland, Italien und Frankreich bilden die Schwerpunkte im Sortiment. Renate Krebs kennt sich bestens aus und hilft bei der Auswahl der richtigen Flasche. Zweimal jährlich finden Weinprobiertage statt. Darüber hinaus gibt es häufige Veranstaltungen wie „Wine & Dine" oder Schulungen. Neben dem Hauptgeschäft in Bad Schönborn gibt es bundesweit vier weitere „VIF"-Vertragspartner.
Anzahl der Weine: 500
Weitere Angebote: Feinkost, Olivenöl, Weinproben, Weinseminare

Im „VIF Weinhandel" liegt der Schwerpunkt auf europäischen Weinen

Bad Waldsee

Das Weinhaus

Ravensburger Str. 10
PLZ 88339
Tel. 07524-91 54 59
www.weinhaus-waldsee.de
Mo-Di, Do-Fr 9-12.15 und 14-18 Uhr, Mi 9-12.15 Uhr, Sa 9-13 Uhr EC
Wem Borgoforte, Bodegas Bretón oder auch Kistenmacher-Hengerer etwas sagen, der ist bei dem weinverrückten Markus Angerer gerade richtig. Aus tiefer Provinz zieht er Jahr für Jahr aus, um auf seinen Streifzügen durch ganz Europa überraschend qualitätsvolle Weine zu suchen und zu finden (!), die nicht dem Mainstream entsprechen. Angerer importiert direkt und kalkuliert dezent. Freudig lässt er Weininteressierte an seinen Entdeckungen teilhaben: Mal handelt es sich um den Württemberger Spätburgunder-Macher Hans Hengerer, mal um einen aufstrebenden jungen Pfälzer Winzer oder auch um exzellente Trouvaillen aus Italien oder Spanien. Wer thematisch in die Tiefe gehen möchte, dem ist eine Teilnahme an Angerers Weinproben sehr zu empfehlen.
Anzahl der Weine: 550
Weitere Angebote: Brot, Essig, Feinkost, Gebäck, Gewürze, Honig, Käse, Konfitüre, Olivenöl, Pasta, Risotto, Salami, Schokolade, Sugos, Weinproben, Weinseminare

Baden-Baden

Weinladen in der Galerie Wagener

Innenstadt, Lange Str. 44, PLZ 76530
Tel. 07221-303 90
www.wagener.de
Mo-Sa 9-19 Uhr AmEx DINERS EC MASTER VISA
Im noblen City-Kaufhaus findet sich in einer Ecke der „Markthalle" ein Weinsortiment, das auf vergleichsweise kleiner Fläche eine große Auswahl der besten Lagen Europas (plus einem kleineren Repertoire an Überseeweinen) bietet. Naturgemäß sind Weine aus der Ortenau und dem Kaiserstuhl stark vertreten. Darunter ist mancher Wein von Winzern, der hier schon vor Jahren empfohlen wurde und es allmählich auch in die Fachpresse geschafft hat. Also: sehr kundiger Service. Darüber hinaus gibt es eine große Auswahl an Winzersekten und Champagnern.
Anzahl der Weine: 800
Weitere Angebote: Feinkost-Vollsortiment, Weinproben

Kennen sich aus: Remy Esch und H.-J. Lehmann vom „Weinladen in der Galerie Wagener"

Böblingen

La Carafe

Austr. 3, PLZ 71034, Tel. 07031-251 35
www.lacarafe.de
Fr 16-18.30 Uhr, Sa 10-13.30 Uhr EC
Frankophile Weintrinker geraten ins Schwärmen: Das Programm umfasst rund 400 Weine aus Eigenimport, aus fast allen Teilgebieten und Appellationen Frankreichs. Bei der Zusammenstellung zeigt sich der große Sachverstand des Besitzers. Die Öffnungszeiten sind zwar wenig kundenfreundlich, werden aber durch die exzellente Beratung beim Weinkauf wettgemacht. Tipp: Ausführliche Beratung ist zudem außerhalb der Öffnungszeiten und auch telefonisch möglich.
Anzahl der Weine: 400
Weitere Angebote: Weinproben, Weinseminare

Bruchsal

La Part des Anges

OT Untergrombach, Weingartener Str. 18
PLZ 76646, Tel. 07257-93 13 94
www.winediscovery.de
Mo-Do 15-19 Uhr, Fr 10-12.30 und 15-19 Uhr, Sa 10-14 Uhr EC
Inhaber Andreas Müller ist ein großer Freund von Riesling und Pinot noir, das merkt man am Sortiment, das auch zahlreichen Winzern aus dem Kraichgau einen Platz in den Regalen einräumt. Dutzende Weine aus Italien, Frankreich, Spanien und Deutschland (sowie vereinzelte aus Übersee, Portugal und Österreich) werden im Direktimport bezogen, der 90 Prozent des Sortiments ausmacht. Regelmäßige Weinproben, meist in Verbindung mit Menüs. Einmal im Jahr findet eine große Weinmesse für treue Kunden statt, bei der ein halbes Dutzend Winzer Weine zu Sonderkonditionen präsentiert. Über 200 Single Malts, Grappa.
Anzahl der Weine: 300
Weitere Angebote: Brände, Bücher, Bierspezialitäten, Kaffee, Liköre, Schokolade, Whisky, Weinproben, Weinseminare

Bühl

Vinarium Zink
OT Vimbuch, Vogesenstr. 2 a,
PLZ 77815
Tel. 07223-98 62 26
www.vinarium.de
Di-Fr 14-18.30 Uhr, Sa 9.30-13 Uhr EC
Im Bühler Vorort Vimbuch, am Rande der Weinregion Ortenau, ist das „Vinarium" zu einem Anlaufpunkt für Weinfreunde aus Nord- und Mittelbaden geworden. Klarer Schwerpunkt des Sortiments ist Frankreich. Neben einem beeindruckenden Burgund- und Bordeaux-Sortiment finden sich hier auch Tropfen aus weniger bekannten Anbaugebieten (z. B. Camargue). Baden ist gut vertreten, aber auch Weine aus Württemberg, der Schweiz und Ungarn. Außerdem: Sherry und Edelbrände (zum Teil aus Baden), großes Angebot an Champagner. Das „Vinarium" veranstaltet Weinreisen und in kurzen Abständen auch Weinproben vor Ort.
Anzahl der Weine: 700
Weitere Angebote: Essig, Feinkost, Öl, Spirituosen, Weinseminare

Ehrenkirchen

il vinaio
OT Norsingen, Bundesstr. 37, PLZ 79238
Tel. 07633-136 03
www.il-vinaio.de
Mo-Fr 15-18.30 Uhr, Sa 9-13 Uhr
Rainer Welle gehört nicht zu jenen Weinhändlern, die gefällige Tropfen mit blumigen Worten unters Publikum bringen möchten. Er verlässt gern ausgetretene Weinpfade und sucht noch unbekannte, jedoch jeweils für ihre Region typische Winzer. Er hat sich bei seinem Angebot ganz auf Italien spezialisiert, und dort wiederum nimmt das Piemont mit authentischen Winzerpersönlichkeiten eine Vorrangstellung ein. Beispielhaft sind dabei die Erzeugnisse von Burlotto, der zu akzeptablen Preisen Weine produziert, die sich modernistischen Strömungen verweigern und gerade deshalb unverfälschte Freude an piemontesischen Weinen bieten.
Anzahl der Weine: 350
Weitere Angebote: Antipasti, Grappa, Olivenöl, Pasta, Weinproben, Weinseminare

Filderstadt

Weinhaus Schmid
OT Bernhausen, Obere Bachstr. 47
PLZ 70794, Tel. 0711-70 64 63
www.weinschmid.de
Mo-Fr 14.30-19 Uhr, Sa 9.30-14 Uhr EC
Mehr als 600 Weine sind im Sortiment von Arnulf Schmid, der auch Inhaber von der „Weinhandlung Vinum" in Reutlingen (Oberamteistraße 2) ist. Liebevoll präsentiert werden Weine aus Deutschland, aber auch aus Italien, Frankreich, Spanien und Portugal. Im Weinklimaschrank liegen ältere Jahrgänge aus dem Bordelais, der Toskana und dem Piemont. Die Philosophie des Hauses ist aber, nicht von den großen Namen zu leben – man sei ja nicht an der Frankfurter Börse –, sondern lieber sortentypische Terroir-Weine zwischen 5 und 10 Euro anzubieten. Darüber hinaus gibt es zahlreiche offene Spirituosen sowie eine gute Feinkostauswahl. Die Aktionsweine können probiert werden und bei der zweitägigen Jahresweinprobe werden 60 verschiedene Weine verkostet.

Im „Weinhaus Schmid" schätzt man günstige, sortentypische Terroir-Weine

B

Anzahl der Weine: 600
Weitere Angebote: Essig, Feinkost aus Frankreich und Italien, Olivenöl, Pasta, Pasteten, Saucen, Weinproben, Weinseminare

Freiburg im Breisgau

Weinfachgeschäft Thomas Daiber

Altstadt, Schusterstr. 37, PLZ 79098
Tel. 0761-343 41
Mo-Fr 10-13 und 15-18.30 Uhr,
Sa 9-14 Uhr EC

„Klein, aber fein" ist das Motto dieses wohl engsten, aber auch gemütlichsten Weinfachgeschäftes mitten in der Altstadt. Wer die Freiburger Institution besucht, sollte Muße mitbringen, denn die stets freundliche und gut gelaunte Beratung bezieht gern auch kulinarische Aspekte bei der Weinbegleitung mit ein. Sehr gute internationale Auswahl mit badisch-regionalen Schwerpunkten zu durchweg erschwinglichen Preisen. Bei den Spirituosen ist vor allem das Schwarzwälder Kirschwasser eine Empfehlung wert.
Anzahl der Weine: 250
Weitere Angebote: Liköre, Portwein, heimische Schnäpse, Schokolade, Sherry, internationale Spirituosen

Weinhandlung Drexler

Altstadt, Merianstr. 4, PLZ 79104
Tel. 0761-339 23
www.weinhandlung-drexler.de
Mo-Fr 9-13 und 14-18.30 Uhr, Sa 9-16 Uhr

Schon der Blick ins Schaufenster ist ein ästhetischer Genuss: Säuberlich handgeschriebene Täfelchen liefern die wichtigsten Erstinformationen. Im Geschäft bleibt bei Ralph Schmidt und seinem Team keine Frage ohne kompetente Antwort. Die Auswahl, insbesondere bei deutschen, französischen, spanischen und italienischen Weinen, ist umfassend, das Angebot an Magnum-Flaschen und noch größeren Gebinden im weiten Umkreis konkurrenzlos. Die Preise sind sehr fair kalkuliert. Auch bei Hochprozentigem, vor allem bei Whisky, Rum und Gin, ist „Drexler" eine erstklassige Adresse. Hochkarätige Degustationsabende und Weinmenüs im eigenen Restaurant runden das Angebot ab.
Anzahl der Weine: 900
Weitere Angebote: Olivenöl, Spirituosen, Weinproben

Weinladen Freiburg

OT Wiehre, Scheffelstr. 20, PLZ 79102
Tel. 0761-707 07 29
www.freiburger-weinladen.de
Di, Do 15-19 Uhr, Mi, Fr 10-13 und 15-19 Uhr, Sa 10-13.30 Uhr

Kleines, individuelles und sehr engagiert geführtes Geschäft mit zwei Standorten in den Stadtteilen Stühlingen und Wiehre. Passend zur eher alternativen Bevölkerung dieser Stadtviertel ist der Anteil an Bioweinen groß, die Preise hingegen sind ausgesprochen moderat. Jutta Gack und Horst Gessner schauen bei ihren Einkaufsreisen deshalb weniger auf berühmte Etiketten als den Winzern in ihre Keller. Das Sortiment bietet einen repräsentativen Querschnitt durch die europäischen Anbaugebiete. Sehr gutes Riesling-Programm. Regelmäßige Probierabende mit Neuentdeckungen.
Anzahl der Weine: 400
Weitere Angebote: Feinkost, Olivenöl, Weinproben, Weinseminare

Weinhandel von Gleichenstein

OT Wiehre, Heinrich-von-Stephan-Str. 12
PLZ 79100, Tel. 0761-707 61 11
www.weinlein-von-gleichenstein.de
Di-Fr 10-18.30 Uhr, Sa 10-14 Uhr
EC MASTER VISA

Adrian Freiherr von Gleichenstein, Spross eines Kaiserstühler Weinguts, hat sich schon vor Jahren auf den Weinhandel spezialisiert. Die Räume im Stadtteil Herdern sind zu klein geworden. Seit einigen Monaten gibt es im neuen Domizil mehr Platz für die umfangreiche Weinauswahl aus fast allen renommierten Anbaugebieten weltweit. Eine kleine Feinkostabteilung von exklusiven Produkten wie Borges Ferran Adria, Flor de Sal und Alvorada runden das Angebot ab.

Anzahl der Weine: 700
Weitere Angebote: Essig, Feinkost, Kaffee, Olivenöl, Schokolade

Göppingen

Knauss Weine
OT Bartenbach, Bärenstr. 19
PLZ 73035
Tel. 07161-257 19
www.knauss-weine.de
Mo-Fr 8.30-12.30 und 14-18 Uhr, Sa 8.30-13 Uhr EC

Etwas abseits gelegen, dafür ist die Überraschung über das ehrgeizige Weinsortiment und die Vielzahl an Obstbränden und Likören aus der eigenen Brennerei umso größer. Mit einer großen Auswahl an Weinen mit württembergischem Schwerpunkt genauso wie an badischen Gewächsen in allen Qualitätsstufen und Preislagen und einer engagierten wie kompetenten Beratung wird jeder Kunde zufriedengestellt.
Anzahl der Weine: 1000
Weitere Angebote: Balsamico, hauseigene Brände, Kaffee, Olivenöl, Weinaccessoires, Weinproben, Weinseminare

Gottmadingen

Weinhaus Fahr
Im Buck 13, PLZ 78244,
Tel. 07731-718 26
www.weinhaus-fahr.de
Mo-Di 8.30-12.30 und 14-18.30 Uhr, Mi 8.30-12.30 Uhr, Do-Fr 8.30-12.30 und 14.30-20 Uhr, Sa 8.30-13 Uhr
EC MASTER VISA

In edlen, dunklen Holzregalen lagern Weine aus den gängigen Anbaugebieten der Alten Welt, aber auch ausgewählte Sorten aus Argentinien, Südafrika oder Australien. Außerdem ist ein großes Angebot an Sekt, Champagner oder Prosecco vorrätig. Probiert werden kann grundsätzlich immer, samstags jedoch ist die Auswahl besonders groß. Weiteres Schmankerl: der „After-Work-Wein", freitags von 16 bis 19 Uhr. Hier kostet das erste Glas Wein nur 1,50 Euro.
Anzahl der Weine: 350
Weitere Angebote: Essig, Feinkost, Nudeln, Olivenöl, Schokolade, Trüffel, Weinproben, Weinseminare

Heidelberg

Alex Wein & Spirituosen
Altstadt, Märzgasse 16
PLZ 69117
Tel. 06221-18 49 08
www.alex-webwelt.de
Mo-Fr 9.30-19 Uhr, Sa 10-18 Uhr
EC MASTER VISA

Der vielleicht kurioseste Weinladen im Südwesten. Nicht nur, dass das Angebot an Spirituosen größer ist als das an Wein – auch Bier, Limonade und Süßigkeiten gibt es hier. Außerdem bleibt noch Platz für etwa 400 Weine, vor allem aus Italien, Frankreich und Spanien, aber auch aus den gängigen einheimischen Anbaugebieten – und die sind sinnvoll zusammengestellt.
Anzahl der Weine: 400
Weitere Angebote: Spirituosen, Whisky (1500 Sorten), Weinproben, Weinseminare

Wein Atrium
Altstadt, Hauptstr. 169
PLZ 69117
Tel. 06221-269 03
www.wein-atrium.de
Di-Fr 12-19 Uhr, Sa 11-18 Uhr
EC MASTER VISA

In einer ruhigen Gasse, in der ansonsten von Touristen rund ums Jahr bevölkerten Hauptstraße liegt das „Wein Atrium". Im Souterraingewölbe lagert Hans-Joachim Baumann etwa 600 Posten an spanischen, französischen, italienischen und einheimischen Tropfen – mit stark wachsendem Anteil an portugiesischen (etwa 60 Positionen) und österreichischen Weinen. Auch Pfalz, Mosel und Rheinhessen sind gut vertreten.
Anzahl der Weine: 600
Weitere Angebote: Essig, Olivenöl, Weinproben, Weinseminare

Mitten in Heidelbergs pittoresker Altstadt: das traditionsreiche „Weinhaus C. Fehser"

Weinhaus C. Fehser

Altstadt, Friedrich-Ebert-Anlage 26
PLZ 69117
Tel. 06221-229 11
www.fehser.de
Mo-Fr 9-19 Uhr, Sa 9-18 Uhr
AmEx EC MASTER VISA

Ganz zentral in der schönen Heidelberger Altstadt liegt das traditionsreiche „Weinhaus C. Fehser", dessen Ursprünge bis in das Jahr 1883 zurückreichen. In den lichtdurchfluteten Räumen wird eine große Auswahl an Weinen aus den gängigen europäischen Anbaugebieten präsentiert. Darüber hinaus finden sich aber auch „Exoten", beispielsweise aus Bulgarien, Neuseeland oder Argentinien. Ein weiterer Schwerpunkt liegt auf einheimischen Erzeugnissen, wobei die Favoriten über mehrere Jahrgänge hinweg abgedeckt sind. Eine zurückhaltende, sehr kompetente Beratung hilft bei der Auswahl des gewünschten Weins.

Anzahl der Weine: 450
Weitere Angebote: Accessoires, Präsentkörbe, Schokolade, Weinproben, Weinseminare

Heilbronn

Italvino

Salzstr. 106-110
PLZ 74076
Tel. 07131-79 79 46
www.italvino.de
Mo-Fr 9-19 Uhr, Sa 9-16 Uhr EC

Malerisch durchzieht die Donau das Örtchen Scheer im Landkreis Sigmaringen. Getreu dem Motto „Alles aus einer Hand" bietet Geschäftsführer Massimiliano Montella seit 1968 italienische Feinkost im Württembergischen an. Längst ist aus dem Lädle eine Lagerhalle geworden – mit Filialen in Ravensburg und Neu-Ulm. Über 500 Weine kommen im Direktimport aus Montellas Heimat, darunter viele Flaschen kleiner Produzenten. Sommelier Francesco di Luccia führt in regelmäßigen Abständen durch diverse Weinseminare. Während der Öffnungszeiten kann auch immer probiert werden.

Anzahl der Weine: 500
Weitere Angebote: Balsamico, Saucen, Grappa, Kaffee, Käse, Olivenöl, Pasta, Spirituosen, Sugos, Weinproben

Weinhandlung Kirchner

OT Heilbronn, Karlstr. 109, PLZ 74076
Tel. 07131-74 59 98
www.weinhandlungkirchner.de
Di-Fr 14-18.30 Uhr, Sa 10-14 Uhr EC
Ausgesprochen frankophil präsentiert sich die „Weinhandlung Kirchner" in direkter Nähe des Friedensplatzes. Inhaber Thomas Kirchner grüßt schon auf der Website mit Baskenmütze und „Bienvenue", der Maître spricht perfekt Französisch, was die Akquise vor Ort erleichtern dürfte. Es verwundert daher nicht, dass Kirchner, in Sachen Wein ein überzeugter Europäer, ein gut sortiertes Angebot aus Frankreich bereithält – direkt vom Erzeuger, mit besonderer Vorliebe für Languedoc und Roussillon. Ausgesuchte Tropfen aus Italien, Spanien, Portugal sowie aus deutschen Anbaugebieten runden das Sortiment ab.
Anzahl der Weine: 400
Weitere Angebote: Feinkost, Weinproben, Weinseminare

Winery

OT Heilbronn, Lise-Meitner-Str. 11
PLZ 74074, Tel. 07131-59 14 50
www.winery-heilbronn.de
Mo-Fr 9-20 Uhr, Sa 8-18 Uhr EC
Knapp 1500 Positionen hat die „Winery" parat. Der Schwerpunkt des Sortiments liegt auf deutschen Winzern (vor allem Württemberger), aber auch französische, italienische, in kleinerem Umfang auch spanische, portugiesische und südafrikanische Produzenten sind präsent. Weinproben und Veranstaltungen rund um das Thema Wein werden häufig durchgeführt. Jeweils im November wird das „Weinforum" organisiert, zu dem bis zu 50 nationale und internationale Winzer eingeladen werden. Enge Zusammenarbeit mit Slow Food, freundliche Kundenberatung. Große Champagnerauswahl.
Anzahl der Weine: 1500
Weitere Angebote: Essig, Feinkost, Olivenöl, Pasta, Pesto, regionale Spezialitäten, Weinproben, Weinseminare

Kompetent: Sonja Löffelhardt und Thomas Krause von der „Winery" in Heilbronn

Herrenberg im Gäu

Alte Brennerei

Schulstr. 5, PLZ 71083, Tel. 07032-240 34
www.getraenke-holz.de
Di-Fr 10-19 Uhr, Sa 9-16 Uhr EC
Weine aus allen europäischen Anbaugebieten werden präsentiert. Gut vertreten sind französische Weine, viele zu einem erstaunlich guten Preis-Leistungs-Verhältnis. Es gibt auch interessante Tropfen aus Portugal. Ein schöner Gewölbekeller in der historischen Altstadt gibt diesem Weinladen sein besonderes Flair. Die Beratung ist kompetent und freundlich.
Anzahl der Weine: 850
Weitere Angebote: Essig, Olivenöl, regionale Produkte, Schokolade, Weinproben, Weinseminare

Hohentengen am Hochrhein

Vinothek Boller Weine

Stettener Str. 2, PLZ 79801
Tel. 07742-57 07
www.boller-weine.de
Mo-Fr 8-18.30 Uhr, Sa 8-16 Uhr
EC MASTER VISA
Im hellen und sehr übersichtlich gestalteten Verkaufsraum wird ein umfassendes Spektrum aus den wichtigsten europäischen Weinanbaugebieten präsentiert, dazu kommt eine Auswahl typischer Weine aus

Nicht nur gute Weine: In der „Vinothek Boller Weine" gibt's auch hochwertigen Rum

Übersee. Beeindruckend ist vor allem die Angebotstiefe aus Italien mit knapp 500 Positionen, aus Spanien mit 100 und aus Österreich mit etwa 50. Bei den Spirituosen liegt der Schwerpunkt auf einem Destillat, das gerade ein kleines Comeback feiert: hochwertiger Rum. Ein Highlight unter den elf Angeboten ist der 30 Jahre alte Zacapa aus Guatemala.
Anzahl der Weine: 1000
Weitere Angebote: Balsamico, Grappa, Rum, Olivenöl, Weinproben, Weinseminare

Karlsruhe

Ehrlichs Wein-Contor

Innenstadt-West, Hebelstr. 19, PLZ 76133
Tel. 0721-200 00
www.ehrlichsweincontor.de
Mo-Fr 10-19 Uhr, Sa 9.30-16 Uhr EC
Annette Sych, seit 1989 Inhaberin des traditionsreichen Weinhauses, bietet in ihren zwei Verkaufsräumen Weine aus den Hauptangebieten Europas. Überseeweine werden vernachlässigt, umso prominenter sind italienische und französische Top-Lagen vertreten. Ein weiterer Schwerpunkt liegt auf Baden (inklusive dem nahen Kraichgau), Pfalz und Mosel. Ins Sortiment des beschaulichen Ladens in der Innenstadt mit seiner Wandvertäfelung aus dem Jahr 1887 schaffen es dabei immer auch wieder Aufsteiger und Geheimtipps. Kompetenter, unaufdringlicher Service.
Anzahl der Weine: 400
Weitere Angebote: Olivenöl, Rohmilchkäse, Weinproben, Weinseminare

Weinblume

Innenstadt-West, Reinhold-Frank-Str. 12
PLZ 76133, Tel. 0721-220 57
www.weinblume.de
Mo-Mi 10-13 und 15-18.30 Uhr,
Do-Fr 10-13 und 15-20 Uhr, Sa 9-16 Uhr
AmEx EC MASTER VISA
Gut 500 Positionen stehen hier für die Kunden bereit, darunter diverse Spitzenlagen aus Übersee, Italien, Frankreich und Spanien, deren Anteil nach jeder Auslandsreise des Inhabers wächst. Kleines, aber feines Sortiment an Weinen aus Baden und der Pfalz. Einmal monatlich werden Weinproben veranstaltet, ein gutes Dutzend Flaschen steht täglich zur Verkostung bereit.
Anzahl der Weine: 500
Weitere Angebote: Weinproben, Weinseminare

B

Wein Forum
OT Oststadt, Durlacher Allee 47, PLZ 76131
Tel. 0721-62 27 52
www.weinforum.de
Mo-Fr 15-19 Uhr, Sa 10-14 Uhr EC
Joachim Rieth-Vogt hat sich seit Mitte der 90er-Jahre als Direktimporteur von Qualitätsweinen aus Frankreich und Italien einen Namen gemacht. Seit geraumer Zeit hat er sein Sortiment um Produkte aus Spanien, Portugal sowie deutschen VDP-Weingütern erweitert. Sein Anspruch ist es, Produzenten einem breiteren Publikum zugänglich zu machen, bevor sie republikweit bekannt werden. Ein Großteil des Sortiments steht zum Probieren bereit. Mehrmals im Monat werden Weinproben veranstaltet.
Anzahl der Weine: 250
Weitere Angebote: Armagnac, Balsamico, Cognac, Grappa, Obstbrände, Olivenöl, Pasta, Weinproben, Weinseminare

Weinlade am Gutenbergplatz
OT Weststadt, Nelkenstr. 33
PLZ 76135
Tel. 0721-830 77 70
www.weinlade.de
Mo-Fr 10-19 Uhr, Sa 9.30-16 Uhr EC

In der „Weinlade am Gutenbergplatz" hat Sommelier Guntram Fahrner das Sagen

Seit 2001 ist Guntram Fahrner Besitzer der „Weinlade am Gutenbergplatz". Dort bietet er Spitzenweine aus Spanien, Italien und dem nahen Frankreich an. Bordeaux-Freund Fahrner schaut sich aber auch regelmäßig und gründlich in den Weinanbaugebieten vor der Haustür um: So ist die Region Ortenau in seinem Laden genauso gut repräsentiert wie der Kaiserstuhl oder die Mosel. In der nahen Uhlandstraße („Uhland 21") führt Sommelier Fahrner Wein- und Genussseminare durch, die in der Regel schnell ausgebucht sind.
Anzahl der Weine: 400
Weitere Angebote: Gebäck, Gewürze, Olivenöl, Pasta, Pasteten, Schokolade, Terrinen, Weinproben, Weinseminare

Weinparadies
OT Weststadt, Kaiserallee 63, PLZ 76133
Tel. 0721-59 24 99
www.weinparadies-ka.de
Mo-Fr 10-13 und 15-18.30 Uhr,
Sa 10-14 Uhr AmEx EC MASTER VISA
Auf 150 Quadratmetern bietet Gerlinde Meinzer mit ihrem Gatten Horst eine ansprechende Auswahl an italienischen, spanischen, französischen und badischen Weinen an. Sehr sympathisch: Die Meinzers präsentieren vor allem das, was ihnen selbst schmeckt. Besonders Bordeaux-Freunde und Liebhaber erlesener Weiß- und Grauburgunder können sich auf die Kompetenz des freundlichen Weinhändlerpaares verlassen. Mitinhaber Horst Meinzer spielt zuweilen mit seiner Band zur Weinprobe auf.
Anzahl der Weine: 400
Weitere Angebote: Balsamico, Olivenöl, Weinproben, Weinseminare

Zum Ochsen
OT Durlach, Pfinzstr. 64, PLZ 76227
Tel. 0721-94 38 60
www.ochsen-durlach.de
Mi-So 11-19 Uhr
AmEx DINERS EC MASTER VISA
Im gleichnamigen Top-Restaurant stehen 1000 Weinpositionen auf der Karte, darum lagern in der angeschlossenen Vinothek

unschätzbare Werte. Passend zu der ambitionierten, klassisch-französischen Küche finden sich auch im von Kerzen illuminierten Weinhandel die edelsten Tropfen aus Burgund, dem Bordelais und anderen Regionen wie dem Languedoc. Im Sortiment stehen aber auch günstige Weine. Auch einige (wenige) Riojas oder deutsche Weißweine sind im Programm, das außerdem durch eine exorbitante Auswahl an Champagnern und Crémant-Sekten (z. B. aus dem Elsass oder Burgund) besticht.
Anzahl der Weine: 1000
Weitere Angebote: Accessoires, Essig, Konfitüren, Laguiole-Messer, Olivenöl, Weinproben

Kenzingen

s'Küfer-Hus

Hauptstr. 21, PLZ 79341
Tel. 07644-387
www.kuefer-hus.de
Mo-Fr 9-12.30 und 14.30-18.30 Uhr, Sa 9-13 Uhr EC

Wein und Winzersekte aus der badischen Heimat, Direktimporte aus Frankreich, namentlich der Champagne, und Resteuropa sowie Ausgewähltes aus Übersee: Auf jeden Fall hat das Traditionsgeschäft, das seit 1926 besteht, allerlei zu bieten. Und bei über 80 Teesorten im offenen Verkauf, dem frisch gerösteten „s'Küfer-Hus"-Kaffee sowie zahlreichen Accessoires und Kunstgewerblichem ist der Wein nur ein Teil des Gemischtwarenprogramms.
Anzahl der Weine: 150
Weitere Angebote: Feinkost, Kaffee, Olivenöl, Süßwaren, Tee, Gläser, Weinproben, Weinseminare

Konstanz

Weinmarkt an der Laube

OT Niederburg, Untere Laube 17
PLZ 78462, Tel. 07531-221 31
www.weinmarkt-konstanz.de
Di-Do 9-12.30 und 14.30-18.30 Uhr, Fr 9-18.30 Uhr, Sa 9-13 Uhr EC

Der „Weinmarkt" liegt etwas versteckt in einem Hinterhof am Rande der Konstanzer Altstadt. Wer durch das weinumrankte Tor tritt, ist zunächst überrascht von den Dimensionen: Viele Weine lagern hier, dennoch ist alles luftig und kundenfreundlich präsentiert. Inhaber Bernhard Ellegast führt Weine aus allen gängigen Anbaugebieten (auch Übersee). Spanien, Portugal, vor allem aber Italien und Frankreich sind stark vertreten. Auffallend gut sortiert ist man bei österreichischen Spitzenweinen. Die Tochter des Hauses wohnt in Wien und legt dem Vater regelmäßig gute Tropfen aus ihrer Wahlheimat ans Herz. Die importiert Ellegast direkt. Das merkt man am Preis. Vor Ort kann probiert werden.
Anzahl der Weine: 700
Weitere Angebote: Essig, Feinkost, Gläser, Öl, Zubehör, Weinproben, Weinseminare

Lahr

Walter's Kellerei

Gärtnerstr. 22, PLZ 77933
Tel. 07821-224 69
www.walterskellerei.de
Mo-Di, Do-Fr 8.30-12.30 und 14.30-18.30 Uhr, Sa 8.30-13 Uhr
AmEx EC VISA

Am Rande der Lahrer Innenstadt betreibt Fritz-Thomas Walter seine „Kellerei". Etwa 400 Positionen hat er auf Lager, darunter in etwa gleicher Stückzahl Edles aus Spanien, Frankreich und Italien. Mehr als ein halbes Dutzend Weine kommen aus der Neuen Welt (Neuseeland, Argentinien etc.). Typisch für die Region ist die starke Konzentration auf badische Tropfen. Stetig wachsendes Segment an Bioweinen. Beeindruckendes Angebot an Whisky, außerdem Rum, alte Markenspirituosen, selbst gebrannte Schwarzwälder Edelbrände und selbst gemachte Essige. Die „Kellerei" veranstaltet mehrmals im Monat Wein- und Whiskymessen.
Anzahl der Weine: 400
Weitere Angebote: Apfelsaft/Apfelwein aus eigener Kelterei, Feinkost, Spirituosen, Weingelee, Whisky, Weinproben, Weinseminare

Laupheim

Weinzentrale Eberle & Dieth

Berblinger Str. 20, PLZ 88471
Tel. 07392-20 55
www.weinzentrale.de
Mo-Fr 8.30-12.30 und 13.30-18.30 Uhr, Sa 9-14 Uhr EC

Eine Halle, Gewerbebau, zwischen Biberach und Ulm, Ausfahrt Laupheim-Süd: Seit 1930 wird hier mit Wein gehandelt. Michael Eberle hieß der verwegene Gründer, dessen Nachkommen heute Überragendes zu bieten haben, sowohl was die Menge als auch was die Qualität betrifft. Die gute Beratung hilft Ungeübten schnell Exzellentes von Durchschnittlichem zu unterscheiden. Vor allem bei den deutschen Weinen kennt man sich aus. Adelmanns „Brüssele" oder Künstlers Rheingauer gehören zum Standardrepertoire. Spannend ist auch die Abteilung „Frankreich, Spanien, Schweiz". Top-Jahrgänge, beste Lagen, und von manch Teurerem gibt's halbe Flaschen.

Anzahl der Weine: 1200

Weitere Angebote: Essig, Feinkost, Öl, Pralinen, Weinproben, Weinseminare

Leinfelden-Echterdingen

Charles' Vinothek

OT Echterdingen, Gartenstr. 14, PLZ 70771
Tel. 0711-79 26 71
www.charles-vinothek.de
Di-Fr 9-19 Uhr, Sa 9-14 Uhr EC

Man müsste eher auflisten, was Karl „Charles" Renz und seine Frau Petra nicht haben, denn Lücken kennt das Sortiment mit bis zu 1500 Weinen kaum. In den Winkeln des Kellers liegen zwischen jüngeren Alltagsweinen auch viele gut gelagerte alte Jahrgänge, gibt es die Vinothek doch seit 30 Jahren. Echte Besonderheiten (Mouton Rothschild, Margaux-Magnum oder ein 100-Parker-Punkte-Wein) lagern verschlossen in der Schatzkammer. Dazu gibt es etwa 50 offene Spirituosen und eine Feinkosttheke. Zweimal im Jahr ist Hausmesse mit Winzern aus den unterschiedlichsten Regionen.

Kaum Lücken im großen Sortiment: „Charles' Vinothek"

Dabei kann dann auch mehr probiert werden als die Weine, die in den zweiwöchentlich wechselnden Aktionen bereitstehen.

Anzahl der Weine: 1500

Weitere Angebote: Balsamico, Pasta, Pasteten, Olivenöl, Weinproben, Weinseminare

Leingarten

Freyer's Weinwelt

Dieselstr. 20, PLZ 74211
Tel. 07131-90 29 90
www.befreyer.de
Mo-Fr 9-20 Uhr, Sa 8-20 Uhr EC

In Leingarten bei Heilbronn steht der Getränkemarkt, der schon allein durch seine Größe beeindruckt. Die Weinabteilung misst 450 Quadratmeter und hat Raum für etwa 2000 Positionen, die luftig und stilvoll präsentiert werden. Das Sortiment bietet einen gelungenen Querschnitt durch die relevanten Regionen der Alten Welt, spart dabei die Neue Welt aber nicht aus und leistet sich ein umfassendes Angebot an Weinen aus dem Südwesten der Republik. Großes Angebot an Sekten und Champagner. Stilvoll dekorierte „Schatzkammer" mit Preziosen, eigene Rosé-Abteilung. Thomas Schuster und sein Team nehmen sich Zeit für eine ausführliche Beratung, außerdem kann probiert werden.

Anzahl der Weine: 2000
Weitere Angebote: Feinkost, Olivenöl, Weinproben, Weinseminare

Ludwigsburg

SIEGER BADEN-WÜRTTEMBERG

Weinhandlung Bronner

OT West, Osterholzallee 7
PLZ 71636
Tel. 07141-92 75 91
www.bronner.de
Mo-Mi 8.30-18.30 Uhr, Do-Fr 8.30-19 Uhr, Sa 8.30-14 Uhr EC

„Weinhandlung Bronner": Geschäftsführerin Nicole Porsch mit Winzer Gert Aldinger

Unser Gewinner in Baden-Württemberg: Auf beeindruckenden 800 Quadratmetern in der Zentrale sowie der halb so großen Stuttgarter Filiale (Wolframstraße 20) werden 2000 Weine präsentiert. Neben Tropfen für den Alltag sind viele Top-Weingüter gelistet. Für die Kostbarkeiten aus dem Bordeaux gibt es eine extra Schatzkammer, in Holzkisten im Keller lagern Pétrus und Margaux, auch die Auswahl an Champagnern ist groß. Regelmäßig werden Weinseminare und Gourmetabende veranstaltet, dazu gibt es wöchentliche Aktionen am stylishen Ausschank. Vieles kann probiert werden, aber man kann sich auch auf die Beratung der Geschäftsführerin Nicole Porsch und ihrer Sommeliers verlassen.
Anzahl der Weine: 2000
Weitere Angebote: Feinkost, Weinproben, Weinseminare

Mannheim

Weinhaus Bügler

OT Vogelstang, Pirnaer Str. 5, PLZ 68309
Tel. 0621-70 42 96
www.weinhaus-buegler.com
Mo-Fr 10-13 und 14-18 Uhr EC
In den hellen freundlichen Verkaufsräumen im Stadtteil Vogelstang bietet Hansjörg Sacksofsky über 600 Positionen an. Der Schwerpunkt liegt dabei auf italienischen, französischen und einheimischen Tropfen in sämtlichen Preis- und Qualitätsstufen. Toskana, Piemont und Bordeaux sind dabei besonders gut vertreten – ein stattliches Sortiment an (zumeist einheimischen) Literweinen deckt den Alltagsbedarf bzw. ermöglicht den Einstieg. Proben nach Rücksprache.
Anzahl der Weine: 600

Extraprima

OT Oststadt, Friedrichsplatz 16, PLZ 68165
Tel. 0621-286 52
www.extraprima.com
Di-Do 10-18.30 Uhr, Fr 10-20 Uhr, Sa 10-16 Uhr EC MASTER VISA
Unter den Arkaden am Friedrichsplatz, dort, wo sich in zentraler Lage anspruchsvolle Bistros und Restaurants aneinanderreihen, verwirklicht das „Extraprima" sein Konzept in bewundernswerter Konsequenz. Angeboten wird ein großes Sortiment an direktimportierten französischen und italienischen Spitzenweinen (in kleineren Margen auch spanischen und österreichischen) sowie eine große Auswahl an deutschen Weißweinen (Nahe, Mosel, Pfalz). Fachliche Beratung, deren Kompetenz überregional gepriesen wird. Zahlreiche Weinproben (z. T. auch als

Im Weinhaus „Extraprima" ist auch die fachliche Beratung „extraprima"

„Wine & Dine") und großes Champagner-Sortiment.
Anzahl der Weine: 500
Weitere Angebote: Balsamico, Olivenöl, Pasta, Schokolade, Weinproben, Weinseminare

Le Buffet

OT Neckarau, Rheingoldstr. 36, PLZ 68199
Tel. 0621-85 39 91
www.lebuffet.info
Di-Fr 9.30-13 und 15-18.30 Uhr,
Sa 9.30-13 Uhr EC
Als Inhaber Peter Erbach vor sieben Jahren das „Le Buffet" übernahm, war es noch ein französischer Feinkostladen. Erbach hat den Namen für seinen Weinladen nach kurzem Zögern ebenso übernommen wie ein kleines Feinkostsortiment aus dem nahen Nachbarland, das abseits der üppig gefüllten Weinregale präsentiert wird. Die angebotenen Weine stammen aus Italien, Frankreich, Spanien und der nahen Pfalz. Und das in einem wohl austarierten Verhältnis aus Spitzenweinen und Flaschen, die auch im Alltag bezahlbar sind. Regelmäßige Wein- und Whiskyverkostungen. Eigene Prosecco-Abfüllung. Freundliche, fachkundige Beratung.
Anzahl der Weine: 400
Weitere Angebote: Cognac, Edelobstbrände, Essig, Feinkost, Grappa, Olivenöl, Schokolade, Whisky, Weinproben, Weinseminare

Südlandhaus

Innenstadt, P 3 (Fressgasse) 8-9
PLZ 68161, Tel. 0621-243 02
www.suedlandhaus.de
Mo-Fr 9.30-19 Uhr, Sa 9.30-17.30 Uhr
EC 🍴
Mitten in der belebten Mannheimer Innenstadt findet sich das „Südlandhaus", ein kulinarischer Gemischtwarenladen, der neben Konfekt, hochwertigen Essigen und Ölen oder Tees ein gut sortiertes Weinsortiment anbietet, dessen Schwerpunkt auf französischen und italienischen Produzenten liegt – sowie auf deutschen Weißweinen. Gute Beratung, eine Fachkraft hat den Weinsektor stets im Blick.
Anzahl der Weine: 1900
Weitere Angebote: Feinkost, Olivenöl

Markdorf

Selection Wein und Design

Ravensburger Str. 28, PLZ 88677
Tel. 07544-719 12
www.selection-weine.de
Di-Fr 10-12.30 Uhr, Di, Do 16-18.30 Uhr,
Fr 15-18.30 Uhr, Sa 9.30-13 Uhr EC
Der Name ist Programm. Von Bernd Blank persönlich ausgewählte Weine im Vollsortiment machen seinen neuen und größeren Laden mit der anheimelnden südländischen Terrakotta-Atmosphäre zur Fundgrube für Qualitätswein. Knapp 400 verschiedene Weine stehen hier parat, ein Drittel davon sind Italiener, die man an Degustationstagen auch verkosten kann. Ein seriöses und solides Angebot mit einigen Spitzen für Image-Käufer. Kleines, aber feines Sortiment an Grappas, Olivenölen und Balsamico.
Anzahl der Weine: 400
Weitere Angebote: Weinproben, Weinseminare

Meersburg

Haus der Guten Weine – Georg Hack
Schützenstr. 1, PLZ 88709
Tel. 07532-494 50
www.georg-hack.com
Mo-Fr 13.30-18 und 9-12 Uhr,
Sa 9-12.30 Uhr EC MASTER VISA
Übersichtlich in weißen Regalen gestapelt, wartet das große Sortiment von Weinen aus den europäischen Anbaugebieten sowie aus Übersee auf Interessenten. Im hellen, auch architektonisch ansprechenden Geschäft in der historischen Altstadt des Bodenseestädtchens wird kompetent beraten, im Obergeschoss gibt es eine Verkostungszone. Dort finden auch die zahlreichen Veranstaltungen rund um das Thema Wein statt. Die besondere Leidenschaft des Inhabers und seines freundlichen Teams gilt deutschen Rieslingen und Weinen aus Baden.
Anzahl der Weine: 1000
Weitere Angebote: Whisky, Whisky-Tastings, Weinproben, Weinseminare

Ostfildern

Weinhaus Mauz
OT Nellingen, Bismarckstr. 51, PLZ 73760
Tel. 0711-34 16 99 90
www.weinhaus-mauz.de
Mo-Mi, Fr 9-13 und 14-18.30 Uhr,
Do 14-20 und 9-13 Uhr, Sa 9-14 Uhr EC
1500 Weine lagern im „Weinhaus Mauz" in der Stuttgarter Randgemeinde Ostfildern. 300 Quadratmeter bieten jede Menge Platz für ausführliche Streifzüge durch Frankreich, Italien und Spanien, die sowohl außergewöhnliche Anbaugebiete abdecken als auch Schwerpunktsetzungen (Bordeaux) erlauben. Frappierend ist auch das Angebot an Württembergern (vom „Viertele"-Wein bis VDP). Auch Baden ist gut vertreten, vergleichsweise schmal sieht es bei Rheinhessen oder der Mosel aus. Viele Weine aus Übersee und Österreich. Überzeugendes Sortiment an Champagnern und Winzersekten. Mindestens einmal im Monat werden Weinproben veranstaltet, zuweilen in Kombination mit Essen.

Auf zwei hellen Etagen residiert das „Haus der Guten Weine – Georg Hack" in Meersburg

Anzahl der Weine: 1500
Weitere Angebote: Essig, Feinkost, Olivenöl, Weinaccessoires, Weinproben, Weinseminare

Pfullingen

Weinhandlung Eckmann

Marktstr. 52, PLZ 72793
Tel. 07121-79 05 96
www.www-eckmann.de
Mo-Fr 9-12.30 und 14-18.30 Uhr, Sa 9-14 Uhr
Diese modern und hübsch gestaltete Weinhandlung bietet ein vielfältiges Sortiment an Weinen, Whiskys und Spirituosen. Besonders Whisky-Liebhaber geraten angesichts des großen Whisky-Sortiments ins Schwärmen und freuen sich über eine sehr kompetente Beratung.
Anzahl der Weine: 220
Weitere Angebote: Balsamico, Feinkost, Öl, Pasta, Spirituosen, Weinaccessoires, Whisky, Weinproben, Weinseminare

Radolfzell am Bodensee

Weinhaus Baum

Mooser Str. 3, PLZ 78315
Tel. 07732-522 15
www.weinhaus-baum.de
AmEx EC MASTER VISA
In den großen lichtdurchfluteten Verkaufsräumen bietet das Ehepaar Urban und Margit Baum eine Vielzahl hochwertiger Weine, vor allem aus den traditionellen Anbaugebieten der Alten Welt an. Schwerpunkt des Sortiments sind aber einheimische Winzer, besonders solche aus der Bodenseeregion, die hier in großer Auswahl vorrätig sind. Ansonsten dominieren Weine aus Baden und der Ortenau. Die Filiale in Konstanz hat den Schwerpunkt im Spirituosenbereich, die Filiale in Radolfzell (Höllstraße 8) verfolgt ein ähnliches Konzept wie das Haupthaus.
Anzahl der Weine: 400
Weitere Angebote: Destillate, Essig, Feinkost, Grappa, Nudeln, Olivenöl, Whisky, Weinproben, Weinseminare, Whisky-Tastings

Ravensburg

Weingalerie Tafel

Innenstadt, Herrenstr. 36, PLZ 88212
Tel. 0751-148 07
www.weingalerie-tafel.de
Di-Fr 9.30-12.30 und 14-18.30 Uhr, Sa 9.30-16 Uhr EC MASTER VISA
Seit 20 Jahren die beste Adresse in Ravensburg. Eva und Wolfgang Tafel haben das Kunststück vollbracht, die kritischen und sparsamen Oberschwaben mit einem klug zusammengestellten Sortiment auch für französische und italienische Weine zu begeistern. In den hellen Holzregalen finden sich aber natürlich auch Württemberger Weine. Die Auswahl ist generell überschaubar, aber dafür von ausgesuchter Qualität. Eine Liebhaberei der Inhaber: Armagnac-Trouvaillen, Cognacs, Whiskys und Brände, diese bevorzugt vom Bodensee und aus der näheren Umgebung.
Anzahl der Weine: 500
Weitere Angebote: Armagnac, Calvados, Cognac, Essig, Feinkost, Olivenöl, Whisky, Weinproben, Weinseminare

Reutlingen

Nübling & Holwein Weinhandlung

Innenstadt, Georgenstr. 26, PLZ 72764
Tel. 07121-37 01 39
www.nueblingholwein.de
Mo-Fr 10-13 und 15-19 Uhr, Sa 10-16 Uhr
EC
Seit zehn Jahren gibt es diese Weinhandlung – mit einem ständig erweiterten Angebot. Viele Weinländer sind ausführlich und in jeder Preislage vertreten. Feine Tropfen abseits des Mainstreams, beispielsweise aus der Region Languedoc-Roussillon oder dem Piemont. Regelmäßige Weinproben verstärken die individuelle Beratung und zeigen die Fachkompetenz dieser mit hoher Motivation geführten Weinhandlung.
Anzahl der Weine: 400
Weitere Angebote: Essig, Olivenöl, Pasta, Reis, Salz, Saucen, Schokolade, Terrinen

B

Rottweil

Bacchus-Vinothek
Oberndorferstr. 2, PLZ 78628
Tel. 0741-172 06
www.bacchus-vinothek.com
Mo-Di, Do-Fr 9-12.30 und 15-18 Uhr, Sa 9.30-13 Uhr EC MASTER VISA
Das Angebot ist in Quantität und Qualität einfach überwältigend, allein über 1000 verschiedene Bordeaux warten auf einen Abnehmer. Wer große Gewächse aus großen Jahrgängen – zurück bis zum Jahrgang 1900! – sucht, wird hier garantiert fündig. Wer interessante Alltagsweine abseits ausgetretener Pfade kaufen möchte, kommt ebenso schwer bepackt aus dem sympathischen Laden. Die Beratung ist freundlich, zuvorkommend und kompetent. Dieses Weinwissen kann man auch während der kulinarischen Weinproben „Wine & Dine" erleben – die Termine sind auf der Website zu finden.
Anzahl der Weine: 3000
Weitere Angebote: Feinkost, Liköre, Olivenöl

Schramberg

Wein-Haas
OT Tal, An der Steige 16, PLZ 78713
Tel. 07422-72 48
www.wein-haas.de
Mo-Di, Do-Fr 9-12.30 und 14.30-18.30 Uhr, Mi 9-12.30 Uhr, Sa 9-13 Uhr
Um die 2000 Posten hält man nach Angaben von „Wein-Haas" in der Schramberger Altstadt parat, ein großer Teil davon ist im Laden ausgestellt. Der Blick fällt zuerst auf Regale mit edlen Tropfen aus Italien, Frankreich, der Pfalz, der Nahe und vor allem Baden (darunter viele Winzer aus der Ortenau). Links vom Eingangsbereich steht das Sortiment hochwertiger Spanier. In regelmäßigen Abständen werden Weinproben veranstaltet, „Wein-Haas" organisiert Degustationsmenüs mit namhaften Winzern und Sommeliers.
Anzahl der Weine: 2000
Weitere Angebote: Grappa, Whisky, Weinproben, Weinseminare

Schwäbisch Gmünd

Vinoteca Wein und mehr!
Ledergasse 2
PLZ 73525
Tel. 07171-396 66
www.vinoteca.org
Mo-Fr 9-18 Uhr, Sa 9-14 Uhr EC MASTER
Seit 1991 betreibt Klaus-Dieter Schira mit Ehefrau Rosita die „Vinoteca Wein und mehr!". Schwerpunkt des Sortiments sind Weine aus Italien, Frankreich, Spanien, aber auch Südafrika ist dabei. Auf 90 Quadratmetern lagern auf hellen Holzregalen zudem zahlreiche Produkte aus dem Remstal und anderen Regionen Baden-Württembergs. „Weinakademiker" Schira veranstaltet regelmäßig Weinproben und -seminare. Die sollen vor allem eines: Spaß machen.
Anzahl der Weine: 500
Weitere Angebote: Essig, Feinkost, Öl, Spirituosen, Weinproben, Weinseminare

Sinzheim

City and more
Am Markbach 13
PLZ 76547
Tel. 07221-99 28 99
www.cityandmore.de
1. Sa im Monat 11-18 Uhr und nach Vereinbarung AmEx DINERS EC MASTER VISA
Über 300 Weinsorten führt „City and more" im badischen Sinzheim im Sortiment. Auf 140 Quadratmetern lagern ausgesuchte Weine europäischer Produzenten mit Schwerpunktsetzung auf Italien (Piemont, Sizilien), Österreich (Wachau), aber auch Portugal. Martina und Joachim Buchholz haben „City and more" vor einer Dekade als Internetguide für kulinarische Adressen eröffnet, längst ist der Weinversand hinzugekommen. Einmal im Monat, jeweils am ersten Samstag im Monat, öffnet das Lager seine Pforten und wird zum Weingeschäft. Außerdem: Weinaccessoires, Weinproben und Veranstaltungen zu Themen wie Sensorik oder regionale Küche.
Anzahl der Weine: 300

Weitere Angebote: Balsamico, Grappa, Olivenöl, Pasta, Risottoreis, Weinaccessoires, Weinproben, Weinseminare

Stuttgart

Feinkost Böhm

OT Mitte, Kronprinzstr. 6, PLZ 70173
Tel. 0711-22 75 60
www.feinkost-boehm.de
Mo-Do 10-20 Uhr, Fr-Sa 9-20 Uhr
AmEx EC MASTER VISA

Stuttgarter Feinkosttempel mit begehbarem Humidor: „Feinkost Böhm"

800 Weine und 400 Spirituosen werden im Feinkosttempel vornehm präsentiert. Wegen geringer Lagermöglichkeiten kann man dabei nicht zu sehr in die Breite gehen – dafür aber in die Tiefe: Im begehbaren Humidor liegen rund 200 verschiedene Raritäten, große Namen aus dem Bordeaux und dem Burgund, darunter auch viele Weiße, oder aus der Toskana, meist schon Trinkbare mit Lagerpotenzial. Richtig alte Tropfen findet man eher bei den Destillaten, auch die Auswahl an Gourmetwassern wird ausgebaut. Alle paar Wochen werden auf Aktionsflächen besondere Weine hervorgehoben, gelegentlich sind deren Produzenten zu Gast.

Anzahl der Weine: 800
Weitere Angebote: Feinkost

Korkenzieher – Klaus Vogt

OT Weilimdorf, Pforzheimer Str. 371 b
PLZ 70499
Tel. 0711-887 30 80
www.korkenzieher.com
Di-Do 11-13 und 15-19 Uhr, Fr 11-19 Uhr, Sa 9.30-15 Uhr EC

Unter seinen etwa 400 Weinen, die Klaus Vogt, inspiriert von den österreichischen Kellergassen, in hübschen Separees liegen hat, finden sich viele Weine jenseits des Mainstreams: Einzelfassabfüllungen vom Château Moyau, extrem selektierte Tropfen vom Castillo de Sajazarra oder Weine aus bis zu 90 Jahre alten Reben von Albani im Oltrepò Pavese. Weil regelmäßig Teile des Sortiments ausgetauscht werden, kann der Kunde immer wieder Neues entdecken. Mehrmals pro Monat werden Aktionen im Laden und Seminare im dazugehörigen Gewölbekeller veranstaltet.

Anzahl der Weine: 400
Weitere Angebote: Essig, Feinkost, Öl, Spirituosen, Whisky, Zigarren, Weinproben, Weinseminare

Viele Weine jenseits des Mainstreams: „Korkenzieher – Klaus Vogt"

B

Weinhandlung Kreis
OT Süd, Böheimstr. 43, PLZ 70199
Tel. 0711-76 28 39
www.wein-kreis.de
Mo 12-19 Uhr, Di-Fr 10-19 Uhr,
Sa 10-16 Uhr AmEx EC MASTER VISA

Der ehemalige Top-Sommelier Bernd Kreis ist nun selbst unter die Winzer gegangen und bietet zusammen mit der Önologin Dr. Christine Krämer drei eigene Weine im Sortiment an. Obwohl die edle Filiale gegenüber der Markthalle (Münzstraße 10) nicht mal ein Zehntel so groß ist wie das Zentrallager, besteht das Sortiment hier wie dort aus über 1000 Weinen. Schwerpunkte sind Deutschland und Frankreich, flankiert von wichtigen europäischen Anbauländern. Liebhaber von Weinen aus Übersee werden hier ebenso wenig fündig wie Etikettenjäger, wenngleich Hochwertiges aus dem Bordeaux und Burgund im Programm ist. Probiert werden können nur Aktionsweine – oder diejenigen, die bei den regelmäßigen Veranstaltungen und Seminaren gereicht werden.

Anzahl der Weine: 1100
Weitere Angebote: Weinproben, Weinseminare

Weinhaus Kühnel
OT West, Kornbergstr. 29, PLZ 70176
Tel. 0711-636 21 60
www.weinhaus-kuehnel.de
Di-Fr 10-19 Uhr, Sa 10-14 Uhr
AmEx DINERS EC MASTER VISA

Rund 600 Weine hat Lutz Kühnel in seinem „Weinhaus" zu bieten, und das in großen Mengen, ist er doch auch Importeur und Großhändler. Im angenehm großzügigen Laden setzt er zusammen mit seiner Frau Jana auf das sinnliche Erlebnis – es darf und soll probiert werden. Große Namen interessieren Kühnel weniger, und so macht er sich auch schon mal den Spaß, einen eher unbekannten 94-Parker-Punkte-Wein für unter 10 Euro anzubieten. Außerdem im Sortiment: viele Gewächse aus Baden und Württemberg sowie aus dem „Rest Europas". Ein Winzer des Monats wird vorgestellt, dazu gibt es Aktionen und Feinkost wie Rohmilchkäse von René Tourette oder Gewürze von Ingo Holland. Kleine Auswahl an Hochprozentigem. Exklusiv: Gunzwiler Schnäpse von Urs Hecht.

Anzahl der Weine: 600
Weitere Angebote: Destillate, Essig, Gewürze, Rohmilchkäse, Olivenöl, Weinproben, Weinseminare

Bernd Kreis ist nun Winzer, also gibt's in der „Weinhandlung Kreis" auch eigene Weine

Ein großes Thema bei „Mövenpick Wein" in Stuttgart ist Bordeaux

Mövenpick Wein
OT West, Rotenwaldstr. 132
PLZ 70197
Tel. 0711-657 15 85
www.moevenpick-weinland.de
Mo-Fr 10-19 Uhr, Sa 10-16 Uhr
AmEx EC MASTER VISA

Es versteht sich hier wohl von selbst, dass sich in der sehr ansprechend nach aktueller Corporate Identity des Unternehmens gestalteten Filiale mit Lounge-Ecke auch eine kleine, aber feine Auswahl an Schweizer Weinen befindet. Großes Thema ist jedoch vor allem Bordeaux, ergänzt von Anbauländern wie Italien, Spanien und Deutschland. Rund 1000 verschiedene Weine sind im Sortiment, hinter Glas werden Raritäten wie Gaja, Pingus oder Léoville-las-Cases angeboten. Beachtliche Auswahl an Magnumflaschen, Portweinen und edlen Bränden. Auf Nachfrage kann probiert werden – offen sind ohnehin ständig rund 20 Aktionsweine aus verschiedenen Anbaugebieten.

Anzahl der Weine: 1000
Weitere Angebote: Essig, Feinkost, Olivenöl, Spirituosen, Zubehör, Weinproben, Weinseminare

Weinhandlung Schmid
OT Botnang, Bauernwaldstr. 22
PLZ 70195, Tel. 0711-69 03 93
www.weinhandlung-schmid-stuttgart.de
Di-Fr 14-20 Uhr, Sa 10-16 Uhr EC

Die Atmosphäre im Laden strahlt immer noch ein wenig die eines Edeka-Geschäfts aus. Was wohl daran liegt, dass in der „Weinhandlung Schmid" eben dieser Supermarkt beheimatet war. Dafür ist das Sortiment riesig: 2000 verschiedene Weine lagern in den Regalen. Alles nach Regionen und weniger nach Preisklassen sortiert, sodass neben einem Unter-10-Euro-Wein dann auch mal ein Chevalier-Montrachet für 300 Euro stehen kann. Außerdem gibt es eine Extravitrine mit Raritäten – Mouton-Rothschild-Jäger aufgepasst! Joachim Schmid hält alle Jahrgänge von 1970 bis 2003 für seine Kunden bereit. Probieren kann man nicht – dafür gibt es zweimal im Jahr Degustationen mit Winzern aus unterschiedlichen Regionen.

Anzahl der Weine: 2000
Weitere Angebote: Champagner, Portwein, Sherry, Spirituosen, Weinproben, Weinseminare

B

Weinhaus Stetter

OT Bohnenviertel, Rosenstr. 32, PLZ 70182
Tel. 0711-24 01 63
www.weinhaus-stetter.de
Mo-Fr 10-12.30 und 14.30-23 Uhr,
Sa 11-15 und 17.30-23 Uhr EC

Eine Besonderheit im Stuttgarter „Weinhaus Stetter" sind die Messweine

Das Traditionshaus besteht seit 1902 und ist 2009 von Andreas Scherle übernommen worden, dem Inhaber des „Flair Hotel Wörtz" mit seinem berühmten Weinkeller. Auch im „Weinhaus Stetter" lagern mehr als 500 Weine im Keller, eine kleine Auswahl davon ist hinterm Tresen ausgestellt, an dem bis 23 Uhr verkauft wird, sofern man sich im Vorraum zur gleichnamigen Weinstube befindet. In der Masse (aber auch Klasse) dominieren Württemberger und Badener zu „original Weingutspreisen", aber auch Raritäten, etwa aus der Bodega Vega Sicilia oder von La Mondotte (zum Beispiel der 2000er mit 98 Parker-Punkten) sowie aus Übersee gehören zum Programm. Besonderes Schmankerl: Messweine!
Anzahl der Weine: 550

Tübingen

Wein Bauer

Innenstadt, Schaffhausenstr. 109
PLZ 72072, Tel. 07071-330 89
www.wein-bauer.de
Mo-Fr 10-19 Uhr, Sa 10-16 Uhr MASTER VISA
Masse und Klasse: Das Angebot an Weinen umfasst rund 800 Positionen, die im großzügigen Verkaufsraum präsentiert und von einem sehr kompetenten Team angeboten werden. Die Lagerhallenatmosphäre ist gewollt und steht der Faszination des klug gewählten Sortiments nicht entgegen. Schöne Rieslinge und andere deutsche Weine, feine Entdeckungen aus Bordeaux und Burgund, Preiswertes aus Südfrankreich – der direkte Draht zu den Erzeugern ermöglicht ein sehr gutes Preis-Genuss-Verhältnis. Die monatliche „Hauspost" sowie zahlreiche Weinproben vermitteln Weinwissen und setzen kulinarische Akzente.
Anzahl der Weine: 800
Weitere Angebote: Feinkost, Olivenöl, Spirituosen, Weinproben, Weinseminare

Riesiger Verkaufsraum, klug gewähltes Sortiment: „Wein Bauer"

Weinhaus Beck

Innenstadt, Am Markt 1, PLZ 72070
Tel. 07071-227 72

www.weinhaus-beck.de
tgl. 8-23 Uhr EC
Weinladen, Kaffeestube, Bistro, Whiskyladen und Straßencafé – an einem der schönsten Marktplätze Deutschlands liegt dieses bemerkenswerte Weinhaus. Zum einen gibt es eine Riesenauswahl an Weinen, sowohl fürs knappe Studentenbudget als auch für besondere Anlässe wertvolle Weine oder Champagner. Erwähnenswert ist auch die Auswahl von etwa 300 Whiskysorten. Zum anderen ist das Weinhaus ein urgemütliches Café, in dem köstliche Kleinigkeiten serviert werden, was Touristen und Stammgäste gleichermaßen schätzen. Bei schönem Wetter oder während der Markttage ist das Café ein beliebter Treffpunkt.
Anzahl der Weine: 600
Weitere Angebote: Feinkost, Spirituosen, Whisky, Weinproben, Weinseminare

Weinmarkt Mattheis

Innenstadt, Liechtensteinstr. 9, PLZ 72072
Tel. 07071-330 49
www.wein-mattheis.de
Mo-Fr 10-19 Uhr, Sa 10-16 Uhr EC
Beim Stöbern in diesem gemütlichen Ladengeschäft hat man die Qual der Wahl. Gut geschulte Mitarbeiter stehen beratend zur Seite oder bieten eine Verkostung an. Ein internationales, sorgfältig ausgewähltes Sortiment, mit dem Schwerpunkt Deutschland, Frankreich und Spanien, hält für jeden Geschmack den passenden Wein bereit. Tipp: Der Schnäppchenmarkt nebenan ist nicht nur bei den Studenten der Unistadt beliebt. Freitags ab 13 Uhr und samstags ab 10 Uhr gibt es zu Top-Konditionen Restposten, auslaufende Jahrgänge und spezielle Erzeugerangebote.
Anzahl der Weine: 600
Weitere Angebote: Essig, Öl, Gebäck, Nudeln, Pesto, Saucen, Senf, Spirituosen, Whisky, Weinproben, Weinseminare

Weinhaus Schmid

Innenstadt, Jakobsgasse 22
PLZ 72070
Tel. 07071-246 44
Mo-Di, Do-Fr 9-13 und 15-20 Uhr,
Sa 9-14 Uhr EC
Eigentlich ist das „Weinhaus Schmid" eine unprätentiöse Weinhandlung in der Tübinger Altstadt – weit entfernt von der eleganten Präsentation schicker Vinotheken mit ihrem Zusatzangebot von Weinartikeln und Feinkost. Doch dieser Laden hat eine Bodenständigkeit bewahrt, die einem Vertrauen einflößt. Als Weininteressent fühlt man sich dort einfach wohl, auch dank der freundlichen und kompetenten Beratung. Und: Es gibt ein erstaunlich breites, vielfältiges internationales Angebot. Der Schwerpunkt liegt jedoch bei den regionalen Weinen – bis zum Wein aus dem hauseigenen Weinberg. Bei der angeschlossenen Weinstube (ab 15 Uhr) braucht man etwas Glück, um einen Platz zu bekommen. Außerdem: Spirituosen aus der eigenen Brennerei.
Anzahl der Weine: 550
Weitere Angebote: Essig, Olivenöl, Weinproben, Weinseminare

Vinum – Weine & Feines

Innenstadt, Lange Gasse 6
PLZ 72070
Tel. 07071-520 52
www.vinum-tuebingen.de
Mo-Fr 9.30-18.30 Uhr, Sa 9.30-16 Uhr
EC
In schönster Tübinger Altstadtlage lässt dieser ambitionierte Laden mit seinem großen Sortiment an Weinen und Weinzubehör, Whiskyraritäten, Feinkostartikeln und regionalen Spezialitäten keine Wünsche offen. Das stilvolle Ambiente und die gelungene Präsentation des attraktiven Angebots verlockt zu manchem Spontankauf. Man hat die Wahl zwischen 400 Weinen, vom hochpreisigen Italiener und Franzosen bis zum Trinkwein für jeden Tag. Eine monatliche Angebotsliste mit empfehlenswerten Weinen hilft bei einer Vorauswahl.
Anzahl der Weine: 400
Weitere Angebote: Essig, Likör, Pasta, Pesto, Saucen, Senf, Spirituosen, Whisky, Weinproben, Weinseminare auf Anfrage

Die „Wein-Bastion" ist ein Eldorado für Weinliebhaber und verfügt über ein kompetentes Team

Ulm

Wein-Bastion

Innenstadt, Schillerstr. 1, PLZ 89077
Tel. 0731-669 93
www.wein-bastion.de
Mo 14-18.30 Uhr, Di-Fr 9-18.30 Uhr, Sa 9-14 Uhr EC MASTER VISA

14 Gewölbekeller in einer 150 Jahre alten Festungsanlage sind ein beeindruckender Rahmen für über 2000 Weine aus allen wichtigen Anbaugebieten. Da kann man als Besucher leicht die Orientierung verlieren. Hilfe kommt, wenn gewünscht, von einem engagierten Team mit fundiertem Wissen, allen voran Walter Göbel, der sich viel Zeit nimmt für Erklärungen und bei der Suche nach den passenden Weinen behilflich ist. Ohne Übertreibung: Dies ist ein Eldorado für Weinliebhaber. Sehr beliebt sind die Weintage im Herbst, bei denen namhafte Weingüter wie Graf Neipperg, Nittardi, Daumas Gassac oder Balthasar Ress ihre Weine persönlich vorstellen und verkosten lassen.

Anzahl der Weine: 2000
Weitere Angebote: Armagnac ab 1939, Brände, Cidre, Cognac, Essig, Likör, Öl, Schokolade, Weinproben, Weinseminare

Wein-G.U.T.

Innenstadt, Mühlsteige 4
PLZ 89075
Tel. 0731-921 78 06
www.wein-gut-ulm.de
Mo-Fr 10-18.30 Uhr, Sa 9-16 Uhr EC

Ein Weinhandel in einer ehemaligen Brauerei, das hat etwas! Mit grandiosem Blick auf das Ulmer Münster lässt sich hier probieren und einkaufen. Die häufigen Weinverkostungen in stimmungsvoller Atmosphäre haben sich herumgesprochen. Da kommt mancher Kunde sogar aus dem fernen München angefahren. Kenntnisreich und professionell ist die Beratung, weitgefächert das internationale Angebot. Wer die großen Weinnamen sucht, für den ist ebenfalls gesorgt, Spaß machen allerdings eher die vielen unbekannteren Weine, die direkt importiert wurden. Mit anderen Worten: Ein Geschäft, dessen Konzept sich einzig und allein an Qualität und erst in zweiter Linie an der Bekanntheit der Weine orientiert.

Anzahl der Weine: 500
Weitere Angebote: Olivenöl, Weinproben, Weinseminare (viermal jährlich Hausmesse)

Villingen-Schwenningen

Weinhaus Hess
OT Schwenningen, Bürkstr. 17, PLZ 78054
Tel. 07720-331 71
www.weinhaus-hess.de
Mo-Fr 9-12.30 und 14.30-18.30 Uhr,
Sa 9-13 Uhr EC VISA
1000 Posten mit deutschem Schwerpunkt bietet Inhaber Jürgen Hess an. Beim Roten zählt man auf Württemberg, beim Weißen eher auf Baden, ansonsten schwört Hess auf spanische Weine, die er sogar in größerer Stückzahl als Franzosen und Italiener bereithält. Zunehmend stark, so Hess, würden auch Tropfen aus Portugal nachgefragt. Im hinteren Bereich der großzügigen Verkaufsfläche wartet eine gut sortierte Auswahl an Rohmilchkäsen und edler Feinkost.
Anzahl der Weine: 1000
Weitere Angebote: Accessoires, Essig, Feinkost, Käse, Olivenöl, Weinreisen, Weinproben, Weinseminare

Wein-Riegger
OT Villingen, Werner-von-Siemens-Str. 8
PLZ 78052, Tel. 07721-709 84
www.wein-riegger.de
Mo-Fr 9-18.30 Uhr, Sa 8-14 Uhr EC
In einem Industriegebiet von Villingen liegt einer der größten Getränkemärkte im südlichen Baden-Württemberg. Das Angebot an Bier und Säften mag enorm sein, das an Weinen ist beeindruckend. Den Schwerpunkt bildet die Alte Welt, die mehrere Familienmitglieder regelmäßig bereisen: „Wir bieten nichts an, was wir nicht selbst probiert hätten", berichtet Olaf Lauinger, der auf 30 Jahre Berufserfahrung zurückblickt und, wenn möglich, Großproduzenten meidet. Außerdem gibt es ein großes Whiskysortiment, darunter ist auch ein selbst produzierter, der in einem Burgunder-Fass reift. Regelmäßige Messen und Weinproben.
Anzahl der Weine: 800
Weitere Angebote: Edelbrände, Konfitüre, Olivenöl, Pasta, Pesto, Schokolade, Whisky (400 Sorten), Weinproben, Weinseminare

Waldshut-Tiengen

Feinkost Wagner
Hauptstr. 56, PLZ 79761, Tel. 07741-20 75
www.feinkostwagner.de
Mo-Fr 7.30-18.30 Uhr, Sa 7.30-16 Uhr
EC MASTER VISA
Seit über 100 Jahren arbeitet „Wagner" im Dienste der gehobenen Feinschmeckerei. Das Highlight ist der Wein(schatz-)keller, ein tiefes Gewölbe in der Tiengener Altstadt und eine unerschöpfliche Fundgrube – nicht zuletzt auch für gereifte Spitzenjahrgänge aus Frankreich, Italien, Kalifornien, Australien, Südafrika, Spanien, Portugal, Chile, Argentinien und sogar aus Griechenland. Einige Spirituosen-Jahrgänge reichen bis ins Jahr 1900 zurück.
Anzahl der Weine: 200
Weitere Angebote: Feinkost-Vollsortiment, Spirituosen, Weinproben

BAYERN

Amberg

Weinkontor Triumvirat
Steinhofgasse 11, PLZ 92224
Tel. 09621-129 60
www.weinkontor-triumvirat.de
Mi-Do 10-12.30 und 14.30-18 Uhr,
Fr 10-12.30 Uhr, Sa 9-12.30 Uhr EC
Nach Ländern und Regionen sortiert, warten die Weine in urigen Regalen aus Ziegelstein und Holz im kleinen Laden am Eingang zur Altstadt. 70 Prozent davon stammen direkt vom Erzeuger: bevorzugt aus Franken und Frankreich, aus Italien, Spanien, Portugal, Südafrika. Darunter auch selten nachgefragte Tropfen, etwa ein Aligoté aus dem Burgund. Die Beratung ist sehr kompetent, man hört sich Kundenwünsche genau an und findet dann mit sicherem Gespür den adäquaten Wein. Die Welt der „Triumviratweine" lässt sich intensiv bei Weinproben und -seminaren erschmecken.
Anzahl der Weine: 450
Weitere Angebote: Essig, Öl, Schokolade, Weinproben, Weinseminare

Anzing

Hieber-Wein
OT Obelfing, Gutenbergstr. 6, PLZ 85646
Tel. 08121-60 48
www.hieber-wein.de
Di-Fr 8-18.30 Uhr, Sa 8-13 Uhr EC
Einen Weinbestand von über 100 000 Flaschen haben Josef, Helmut und Günter Hieber zeitweise auf Lager. Die Nachfrage der treuen Kundschaft, die aus dem weiten Umfeld zwischen München und der österreichischen Grenze kommt, ist groß. Im Angebot ist eine enorme Auswahl an günstigen deutschen Weinen aller Regionen und bester Herkunft. Aber auch Italien und Frankreich sind gut vertreten. Ein gelungener Service sind die, je nach Geldbeutel, individuell zusammenstellbaren Präsente sowie die persönliche Beratung für private oder professionelle Feste. Lieferungen ins Haus sind kein Problem, allerdings nur im Großraum München.
Anzahl der Weine: 600
Weitere Angebote: Essig, Olivenöl, Parmesan, Pasta, Pesto, Sugos, Spirituosen (Brände, Grappa), Weinproben, Weinseminare

Augsburg

Bayerl Weinkellerei
Innenstadt, Milchberg 15, PLZ 86150
Tel. 0821-34 65 50
www.bayerl-weinkellerei.de
Mo-Fr 10-12.30 und 13.30-18 Uhr, Sa 9.30-12.30 Uhr EC MASTER VISA
Tradition heißt „Bayerl". Seit 120 Jahren ist die Kellerei über die Grenzen Augsburgs hinaus bekannt. Hier werden jährlich 100 000 Flaschen abgefüllt, der beliebte Fugger Fürsten Kräuter-Bitter und das Augsburger Frauenschnäpsle produziert und zu stimmungsvollen Weinproben in den uralten Gewölbekeller geladen. Im Weinshop findet sich aus aller Herren Länder alles, was gut und einiges, was teuer ist. Der Fokus liegt auf europäischen Etiketten, darunter auch einige Spitzengewächse aus dem Bordeaux, für die allein sich ein Besuch lohnt.
Anzahl der Weine: 500
Weitere Angebote: Essig, Olivenöl, Weinproben

Bad Reichenhall

Kopp's Vinothek
Heilingbrunnerstr. 2 d, PLZ 83435
Tel. 08651-696 64
Mo-Fr 9.30-18.30 Uhr, Sa 9-14 Uhr EC
Blanka Kopp ist immer unter Volldampf. Seit 16 Jahren versorgt sie Bad Reichenhall kenntnisreich mit Wein aus aller Welt. Und auch überregional sind ihr Angebot und ihre Expertise gefragt. Rund 750 verschiedene Weine stehen permanent auf 140 Quadratmetern zum Verkauf, in nach oben unbegrenzten Preiskategorien. Leichte italienische Dominanz im Sortiment. Stolz ist Frau Kopp auf den neu etablierten Ausschank, in dem Tag für Tag eine Reihe interessanter Tropfen zum Probieren bereitstehen.
Anzahl der Weine: 750
Weitere Angebote: Antipasti, Essig, Feinkost, Konfitüre, Likör, Öl, Pasta, Pfeffer, Salz, Schnaps, Senf, Trüffelprodukte, Weinproben, Weinseminare

Bamberg

Wein + Feinkost Geigenberger
OT Ost, Troppauplatz 1, PLZ 96052
Tel. 0951-316 02
www.geigenberger.de
Mo-Fr 8-18.30 Uhr, Sa 7.30-14 Uhr EC
„Feinkost Geigenberger" ist in Bamberg bekannt, die Weinabteilung „Geigenbergers Weinwelt" ebenso. Roland Geigenberger gilt als Frankenwein-Spezialist in Bamberg. Die traditionellen Bocksbeutel von mehreren Weingütern stechen schon beim Betreten des Ladens ins Auge. Im Keller des Geschäftes gibt es außerdem ein breit gefächertes Weinsortiment aus Italien, Frankreich, Spanien und Portugal. Darüber hinaus wird ein Geschenkeservice angeboten.
Anzahl der Weine: 900
Weitere Angebote: Feinkost-Vollsortiment, Weinproben, Weinseminare

Schöne Institution in der Bamberger Altstadt: „Weinhaus Heinrich & Heinrich"

Weinhaus Heinrich & Heinrich

Innenstadt, Obere Sandstr. 31, PLZ 96049
Tel. 0951-580 57
www.weinhaush-h.de
Mo-Di 14-18.30 Uhr, Mi-Do 10-12.30 und 14-18.30 Uhr, Fr 10-18.30 Uhr, Sa 9.30-13.30 Uhr MASTER VISA

Eine Institution in der Bamberger Altstadt. Vor knapp drei Jahren ist das Weinhaus umgezogen, der neue Laden ist ebenso schön wie der alte und die Weinauswahl gut wie immer. Vermehrt sollen in den neuen Räumen kulinarische Weinproben stattfinden wie auch kulturelle Veranstaltungen. Außerdem können die Räumlichkeiten angemietet werden. Heinrich Krebs berät seine Kunden mit Sachverstand und sucht seine Weine mit gutem Gespür aus. Sie stammen aus Deutschland, Österreich, Frankreich, Italien und Spanien.

Anzahl der Weine: 300

Weitere Angebote: Kaffee, Olivenöl, Pasteten, Schokolade, Weinproben, Weinseminare

Vino – Ihr Weinmarkt

Laubanger 14, PLZ 96052
Tel. 0951-407 68 95
www.vino24.de
Mo-Fr 10-19 Uhr, Sa 10-17 Uhr
AmEx EC MASTER VISA

„Vino" ist ein Weinsupermarkt, aber die professionelle Beratung überzeugt. Filialleiterin Sibél Benarush versteht es, engagiert und mitreißend den Wein an die Kunden zu bringen. Die Auswahl ist groß: Rund 500 Weine sind im Angebot – aus Deutschland, Österreich, Italien, Frankreich, Spanien, Portugal, aber auch aus der Neuen Welt. Eine Auswahl des Sortiments kann immer probiert werden, und einmal im Monat findet ein Weinabend statt.

Anzahl der Weine: 500

Weitere Angebote: Bücher, Dekorationsartikel, Feinkost, Olivenöl, Schokolade, Weinaccessoires, Weinproben, Weinseminare

Bayreuth

Weinhaus Dörsch

OT St. Georgen, Bernecker Str. 35
PLZ 95448, Tel. 0921-235 23
Di-Fr 10-12.30 und 14.30-18.30 Uhr, Sa 10-12.30 Uhr EC

Burghausens Wein- und Spirituosen-Institution seit 1922: „Albert Geith"

Seit über 30 Jahren gibt es dieses Weinhaus schon, seit 1987 wird es von Klaus Fuchs geführt. Dass der Oberfranke ein regional- und preisbewusster Kunde ist, weiß der Inhaber, und deswegen hat er für seine Literflaschen aus dem heimischen Franken ein gutes Stammpublikum. Zudem umfasst sein Sortiment Direktimporte aus Frankreich, Italien und Portugal. Seine Weine können im kleinen Laden, der an einer Ausfallstraße liegt, probiert werden.
Anzahl der Weine: 550
Weitere Angebote: Weinproben, Weinseminare

Süße Quelle

Maximilianstr. 5, PLZ 95444
Tel. 0921-150 47 03
www.hussel.de
Mo-Fr 9-19 Uhr, Sa 9-18 Uhr
AmEx EC MASTER VISA
Wie der Name nahelegt, war die „Süße Quelle" ursprünglich ein Ort, wo man Schokolade kaufen konnte. In den 1960er-Jahren nahm Firmengründer Arno Schellenberg Wein ins Sortiment auf. Heute gehört der Laden zu „Hussel-Süßwaren". Im Erdgeschoss werden die süßen Leckereien verkauft, im Keller der Wein. Filialleiter Stefan Vogel legt bei der Auswahl der Weine ein besonderes Augenmerk auf das heimische Franken wie auch auf Weine aus Italien, Spanien und Frankreich. Außerdem gibt es eine gute Auswahl an lokalen Obstbränden, Grappa und Whisky. Während der Festspielzeit finden an den Wochenenden Veranstaltungen mit fränkischen Winzern statt.
Anzahl der Weine: 400
Weitere Angebote: Confiserie, Feinkost, Olivenöl, Weinproben, Weinseminare

Burghausen

Albert Geith

Marktler Str. 9-11, PLZ 84489
Tel. 08677-970 10
www.geith-weine.de
Mo-Fr 8-18 Uhr, Sa 8-16 Uhr EC
Kompetenz ist eine Sache von Wissen und Kontinuität – über beides verfügt die Familie Geith reichlich. In Burghausens Wein- und Spirituosen-Institution lassen sich die Einheimischen seit 1922 beraten, was zu welchem Anlass zu trinken sei. Ausgewogen international ist das Sortiment. Probieren ist ebenso möglich wie der Besuch von Weinproben und Seminaren. Neben der exzellenten Käseabteilung mit über 100 Sorten, die in einer speziellen Käsekammer optimal reifen, fallen uns die Portweine ab 1914

Hervorragendes Sortiment: Die „Vinothek Steines" ist unser Gewinner in Bayern

und Single Cask Malts ins Auge.
Anzahl der Weine: 750
Weitere Angebote: Feinkost, Käse, Kaffee, Madeira, Obstbrände, Port, handgemachte Pralinen und Schokoladen, Rum, Tee, Whisky, Weinproben, Weinseminare

Coburg

Wein-Oertel

Zeughaus / Große Johannisgasse 1
PLZ 96450, Tel. 09561-920 92
www.wein-oertel.com
Mo-Mi 8-18 Uhr, Do-Fr 9-19 Uhr, Sa 9-14 Uhr EC
Seit 1874 verkauft die Familie Oertel in Coburg Wein, nun bereits in fünfter Generation. Die Lage in der Coburger Innenstadt ist erstklassig, das Ambiente im historischen Zeughaus auch. Mit der Freundlichkeit bei der Beratung hapert es hingegen ein wenig. Über 1000 verschiedene Weine sind im Sortiment vertreten, natürlich Weine aus dem heimischen Franken, aus Übersee und sehr viele aus Italien. Zudem gibt es eine kleine Feinkostecke und einen Geschenkeservice.
Anzahl der Weine: 1000
Weitere Angebote: Feinkost aus Italien, Spirituosen (Grappas, Obstbrände, Whisky), Weinproben, Weinseminare

Erding

SIEGER BAYERN

Vinothek Steines

Taufkirchener Str. 2
PLZ 85435, Tel. 08122-184 85
www.steines-weine.com
Do-Fr 14-18 Uhr, Sa 10-13 Uhr EC
Illustre Namen finden sich unter den Gastronomiekunden von „Steines": zum Beispiel „Tantris", „Schuhbeck", „Hotel Mandarin Oriental" und „Hotel Adlon". Die Sternegastronomie, Leading Hotels of the World, aber auch der ganz normale Weinfreund aus der Weißbierstadt Erding vertrauen dem hervorragenden Sortiment von Axel Steines. Die einen ordern kistenweise Top-Weine direkt im Großlager am Stadtrand, die anderen finden ihre bezahlbaren Lieblingstropfen in der kleinen, aber feinen Vinothek mitten im Stadtzentrum, wo sie sympathisch beraten und betreut werden von Frau Steines. Handgeschöpfte Schokoladen der Manufaktur Schell, beste Olivenöle und Balsamico, Portweine, Feinkost und Zigarren runden die Angebotspalette harmonisch ab.
Anzahl der Weine: 800
Weitere Angebote: Brände, Essig, Feinkost, Olivenöl, Portwein, Salz, Schokolade, Zigarren

Erlangen

Vinisüd

OT Erlangen-Ost, Konrad-Zuse-Str. 20
PLZ 91052, Tel. 09131-271 80
www.vinisud.de
Mo 12-19 Uhr, Di-Fr 10-19 Uhr,
Sa 10-15 Uhr EC

Die Weinprobentermine stehen hübsch handgeschrieben auf der großen Tafel am Eingang, aber natürlich kann auch spontan im freundlichen, hellen Laden verkostet werden. In Regalen und Kisten ruhen gut ausgesuchte Weine, überwiegend aus Frankreich, aber auch aus Italien, Spanien, Portugal, Österreich und Deutschland. Direkt vom Winzer sind sie allesamt und bevorzugt in Bioqualität. Der hohe Qualitätsanspruch führt auch dazu, dass schon mal auf die nächste Lese vertröstet wird, wenn ein Jahrgang des gesuchten Weins gewohnte Maßstäbe nicht erfüllt. Erfreulich: Das kompetente „Vinisüd"-Team findet stets passenden Ersatz.

Anzahl der Weine: 400

Weitere Angebote: Feinkost, Gewürze, Kaffee, Olivenöl, Weinproben, Weinseminare

Im Weinladen „Vinisüd" importiert man alle Weine direkt vom Winzer

Farchant

Weinzentrum – Weinhaus Kraus

Partenkirchnerstr. 32, PLZ 82490
Tel. 08821-512 92
www.weinhaus-kraus.de
Mo-Fr 9-12 und 14-18 Uhr, Sa 9-12 Uhr
EC

Auf dem Weg in die Berge, die Zugspitze schon im Blick, bitte eine Genusspause einlegen: Fritz Kraus, der nette Weinhändler am Flüsschen Loisach, wird sich nicht nur über den Besuch freuen, sondern diesen auch mit Herzblut beraten. Egal, ob sich das Interesse auf Schweizer, spanische, chilenische oder argentinische Weine konzentriert oder auf das besonders breite Angebot deutscher, österreichischer und italienischer Weine – Kraus schöpft aus einem Fundus von rund 1000 Provenienzen. Im „Weinhaus Kraus" kann man in Ruhe probieren, sich dabei angeregt unterhalten und sein Weinwissen erweitern, zum Beispiel auch bei den monatlich stattfindenden themenspezifischen Weinseminaren.

Anzahl der Weine: 1000

Weitere Angebote: Delikatessen aus Deutschland, Frankreich, Italien, Österreich, Weinseminare

Frasdorf

Treffpunkt Wein

OT Westerndorf, Daxa 8, PLZ 83112
Tel. 08032-707 99 20,
www.treffpunktwein.info
Di-Fr 10-18 Uhr, Sa 10-13 Uhr
EC MASTER VISA

Wer auf dem Weg in den Chiemgau, nach Salzburg oder gar zu Sternekoch Heinz Winkler nach Aschau unterwegs ist, sollte hier seine Reise unterbrechen. Denn Brigitte Wüstinger hat in ihrem ansprechenden, modernen Holzhaus an der Landstraße nach Frasdorf ein kleines gastliches Juwel geschaffen, in dem eine handverlesene Auswahl von Weinen darauf wartet, an gemütlichen Abenden probiert zu werden. Zu finden sind hier die Produkte kleiner

Nette Idee bei „Wein-Wolff" ist „Bring your own wine" – der wird dann diskutiert

Winzer, Bioweine und bayerische Brände. Dazu gibt's täglich eine kleine Karte mit regionalen Schmankerln. Sehr schnell fühlt man sich hier gut aufgehoben, auch dank der fachkundigen und liebenswerten Beratung. Eine der sympathischsten Adressen im Voralpenland.
Anzahl der Weine: 400
Weitere Angebote: Antipasti, Brände, Feinkost, Geschenkartikel, Gläser, Olivenöl, Weinproben, Weinseminare

Fürth

Wein-Kontor Schägger

Innenstadt, Alexanderstr. 32, PLZ 90762
Tel. 0911-74 58 95
Di-Fr 12-18 Uhr, Sa 10-13 Uhr EC
Beratung wird im zentral gelegenen Weingeschäft großgeschrieben. Beim Weinangebot konzentriert sich Peter Schägger auf Weine aus südlichen Gefilden (Süd- und Südwestfrankreich, Süditalien und Sizilien, Spanien), bei Weinen aus der Heimat schlägt sein Herz vor allem für Mosel- und Frankenweine.
Anzahl der Weine: 300
Weitere Angebote: Balsamico, Essig, Kürbiskernöl, Olivenöl, Weinproben, Weinseminare

Wein-Wolff

OT Poppenreuth, Hans-Vogel-Str. 45
PLZ 90762, Tel. 0911-741 71 41
www.weinwerk.de
Di-Fr 11-19 Uhr, Sa 11-15 Uhr MASTER VISA
Wer guten Wein sucht und Jeffrey Wolff über den Weg läuft, kann von Glück reden. Der Chef des Hauses erfasst Kundenwünsche sehr aufmerksam und findet garantiert die passenden Tropfen – authentisch, terroirspezifisch und handwerklich gut gemacht. Sie stammen überwiegend direkt vom Winzer. Vor allem aus Italien, Frankreich und Deutschland. Weine aus Portugal, Spanien und Südafrika ergänzen die Palette, die Überseesparte ist bewusst klein gehalten. Weinwissen vermitteln die Seminare. Nett: „Bring your own wine!" Der mitgebrachte Tropfen wird gemeinsam probiert, besprochen und mit korrespondierenden Weinen von „Wein-Wolff" verglichen.
Anzahl der Weine: 600
Weitere Angebote: Feinkost, Kaffee, Olivenöl, Weinproben, Weinseminare

Gersthofen

Weinladen Lemberger

Bauernstr. 10, PLZ 86368
Tel. 0821-49 91 00

B

www.weinladen-lemberger.de
Mo-Do 9-12.30 und 14.30-18.30 Uhr, Fr 9-18.30 Uhr, Sa 9-13 Uhr EC
Auf dem Land nördlich von Augsburg, im weiten Lechtal, haben Rosie und Johann Lemberger vor 34 Jahren etwas begonnen, das man heute noch als kleines Wunder bezeichnen darf. Denn ein Spitzenstandort für einen ambitionierten Weinhandel ist diese Region sicherlich nicht. Mit Hartnäckigkeit, Beharrlichkeit, sehr viel Sachverstand und einem sympathischen bodenständigen Auftreten haben sie es geschafft. Heute zählt der „Weinladen Lemberger" zu den besten Adressen im weiten Umkreis. Trotz des Schwerpunkts auf deutschen und italienischen Weinen finden sich auch gute Tropfen aus ferneren Ländern. Das Preis-Leistungs-Verhältnis ist kundenfreundlich. Ständige kostenlose Probiermöglichkeit. Highlights am Rande: Brände des Schweizer Spitzenbrenners Humbel.

Beste Adresse auf dem Land nördlich von Augsburg: „Weinladen Lemberger"

Anzahl der Weine: 500
Weitere Angebote: Balsamico, Gläser, Konfitüren, Olivenöl, Schokolade, Spirituosen, Weinzubehör, Weinproben, Weinseminare

Gilching

Der Weinladen

OT Gewerbegebiet, Carl-Benz-Str. 14
PLZ 82205, Tel. 08105-51 02
www.derweinladen.de
Mo-Fr 9-18.30 Uhr, Sa 9.30-13 Uhr
EC MASTER VISA
Gerdfried Wolfertstetter ist stur. Ganz nach dem Motto: Wem es hier nicht gefällt, der kann ja wegbleiben. Oft schon hatten wir an der Lage seines Weinimperiums im Industriegebiet weit vor den Toren Münchens etwas auszusetzen. Doch die Kunden, die zu den vielen Wein-Events strömen, belehren uns eines Besseren. Weinliebhabern sind in erster Linie ganz klar die „inneren Werte" wichtig. Breit aufgestellt ist deutsche Winzerkunst quer durch die Regionen, aber auch Neuseeland, Chile und Argentinien sind bei Wolfertstetter präsent. Eine *tour d'horizon* durch die Weinwelt ist kein Problem. Wohlklingende Erzeugernamen reihen sich in den Regalen dicht an dicht. Für einen Besuch – vielleicht auch für die Teilnahme an einer der regelmäßigen Weinverkostungen mit Winzern – sollte man Zeit mitbringen. Es lohnt sich.
Anzahl der Weine: 420
Weitere Angebote: Balsamico, Olivenöl, Weinproben, Weinseminare

Haimhausen

Hohlenburger's WeinWerkstatt

Hauptstr. 22, PLZ 85778
Tel. 08133-44 44 83
www.weinwerkstatt.eu
Di-Do 15-19 Uhr, Fr 14-19 Uhr, Sa 9-14 Uhr
EC
Ein ebenso witziges wie sympathisches Geschäft betreibt der „Speisenveredler" Stefan Hohlenburger nahe dem Haimhauser Schloss nördlich von München. In einer ehemaligen Kfz-Werkstatt richtete der gelernte Koch auf 160 Quadratmetern einen Weinladen mit Workshop-Atmosphäre ein. Die Weine – Schwerpunkte: Toskana, Südfrankreich und Österreich – liegen preislich und

qualitativ im mittleren Segment. Groß ist die Auswahl an Bränden, Whiskys, Ölen und Feinkostprodukten. Begehrt bei den Stammkunden sind die Weinproben in entspannter Atmosphäre, zu denen mehrfach im Jahr geladen wird. Wem das Catering gefallen hat, der kann Stefan Hohlenburger auch zum „Eventkochen" buchen – Weinvorschläge inklusive, versteht sich.
Anzahl der Weine: 400
Weitere Angebote: Brände und Destillate aus Eigenabfüllung, Essig, Feinkost, Olivenöl, handgemachte Pralinen, Schokolade, Whisky, Weinproben, Weinseminare

Hergensweiler

Vitex Wein & Feines

Mollenberg 38, PLZ 88138
Tel. 08388-12 80
Mo-Fr 9-12 und 14-18 Uhr, Sa 9-12 Uhr

Wo sich nicht einmal Fuchs und Hase allzu oft Gute Nacht sagen, versammelt Irmtraud Krumm seit 22 Jahren auf 58 Quadratmetern „Weine aus aller Welt". Etwa 400 Sorten sind es inzwischen, darunter eigene Importe aus Frankreich und Italien mit einem Schwerpunkt im oberen Qualitäts- und Preissegment. Aber auch der sparsamere Weinfreund findet bei Frau Krumm sein Lieblingströpfchen, das er auch gern probieren kann. Kenntnisreich und engagiert wird beraten. Zu Festtagen gibt's auch Geschenkkörbe, die liebevoll ausgestattet sind, u. a mit feinem Olivenöl, handgemachter Pasta etc. Gläser von Riedel, Spiegelau und Eisch runden das Sortiment ab.
Anzahl der Weine: 400
Weitere Angebote: Balsamico, Olivenöl, Panettone, Pasta, Pesto, Pralinen, Weinzubehör, Weinproben

Herzogenaurach

Getränke Wirth

Röntgenstr. 5, PLZ 91074
Tel. 09132-45 13
www.getraenkemarkt-wirth.de
Mo-Fr 8.30-18.30 Uhr, Sa 8-15 Uhr
EC MASTER

Im sympathisch geordneten Durcheinander ihres Getränkemarkts hat Familie Wirth sich und ihren Kunden eine Weinecke eingerichtet, in der neben vielen unkomplizierten Alltagsweinen, vor allem aus Deutschland, durchaus anspruchsvolle Produkte, überwiegend aus Frankreich, Italien, Spanien, Portugal und Übersee, stehen. Häufig stammen die Weine direkt vom Winzer, immer sind sie mit aussagekräftigen Verkostungsnotizen versehen. Probiert wird selbstständig, 40 bis 50 Weine stehen dafür bereit. Wer eingehender beraten werden will, wendet sich an Sigurd Wirth.
Anzahl der Weine: 700
Weitere Angebote: Bier, Olivenöl, Schokolade, Schnaps, Wurstkonserven, Weinproben

Hof

Weinhandlung Kretschmann

Innenstadt, Bayreuther Str. 2, PLZ 95028
Tel. 09281-168 88
www.weinistfein.de
Mo-Fr 8-18 Uhr, Sa 8-13 Uhr
AmEx MASTER VISA

Die Firma wurde im Jahr 1900 von Max Kretschmann gegründet, zuerst war sie spezialisiert auf Beerenwein und Limona-

Traditionsbewusst: Peter und Katharina Winkler von der „Weinhandlung Kretschmann"

denherstellung. Nach und nach wurde das Weinsortiment ausgebaut und umfasst heute, unter der Leitung von Peter und Katharina Winkler, einer geborenen Kretschmann, eine große Bandbreite von Weinen sowie 300 Spirituosen. Ein besonderes Augenmerk liegt auf dem heimischen Franken sowie auf Norditalien. In den etwas altmodischen Verkaufsräumen können die jeweiligen Monatsangebote probiert werden. Außerdem gibt es einen Geschenkeservice und regelmäßige Verkostungen.
Anzahl der Weine: 1200
Weitere Angebote: Essig, Feinkost, Öl, Weinproben, Weinseminare

Hohenschäftlarn

Herbig Weinimport
Starnberger Str. 47, PLZ 82069
Tel. 08178-61 65
www.herbig-weinimport.de
Mo-Fr 14-18.30 Uhr, Sa 10-14 Uhr
AmEx EC MASTER VISA
Konrad Herbig hat sein Lebensmotto bei keinem Geringeren als Goethe entlehnt: „Das Leben ist viel zu kurz, um schlechten Wein zu trinken." Seit 30 Jahren lebt der „Qualitäts-Spezialist" für den mittleren Preisbereich nach dieser Maxime und gilt nicht zuletzt deshalb als glaubwürdige und kompetente Instanz in Sachen Wein in und um München herum. Wer die großen Schwergewichte der Weinwelt sucht, der ist bei Herbig an der falschen Adresse. Wer aber ein bodenständiges, ehrliches Preis-Leistungs-Verhältnis schätzt, der wird hier in einem umfangreichen Angebot fündig. Gute Beratung.
Anzahl der Weine: 430
Weitere Angebote: Balsamico, Kaffee, Olivenöl, Pasta, Weinproben, Weinseminare

Illertissen

Anton Vollmann
Rosenstr. 2, PLZ. 89257
Tel. 07303-3438
www.anton-vollmann.de
Mo-Fr 8-12.30 und 14-18 Uhr,
Sa 9-12.30 Uhr EC
1873 wurde die Weinhandlung gegründet, 1893 erfolgte die Vereidigung zum Lieferanten für Messwein. Mit Letzterem handelt man noch heute. Ansonsten finden sich im lichten, übersichtlichen Laden meist deutsche Weine, zu denen sich schwerpunktmäßig italienische sowie französische Weine gesellen, ein paar wenige Tropfen kommen aus Übersee oder Südafrika. Freundliche Bedienung.
Anzahl der Weine: 400
Weitere Angebote: Spirituosen, Weinproben, Weinseminare

Immenstadt im Allgäu

Flaschengeist
Bahnhofstr. 25, PLZ 87509
Tel. 08323-98 71 97
Mo-Fr 10-18.30 Uhr, Sa 9-13 Uhr
EC MASTER VISA
Das wohl angenehmste und ambitionierteste Weingeschäft der Region. Dabei stößt der Besucher zuerst auf vorzügliche Malt Whiskys, exquisite Cognacs und Armagnacs und über 100 Teesorten. Der Wein mit Schwerpunkt auf ausgewählten deutschen und italienischen Provenienzen spielt dennoch die Hauptrolle. Christoph Blees kauft direkt bei den Winzern ein und liebt jeden seiner Tropfen. Er ist bemüht um das Besondere und kann dies seinen Kunden unaufdringlich, aber überzeugend vermitteln, entweder bei den einmal monatlich stattfindenden Weinproben oder in Begleitung eines kulinarischen Menüs, zu dem mehrmals im Jahr eingeladen wird.
Anzahl der Weine: 500
Weitere Angebote: Balsamico, Feinkost, Kaffee, Olivenöl, Schokolade, Spirituosen, Tee, Whisky (90 Sorten), Weinproben, Weinseminare

Kaufbeuren

De Crignis Wein
Kaiser-Max-Str. 6, PLZ 87600
Tel. 08341-402 28

Im „Flaschengeist" gibt's neben guten Weinen auch vorzügliche Malt Whiskys und Cognacs

www.decrignis-wein.de
Mo-Fr 9-12.30 und 13.30-18 Uhr,
Sa 9-13 Uhr EC
Seit über 200 Jahren existiert an dieser historischen Stätte das Weinhaus gleichen Namens. Eine Institution im Herzen der schönen Altstadt. Entsprechend ist auch das ambitionierte Angebot der Gebrüder Peter und Johannes Kiderlen, die es verstehen, die Tradition zu wahren. Wein-Schwerpunkte sind Italien und Frankreich. Weinverkostungen und Weinmesse-Reisen mit geladenen Gästen finden guten Zuspruch. Kompetente, unaufdringliche Beratung. Die Preisgestaltung erfolgt mit Augenmaß.
Anzahl der Weine: 900
Weitere Angebote: Essig, Fruchtsekt, Olivenöl, Portwein, Sherry, Spirituosen, Weinzubehör, Weinproben, Weinseminare

Kulmbach

Marco Getränke

Lichtenfelser Str. 48, PLZ 95326
Tel. 09221-821 39 00
www.sagasser.de
Mo-Fr 8-20 Uhr, Sa 8-18 Uhr EC
„Marco Getränke" ist ein Getränkemarkt und gehört zum oberfränkischen und südthüringischen Getränkemarktriesen „Sagasser". Dass man aber auch in einem Getränkemarkt eine gute Weinabteilung führen kann, beweist der Kulmbacher Filialleiter Oliver Götz. Er weiß, was die Kulmbacher gern trinken, und das sind vor allem Frankenweine. Regelmäßig werden Weinabende in historischen Gebäuden veranstaltet.
Anzahl der Weine: 750
Weitere Angebote: Bier, Feinkost, Spirituosen, Weinproben, Weinseminare

Landsberg am Lech

Artisan du Vin

Schulgasse 293, PLZ 86899
Tel. 08191-91 58 80
www.weinhaus-artisan.de
Mo-Fr 9-12.30 und 14-18.15 Uhr,
Sa 9-14 Uhr AmEx EC MASTER VISA
Wenn Medardus Wallner, der Inhaber dieses bildschönen Ladens im liebevoll restaurierten Gewölbe, sein Werk betrachtet, muss er zufrieden sein: ein angenehmer Platz zum Probieren und Weinkaufen. Ein richtiges Schmuckstück ist der Laden, gut sind die ausgesuchten Weine, inklusive einer vernünftigen Bordeaux-Auswahl, und eine ambitioniert-erlesene Whiskysammlung. Die Preise sind vernünftig kalkuliert und dem Niveau im Lechfeld angepasst. Verkostungen sind nach Anmeldung problemlos möglich.

B

Anzahl der Weine: 700
Weitere Angebote: Käse, Olivenöl, Serrano-Schinken, Weinproben, Weinseminare

Landshut

Weinhaus Deutter

Innenstadt, Litschengasse 710-711
PLZ 84028
Tel. 0871-220 69
www.deutter.de
Mo-Do 9-12.30 und 13.30-18 Uhr,
Fr 9-18 Uhr, Sa 9-14 Uhr EC

Traditionsreiches Haus, kenntnisreiche Beratung: „Weinhaus Deutter" in Landshut

Seit 200 Jahren handelt man hier mit Wein. Eine Tradition, die von der heutigen Inhaberfamilie Schneider hochgehalten wird. Bei so langer Erfahrung wundert es nicht, dass im umfangreichen Angebot mit Schwerpunkt Italien und Frankreich immer wieder Weine zu vernünftigen Preisen angeboten werden, die es bei professionellen Verkostungen zu Spitzenbewertungen bringen. Auch die große Auswahl an Bränden des Südtirolers Ignaz Unterthurner verdient Beachtung. Kenntnisreiche Beratung ist das Credo im „Weinhaus Deutter", das sich zeitgemäßen Vertriebswegen gegenüber stets aufgeschlossen zeigt. Neben einem umfangreichen und regelmäßig aktualisierten Weinkatalog spielt der Vertrieb über das Internet inzwischen eine große Rolle.
Anzahl der Weine: 800
Weitere Angebote: Olivenöl, Spirituosen, Weinproben, Weinseminare

Lenggries

Lenggrieser Vinothek – Wein & Lukull

Karl-Pfund-Weg 8, PLZ 83661
Tel. 08042-87 49
www.worldwidewine.de
Di-Fr 9-12.30 und 14.30-18 Uhr,
Sa 9-12.30 Uhr EC MASTER VISA
Als Standort für einen Weinhandel scheint der Skiort Lenggries eher ungewöhnlich. Mit seiner Vinothek beweist Stefan Berger aber, dass hier im oberen Isartal mit einem klug ausgewogenen Sortiment, in dem Frankreich und Italien die Hauptrolle spielen, einiges in Sachen Wein zu machen ist. In der „Schatzkammer" lagern ausgesuchte Flaschen einiger der besten Erzeuger Deutschlands. Und weil der Mensch nicht vom Wein allein lebt, gibt's auch herzhafte Beigaben wie köstlich frischen Bergkäse, italienische Salami und feine heimische sowie österreichische Brände. Gönnen sollte man sich auch einmal eine der gemütlichen Weinproben im romantischen Fachwerkstadl.
Anzahl der Weine: 500
Weitere Angebote: Antipasti, Essig, Feinkost, Geschenkartikel, Käse, Pasta, Öl, Salami, Schinken, Schokolade, Spirituosen, Weinproben, Weinseminare

Mainburg

Heinrich Schwarz – die besten Weine aus Italien

Liebfrauenstr. 1, PLZ 84048
Tel. 08751-14 10
www.weinhandel-italien.de
Mo-Fr 8-19 Uhr, Sa 8-13 Uhr EC MASTER
Auf den ersten Blick ein Haushaltswarengeschäft. Man muss schon etwas in die Tiefe gehen, dann offenbart sich hier ein Weinhandel der selteneren Art. Unerwartet im

„Landleben reloaded" wie aus dem Bilderbuch: „4Seithof" im Rottal

beschaulichen Hopfenland zwischen A 92 und A 93 bietet Heinrich Schwarz die wohl umfangreichste Palette italienischer Weine weit und breit an. Ob Barolo oder „Tignanello", Primitivo Salento oder Valpolicella Superiore, alles ist von bester Qualität und steht vor allem in einem selten guten Preis-Leistungs-Verhältnis. Vom Sachverstand des Heinrich Schwarz profitiert auch die Volkshochschule Mainburg, sagt man. Wir wünschen gute Fortbildung.

Anzahl der Weine: 600

Weitere Angebote: 500 Sorten Espresso und Kaffee von 70 verschiedenen Röstern aus Frankreich, Italien, Portugal, Schweiz (online erhältlich über www.aromatico.de), Weinproben, Weinseminare

Massing im Rottal

4Seithof

OT Wolfsegg, Am Fürholz 2, PLZ 84323
Tel. 08724-91 12 01
www.4seithof.de
Do-Fr 14-18 Uhr, Sa 10-16 Uhr EC

Wie der Städter sich „Landleben reloaded" vorstellt: ein bildschön restaurierter Vierseithof im Rottal, fernab jeder Hektik und großer Kundenströme, ein wahrer Reise- und Ausflugstipp. Anja und Alexander Baumgartner haben mit diesem Ort ein Lebenskonzept verwirklicht und für sich eine Harmonie von Beruf und Privatleben geschaffen. Damit Letzteres nicht leidet, sind die Tage, in denen sich der Besucher in Ruhe mit dem sehr konzentrierten Angebot an Weinen (Schwerpunkt Österreich) beschäftigen kann, auf zwei pro Woche beschränkt. Dann aber kann ausführlich probiert werden, dazu gibt es kleine Snacks, die bei schönem Wetter unterm Sonnenschirm im Garten verzehrt werden können.

Anzahl der Weine: 300

Weitere Angebote: Accessoires, Aufstriche, Feinkost, Olivenöl, Schokolade, Weinproben, Weinseminare

München

Académie du Vin

OT Haidhausen, Rosenheimer Str. 123
PLZ 81667, Tel. 089-48 95 15 76
www.academie-du-vin.de
Di-Do 14-19 Uhr, Fr 10-19 Uhr,
Sa 10-16 Uhr EC

Obwohl Uwe Grübel sein Angebot inzwischen um deutschen Riesling und schottische Single Malts erweitert hat, bleibt

Frankreich der eindeutige Schwerpunkt. Insbesondere rote Burgunder und Rhône-Weine lagern in Stellagen entlang der Wände, darunter auch reifere Jahrgänge aus den 1990er-Jahren. Im weißen Bereich dominieren ebenfalls die populären französischen Anbaugebiete (Loire, Elsass, Champagne) mit Entdeckungen wie dem klaren Bio-Chenin blanc von Xavier Weisskopf. Ab 24 Flaschen (sortiert) deutschlandweite Lieferung frei Haus, für optischen Genuss sorgt die angeschlossene Galerie „Kunstreich".
Anzahl der Weine: 400
Weitere Angebote: Weinproben, Weinseminare

In der „Aquitaine-Vinothèque" setzt man auf kleinere Produzenten der Grande Nation

Aquitaine-Vinothèque

OT Maxvorstadt, Theresienstr. 19
PLZ 80333, Tel. 089-28 40 28
www.aquitaine.de
Mo-Fr 9.30-20 Uhr, Sa 9.30-18 Uhr
EC MASTER VISA
Wurst, Quiches und Käse locken mittags auch Studenten an, außerhalb der Essenszeiten geht es trotz Uni-Nähe beschaulich zu. Die Wein- und Delikatessenhandlung setzt vorwiegend auf kleinere Produzenten der Grande Nation: Ihr naturnah produzierter Winzer-Champagner etwa kommt von Veuve Fourny aus Vertus, der Großteil des frankophilen Angebots weiterhin aus Bordeaux, Burgund, dem Midi und von der Loire. Inzwischen erlauben sich Katharina Schmidt und Franck Bauer in ihrem Sortiment aber auch Ausflüge an die Mosel (A. Schmitges) oder nach Baden (K. H. Johner). Regelmäßige Verkostungen für Newsletter-Abonnenten. Schade, dass es keine Weinliste gibt.
Anzahl der Weine: 100
Weitere Angebote: Gänserillette, Käse (20 Sorten), Quiche, Wildpastete, Weinproben, Weinseminare

Caves du Midi

OT Schwabing, Wilhelmstr. 32
PLZ 80801, Tel. 089-34 74 01
www.cavesdumidi.de
Mo 14.30-19 Uhr, Di-Fr 11-13 und 14.30-19 Uhr, Sa 10-14 Uhr EC
Selbst wenn Jonathan Franks am Beletage-Schreibtisch über dem eintretenden Kunden thront – royales Gehabe ist dem gebürtigen Briten mit einem Faible für französische Weine fremd. Viel zu gern empfiehlt er aus seinem Angebot rund 300 französischer Tropfen. Neben dem namensgebenden Schwerpunkt auf Weinen aus der Provence, dem Rhône-Tal und dem Languedoc bietet der kleine Schwabinger Laden auch andere Erzeugnisse der Grande Nation: Riesling aus dem Elsass, Bordeaux in allen Preislagen, aber auch Selteneres wie Pineau des Charentes aus dem Cognac.
Anzahl der Weine: 300
Weitere Angebote: Weinproben, Weinseminare

Alois Dallmayr

Innenstadt, Dienerstr. 14-15, PLZ 80331
Tel. 089-213 51 30
www.dallmayr-versand.de
Mo-Sa 9.30-19 Uhr AmEx EC MASTER VISA
Keine Frage: Dallmayrs Weinabteilung dürfte, bedingt durch die Laufkundschaft, die bestbesuchte Münchens sein. Die europäisch dominierte Auswahl lässt kaum Wünsche offen: Mehr als 15 Weine des österreichischen Winzers Kracher zieren das Süßwein-Angebot im linken Teil des Delikatessen-Dorados. Direkt daneben geht es ungleich günstiger zu: Holger Kochs Spät-

Dank der Laufkundschaft hat „Dallmayr" die am besten besuchte Weinabteilung Münchens

burgunder liegt neben dem Blanc de noirs der Shelter Winery aus Kenzingen, zwei Regale darüber Weils international bekannte Rieslinge. Wer in die Vollen gehen will, findet natürlich auch 1990er Margaux oder einen Armagnac von 1901. Die Beratung ist je nach Andrang mal knapp, mal herzlich-ausführlich.
Anzahl der Weine: 1500
Weitere Angebote: Delikatessen-Vollsortiment, Spirituosen (500 Positionen), Weinproben, Weinseminare

Der Weinladen im Schwarzwälder

Innenstadt, Hartmannstr. 8, PLZ 80333
Tel. 089-29 46 78
Mo-Fr 9.30-19 Uhr, Sa 9.30-16 Uhr
AmEx EC MASTER VISA
„Portwein, Whiskey & Atmosphäre" verspricht das traditionsreiche Geschäft hinter der Frauenkirche, und alle drei Versprechungen werden gehalten. Rund 550 internationale Weine füllen die Regale bis zur Decke, die Auswahl reicht dabei von Baden bis Südafrika. Für Orientierung im eng gestellten Sortiment sorgen die Damen des Hauses mit anfangs eher zurückhaltendem, dann aber entwaffnendem Charme. Und die üppig bestückte Wand hinter der Kasse macht ihr Geschäft zum Anlaufpunkt für Freunde von Edelbränden aller Art, unter anderem mit Münchens größter Auswahl an Produkten der berühmten Edelbrennerei Ziegler.
Anzahl der Weine: 550
Weitere Angebote: Armagnac, Gin, Präsente, Punsch, Spirituosen, Weißbierbrand, Whisky, Weinproben, Weinseminare

Feinkost Farnetani

OT Pasing-Aubing, Peter-Anders-Str. 9
PLZ 81245, Tel. 089-829 96 40
www.farnetani.de
Mo-Fr 9.30-18.30 Uhr, Sa 9-14 Uhr EC
Nichts wie rein in den „Supermercado für Jedermann" zwischen Swingerclub und Fitnessstudio! Seit knapp 30 Jahren verkauft Roberto Farnetanis Feinkost-Supermarkt ausschließlich italienische Weine (und dazu Champagner), die Auswahl geht in die Breite: Während an den Wänden auch Gastroware in Zwei-Liter-Flaschen steht, belegt das Who's who des italienischen Weinbaus den Centercourt der Halle: Capannelles „Solare" und Co gibt es vielfach auch als halbe Flaschen zu angemessenen Preisen. Um Beratung muss man sich allerdings mitunter sehr aktiv bemühen. Gute Parkmöglichkeit direkt gegenüber.
Anzahl der Weine: 600
Weitere Angebote: Balsamico, Feinkost, Kaffee, Olivenöl

„Garibaldi"-Inhaber Eberhard Spangenberg herrscht über ein kleines Weinimperium

Garibaldi Petuelring

OT Milbertshofen, Frohschammerstr. 14
PLZ 80807, Tel. 089-359 02 22
www.garibaldi.de
Mo-Fr 9-18 Uhr, Sa 10-14 Uhr
EC MASTER VISA

Etwas versteckt liegt die Zentrale des Spangenbergschen Weinhandels-Imperiums (sieben Filialen in München, eine in Freiburg) im Hof des Kulturparks Zängl. Längst reicht die internationale Auswahl über die Ankündigung „Italienische Spitzenweine und Spezialitäten" hinaus. Knapp 700 Weine stehen in den grün gestrichenen Regalen, die Auswahl reicht von der Literflasche „für jeden Tag" über „Supertuscans" bis zum raren Pinot noir von Daniel Gantenbein aus Graubünden. Großes Probierangebot und ein sehr sympathisches Team, das auch bei Sonderwünschen gern weiterhilft. Beeindruckend die Idee einer eigenen Glaskollektion, die Gastro-Kundenliste liest sich wie ein Who's who der Münchner Top-Adressen.
Anzahl der Weine: 700
Weitere Angebote: Geschenkeservice, Lebensmittel aus Italien, Weinproben, Weinseminare

Geisels Weingalerie

Innenstadt, Karlsplatz 25, PLZ 80335
Tel. 089-55 13 61 29
www.geisels-weingalerie.de
Mo-Fr 11-20 Uhr, Sa 11-18 Uhr
AmEx EC MASTER VISA

Im Erdgeschoss des luxuriösen „Königshofs" am Stachus betreibt die Hotelier-Familie Geisel zusätzlich einen der schicksten Weinläden Münchens. Das Angebot verteilt sich über zwei Etagen: Im Parterre gibt es Weißwein, auf der eisernen Galerie die Roten mit Schwerpunkt Spätburgunder und Bordeaux. Angenehme Beratung durch eigenen Sommelier, neben Schnelldrehern auch Reiferes (z. B. J. J. Prüms 1994er Wehlener Sonnenuhr). Eigene Tiefgarage, vorbildlicher Service: Bezahlte Ware wird auf Wunsch nach Ladenschluss an der Rezeption des Hotels deponiert.
Anzahl der Weine: 550
Weitere Angebote: Destillate, Olivenöl, Weinproben, Weinseminare

Herbig Weinimport

OT Maxvorstadt, Arcisstr. 55, PLZ 80799
Tel. 089-271 80 58
www.herbig-weinimport.de
Mo-Fr 15-19 Uhr, Sa 10-14 Uhr
AmEx EC MASTER VISA

Der mehr als schlichte Auftritt zwischen Elisabeth- und Josephsplatz täuscht leicht

Schlichter Auftritt, geballte Weinkompetenz: „Herbig Weinimport" in München

über die Weinkompetenz der Betreiber hinweg: Über 400 Weine liegen in den Wandregalen des mehrstufig aufgebauten Geschäfts, Schwerpunkt sind Gewächse um die 10 Euro. Dafür bekommt man Ordentliches ins Glas, etwa Ziereisens Spätburgunder aus dem Holzfass oder blumigen Gewürztraminer aus Südtirol. Für höhere Ansprüche hat Konrad Herbig auch Knipsers „Cuvee X" und Grand Cru Champagner im Angebot. Geduldige Beratung, weitere Filialen in Gelting (Lauterbachstr. 42) und Hohenschäftlarn (Starnberger Str. 47 – siehe dort).
Anzahl der Weine: 450
Weitere Angebote: Balsamico, Bionudeln, Olivenöl, Spirituosen, Weinproben, Weinseminare

Feinkost Käfer
OT Bogenhausen, Prinzregentenstr. 73
PLZ 81675, Tel. 089-416 82 60
www.feinkost-kaefer.de
Mo-Fr 9.30-20 Uhr, Sa 9-16 Uhr
AmEx DINERS EC MASTER VISA
Am duftenden Brotstand die Treppe hinab, und dann bitte nicht links vom Käse ablenken lassen – so kommt man in Käfers Wein-Gewölbe. Fünf kontaktfreudige Sommeliers betreuen hier 800 Weine aus 13 Nationen, darunter auch Exoten aus Israel (halbtrocken, aber koscher) oder Moët & Chandon im Nebukadnezar-Format. Auch abseits solcher Showeffekte wird die Auswahl dem Ruf des Hauses durchaus gerecht: breites Angebot, dessen Spitzen (1986er Château d'Yquem, 1995er Pétrus) trotz hoher Preise nur in limitierter Menge angeboten werden. Man kann sich aber ebenso gut mit günstigem Monastrell aus der „Krisenbox" oder dem Schwarzwälder Kult-Gin „Monkey 47" trösten.
Anzahl der Weine: 800
Weitere Angebote: Feinkost, Weinproben, Weinseminare

Karstadt Feinkost Perfetto
Innenstadt, Bahnhofplatz 7, PLZ 80335
Tel. 089-55 12 15 00
www.perfetto.info
Mo-Sa 9.30-20 Uhr
AmEx DINERS EC MASTER VISA
Im Untergeschoss des Hertie-Baus am Hauptbahnhof setzen Frankreich und Franken Schwerpunkte in einer internationalen Weinauswahl auf drei Ebenen. Schöne Flaschen gibt's auch aus der Wachau, Rheinhessen und von der Mosel, im Klimabereich lagern besonders wertvolle Exemplare aus Bordeaux und Italien. Zudem offeriert „Perfetto" eine internationale Süßweinauswahl und ein beispielhaftes Spirituosenangebot mit internationalen Whiskys und eigenem Probe-Digestifwagen. Regelmäßige Weinmenüs im Bistro der Feinkost-Etage, wo man auch die zuvor gekaufte Flasche gleich trinken kann.
Anzahl der Weine: 1200
Weitere Angebote: Feinkost-Vollsortiment, Spirituosen, Weinproben, Weinseminare

Weinzentrum Josef A. Korn
OT Neuhausen, Landshuter Allee 61
PLZ 80637, Tel. 089-16 08 63
www.weinzentrum-muenchen.de
Mo-Fr 9.30-18.30 Uhr, Sa 9-13 Uhr EC
Seit rund 60 Jahren existiert das Weinzentrum an der Landshuter Allee, dessen Angebotstiefe von der Historie zeugt: Die auf den Regalköpfen aufgereihten Jahrgangs-Cognacs reichen bis in die 1930er-Jahre zurück. Dabei stehen, neben den Schwerpunkten Frankreich und Italien, auch interessante Weine aus Deutschland, Österreich und Spanien im Regal. Da die Online-Weinliste nur bedingt wiedergibt, was wirklich im Geschäft vorhanden ist, sollte man bei Raritäten-Weinen besser vorher anrufen. Sehr gute Spirituosenauswahl mit über 200 Sorten Whisky und 100 Rumspezialitäten. Weitere Filiale am Romanplatz 11.
Anzahl der Weine: 500
Weitere Angebote: Calvados, Champagner, Edelbrände, Gläser, Käsegebäck, Konfitüre, Rum, Schokolade, Whisky, Weinproben, Weinseminare

La Cantinetta di Sergio Bolzan
OT Berg am Laim, Neumarkter Str. 77
PLZ 81673, Tel. 089-688 25 36

Eine der besten Adressen für italienische Weine: „La Cantinetta"

www.bolzan.de
Mo-Fr 9-18.30 Uhr, Sa 10-14 Uhr EC
Weiterhin ist der Weinladen des diplomierten Weinbauingenieurs Sergio Bolzan im Ortsteil Berg am Laim eine der besten Adressen für italienischen Wein: Fassweine aus italienischem Direktimport füllt er in Pfand-Bügelflaschen. In den Regalen des Verkaufsraums lagern 500 Weine aus (fast) allen Anbaugebieten des „Stiefel-Staates". Barolo-Fans werden in der Raritäten-Ecke neben der Antipasti-Theke fündig: Hier gibt es einige gereifte Schätze zu heben. Das nette Team wissen auch die Mitarbeiter der umliegenden Redaktionen zu schätzen, die mittags gern zum Lunch im vorgelagerten Bistro vorbeikommen.
Anzahl der Weine: 500
Weitere Angebote: Feinkost, Olivenöl, Spirituosen, Weinproben, Weinseminare

Der Weinladen Machacek

OT Neuhausen, Volkartstr. 10,
PLZ 80634 Tel. 089-13 03 87 57
www.machacek.de
Mo 15-20 Uhr, Di-Fr 10-20 Uhr,
Sa 10-16 Uhr EC MASTER VISA
Die Flagge an der Tür kündet vom wöchentlich wechselnden Verkostungsschwerpunkt am Rotkreuzplatz: Mal sind es Weine aus Portugal, mal aus Südfrankreich, die Annemarie Machacek zum Probieren ausschenkt. Auch abseits des aktuellen Themas ist ihr direkt importiertes Angebot einen intensiven Blick wert, etwa auf Rote und Grüne Veltliner aus dem Wagram oder Trendiges wie Jörg Geigers Fruchtschaumweine. Regelmäßige Weinseminare und -proben unter Leitung der Chefin, kleines kulinarisches Zusatzangebot mit Piemonteser Schokotrüffeln oder Bigorre-Terrine.
Anzahl der Weine: 250
Weitere Angebote: Feinkost (Apulien, Sizilien, Frankreich), italienisches Olivenöl, Schokoladentrüffel, Terrinen, Weinproben, Weinseminare

MagaziniVini

OT Trudering-Riem, Martin-Kollar-Str. 11
PLZ 81829
Tel. 089-42 00 90 90
www.magazinivini.de
Mo-Fr 11.30-18.30 Uhr, Sa 10-14 Uhr EC
Das Ende 2010 renovierte Outlet des Gastronomie-Großhandels ist auch für Privatkunden eine Fahrt nach Trudering wert: Rund 300 Weine werden von Matthias Schuster und Michael Steiner in lockerer Atmosphäre präsentiert und Interessierten mit regelmäßigen Verkostungen näher gebracht. Neben dem Sortiments-Schwerpunkt Norditalien/Toskana finden sich in den

Eigentlich Gastronomie-Großhandel, aber auch Privatkunden zugänglich: „MagaziniVini"

schlichten Regalen auch Einsteigergewächse renommierter Winzer aus der Pfalz und Rheinhessen. Im Segment guter Österreicher sticht beispielsweise Gernot Heinrichs Doppelmagnum „Cuvee Gabarinza" heraus. Kleine Feinkostecke, am Verkostungstresen sitzt man originell auf Holzhockern aus alten Spindelkeltern.
Anzahl der Weine: 300
Weitere Angebote: Feinkost, Weinproben, Weinseminare

Mövenpick Wein

OT Thalkirchen-Obersendling
Boschetsrieder Str. 60, PLZ 81379
Tel. 089-78 02 07 75
www.moevenpick-wein.de
Mo-Fr 10-19 Uhr, Sa 10-16 Uhr
AmEx EC MASTER VISA

Der frisch renovierte Ableger in Obersendling kann aus der internationalen Wein-Angebotspalette des Schweizer Gastro-Unternehmens schöpfen. Das Sortiment wurde dabei klar auf deutsche Trinkgewohnheiten ausgerichtet: eine große Auswahl an Bordeaux und Gewächsen von renommierten deutschen Weißweingütern. Italien und die Neue Welt sind mit den üblichen Verdächtigen vertreten. Ebenfalls lohnt sich ein Blick auf den Restpostentisch an der Kasse: Dort stehen bereits ausgelistete Flaschen auch höherer Qualität zum Schnäppchenpreis. Lockere Beratung, die neben den Standards auf Wunsch auch andere Flaschen öffnet. Für registrierte Kunden gibt's regelmäßig kostenlose Weinproben.
Anzahl der Weine: 1000
Weitere Angebote: Essig, Feinkost, Olivenöl, Spirituosen, Weinzubehör, Weinproben, Weinseminare

Oberhuber – Weine

Innenstadt, Ehrengutstr. 20, PLZ 80469
Tel. 089-725 87 06,
www.oberhuber-weine.com
Di-Fr 10-19 Uhr, Sa 9.30-14 Uhr EC

Am Rande des Dreimühlenviertels hat sich die Südtiroler Familie Oberhuber ganz dem italienischen Rebgut verschrieben. Das im ersten Moment noch gut zu überblickende Sortiment wächst unverhofft, wenn man Benjamin Oberhuber nach den Raritäten des Hauses fragt. Barolo aus den 1950er-Jahren, „Tignanello"-Großflaschen des eigenen Geburtsjahres oder (als frankophile Ausnahme) ein La Tâche von 1977 gehören zu den Überraschungen, die dann doch einen tieferen Griff in den Geldbeutel erfordern. Wem der Genuss nicht allzu teuer zu stehen kommen soll, der findet im „Wein des Monats" einen günstigen Begleiter für jeden Tag.

Anzahl der Weine: 500
Weitere Angebote: Olivenöl, Weinproben, Weinseminare

Rindchen's Weinkontor

OT Ludwigsvorstadt-Isarvorstadt
Zenettistr. 11 (Viehhof), PLZ 80337
Tel. 089-72 01 81 60
www.rindchen.de
Di-Fr 11-20 Uhr, Sa 10-16 Uhr EC
Das Lagerhallen-Ambiente passt zum Standort im Schlachthof-Viertel, das sich längst als Feinschmecker-Adresse ohne Allüren etabliert hat. Rund 550 Weine werden in einem Schauregal präsentiert, die gewünschte Flaschenzahl holt man sich anschließend aus palettierten Kartons in der Hallenmitte. Die gut durchmischte Auswahl (Schwerpunkt Europa, inklusive Bulgarien und Slowenien, etwas Neue Welt) reicht dabei vom schlichten Sommerwein bis zum Großen Gewächs aus der Pfalz, zwischendrin finden sich auch immer wieder Angebote kleinerer Produzenten. Schön ist auch, dass trotz der Discount-Atmosphäre Beratung und Verkostung großgeschrieben werden. Umfangreiches Event-Angebot.
Anzahl der Weine: 550
Weitere Angebote: Accessoires, Brände, Feinkost, Likör, Madeira, Port, Raritäten, Sherry, Weinproben, Weinseminare

Lagerhallen-Ambiente im Schlachthof-Viertel: „Rindchen's Weinkontor"

rotWEISSrot

OT Berg am Laim, Dornbergstr. 11 a
PLZ 81673, Tel. 089-43 56 99 20
www.rotweissrot.de
Di-Fr 14-20 Uhr, Sa 10-16 Uhr
EC MASTER VISA
Über 60 Erzeugnisse österreichischer Winzer versammelt Familie Biber in den Regalen ihres schlicht-modern gestalteten Weinladens im Wohngebiet nahe dem Innsbrucker Ring. Nach Rebsorten sortiert, finden sich rund 500 Weine der Alpen-Republik, bemerkenswert ist vor allem die Auswahl Grüner-Veltliner-Produzenten, von Leo Alzinger bis Ernst Triebaumer. Sehr kundenfreundliche Lieferbedingungen (ab 100 Euro innerhalb Deutschlands kostenlos). Auch die Beratung durch Seniorchef Gerhard Biber ist vorbildlich.
Anzahl der Weine: 500
Weitere Angebote: Essig, Öl, Spirituosen, Weinproben, Weinseminare

Weingalerie Strasser

OT Laim-Westend, Zschokkestr. 65
PLZ 80686, Tel. 089-57 59 47
www.weingalerie-strasser.de
Di-Mi 13-18.30 Uhr, Do-Fr 9-18.30 Uhr, Sa 9-13 Uhr EC MASTER VISA
Dass Strassers Laimer Filiale früher eine Verkaufsstelle von „Weinland Königsbach-Neustadt" war, zeigt sich immer noch im überproportionalen Auftritt Pfälzer Genossenschaftsweine. Abseits der Literware am Eingang hat das kleine Fachgeschäft in den letzten Jahren sein Profil aber geschärft: Rheinhessen, Franken und Saar sind mit guten Produzenten vertreten, international bestreiten Frankreich und Italien den Großteil des Angebots. Mit etwas Zeit lassen sich echte Schnäppchen entdecken, etwa 1999er Coulée de Serrant von Nicolas Joly oder gereifte Rieslinge von Hugel & Fils. Dazu gibt's über 120 Whiskysorten (auf Nachfrage auch deutlich mehr) und eine fast freundschaftliche Beratung durch Heribert Strasser, dem man seine Abkehr von der früheren Bankkarriere herzlich dankt.
Anzahl der Weine: 600
Weitere Angebote: Whisky

Die „Toskana Weinhandlung" von Constance Heuberger feiert 30. Geburtstag. Gratulation!

Toskana Weinhandlung
Innenstadt, Reichenbachstr. 51, PLZ 80469
Tel. 089-201 51 19
www.toskana-weinhandlung.de
Mo 16-20 Uhr, Di-Mi, Fr 13-20 Uhr,
Do 13-22 Uhr, Sa 11-22 Uhr EC
Gratulation zum 30. Geburtstag! Lange bevor die Gegend um den Gärtnerplatz zum In-Viertel wurde, startete Constance Heuberger dort mit ihrer Enoteca. Ihre vorwiegend mittelitalienischen Weine teilen sich die begrenzte Ladenfläche mit Gewächsen kleiner Winzerbetriebe aus Österreich, Israel und Spanien. Ausstellungen, Lesungen und die Wochenend-Weinbar sorgen für regen Betrieb. Mailings und ein regelmäßiger „Weinbrief" halten die Stammkundschaft auf dem Laufenden, die Neukunden-Beratung dürfte allerdings gern etwas engagierter sein. Netter Abholrabatt (ab 24 Flaschen gibt's zwei kostenlos), parken kann man mit etwas Glück sogar direkt vor der Tür.
Anzahl der Weine: 250
Weitere Angebote: Olivenöl, Weinproben, Weinseminare

Vinothek Sabitzer
OT Lehel, Oettingenstr. 2, PLZ 80538
Tel. 089-21 93 90 34
www.sabitzer.de
Mo-Fr 10-19 Uhr, Sa 10-14 Uhr
AmEx DINERS EC MASTER VISA
Fröhlich flattert die rot-weiße Markise, leise knarzt das Parkett: Herwig Sabitzers kleines Geschäft im Lehel hat Charme. Österreich, Frankreich und Italien bilden ein Angebotsdreieck, an dessen Rändern auch Deutschland, Spanien und die Neue Welt Platz finden. Abgesehen von ein paar renommierten Weinen bleibt die Auswahl auch preislich in der Mittelklasse. Schön, dass man auch aus dem umfangreichen Spirituosen-Angebot vor dem Kauf noch mal kosten darf. Ebenfalls unter Sabitzers Regie steht übrigens der neue „Leo Hillinger Shop" in der wiedereröffneten Schrannenhalle.
Anzahl der Weine: 300
Weitere Angebote: Olivenöl, Spirituosen, Weinproben, Weinseminare

„Vinothek Sabitzer": Inhaber Herwig Sabitzer

Harald Scherer von „Vinum Merum – Wein & Rosen" schätzt kleinere Weingüter

Vinum Merum – Wein & Rosen
OT Thalkirchen, Fraunbergplatz 6
PLZ 81379, Tel. 089-67 90 48 50
www.vinummerum.de
Di-Fr 10-19.30 Uhr, Sa 9.30-14.30 Uhr EC
„Wein & Rosen" lautet der Beiname der kleinen Weinhandlung neben Thalkirchens Pfarrkirche St. Maria. Den Verkauf der Pflanzen aus fairem Handel betreiben Harald Scherer und Klaus Elbert nur noch nebenbei; Schwerpunkt ihres Angebots sind rund 150 kleinere Weingüter, vorwiegend aus Deutschland und Österreich. Anhand des umfangreichen Probierangebots erklären die beiden Betreiber engagiert die Vorzüge eines rheinhessischen Chardonnay vom Weingut Milch oder eines Blaufränkisch von Jörg Bretz aus Niederösterreich. Regelmäßige Slow-Food-Veranstaltungen.
Anzahl der Weine: 350
Weitere Angebote: Feinkost, Olivenöl, Rosen, Schokolade, Weinproben, Weinseminare

Volkhardts Wein
OT Pasing-Obermenzing, Kaflerstr. 15
PLZ 81241, Tel. 089-82 92 12 15
www.volkhardts.de
Mo-Fr 11-20 Uhr, Sa 9-14 Uhr EC
Wenige Schritte vom Pasinger Bahnhof entfernt, kommt seit 2009 auch der Privatkunde in den Genuss der geballten Weinkompetenz der Familie vom „Bayrischen Hof". Im topgestylten Ambiente und mit einem Probeschluck der aktuellen Aktionsware im Glas geht der Kunde auf Entdeckungsreise von Österreich bis zur Iberischen Halbinsel. Breites Angebot vom Sauvignon aus dem Languedoc für Einsteiger bis hin zum Spitzen-Spätburgunder aus Baden, jede Flasche fachkundig kommentiert. Besonders freut uns, dass das Bistro im linken Teil demnächst auch abends öffnen soll.
Anzahl der Weine: 650
Weitere Angebote: Armagnac, Cognac, Brände, kleines Feinkostsortiment, Grappa, Olivenöl (aus Italien, Spanien, Südafrika), Portweine, Schaumweine, Weinproben, Weinseminare

Walter & Benjamin
Innenstadt, Rumfordstr. 1, PLZ 80469
Tel. 089-26 02 41 74
www.walterundbenjamin.de
Mo 10-20 Uhr, Di-Sa 10-23 Uhr
AmEx EC MASTER VISA
Praktisch: Rund 500 Weine lagern an den in warmem Rot gestrichenen Wänden und können (gegen Korkengeld) gleich an den Bistrotischen getrunken werden. Schwerpunkte setzt die handverlesene Weinauswahl bei fruchtbetonten Rieslingen aus Deutschland. Burgund, Österreich und Italien sind mit seriösen Kandidaten aktueller Trendweine (Morillon, Lugana) vertreten. Glasweise bekommt man, was aktuell im „Setzkasten" an der Bar steht.
Anzahl der Weine: 500
Weitere Angebote: Feinkost aus Südtirol, Olivenöl, Salz, Weinproben, Weinseminare

Wein & Vinos
OT Haidhausen, Wörthstr. 36, PLZ 81667
Tel. 089-67 97 27 23
www.vinos.de
Mo-Fr 10-19 Uhr, Sa 10-14 Uhr
EC MASTER VISA
Generationswechsel beim Haidhauser Spanien-Spezialisten: Die Tochter von Michael und Maria-Luisa Kohlschein führt die ehe-

malige „Bodega Ibérica" als Filiale eines Berliner Fachhändlers weiter. Das Rustikale blieb trotz des Wechsels erhalten, auch das Sortiment veränderte sich nur geringfügig: Der Querschnitt durch Spaniens Weinwelt (vom Bag-in-Box-Kanister bis Vega Sicilias „Único") wurde um Weine aus Mallorca erweitert. Immer noch erstklassig ist die Cava- und Sherry-Auswahl. Achtung, nur wenige Parkplätze!

Anzahl der Weine: 800

Weitere Angebote: Öl, Salz, Sherry, Weinproben, Weinseminare (auch in Kombination mit Kochkursen)

World of Wine

OT Giesing, Hans-Mielich-Platz 1
PLZ 81543
Tel. 089-65 24 24
www.world-of-wine.de
Di-Fr 10-19 Uhr, Sa 10-14 Uhr EC

Auf den ersten Blick wirkt das Stammhaus am Hans-Mielich-Platz etwas düster, auch die Filialen (Wilhelmstr. 24, Balanstr. 182) sind wahrlich keine durchgestylten Paläste. Hinter dem unscheinbaren Auftritt verbirgt sich jedoch ein fundierter Fachhändler, der im Eingangsbereich die Weine seiner drei eigenen Güter (Rheingau, Toskana und Bordeaux) präsentiert. Im hinteren Teil des Geschäfts zeigt sich der deutsch-französisch-italienische Schwerpunkt des Sortiments, dessen qualitative Bandbreite auch den Wandel der Kundschaft im Trendviertel Untergiesing widerspiegelt. Familiäre Beratung gibt's gratis, zum Probieren greift man bisweilen selbst in die Kühlung.

Anzahl der Weine: 800

Weitere Angebote: Honig, Olivenöl, Spirituosen, Weinproben, Weinseminare

Neukirchen

E-Aktivmarkt Wein Schroll

OT Straubing, Bogener Str. 1 a
PLZ 94362
Tel. 09961-72 72
Mo-Fr 10-18.30 Uhr, Sa 8-16 und 10-18.30 Uhr EC

Beim Anblick eines „Edeka"-Supermarktes ist man zunächst ein wenig verwirrt, zumal der Weinladen auf den ersten Blick auch ein wenig unübersichtlich ist, gibt es doch rund 900 Positionen. Aber sobald Wilhelm Schroll die Bühne betritt und anfängt zu erzählen, möchte man eigentlich jeden Wein mitnehmen, von dem er berichtet. Er ist ein passionierter Weinliebhaber, viel in den österreichischen und italienischen Weinanbaugebieten unterwegs und bringt von seinen Reisen gute Tropfen mit. Außerdem versteht er es, auf seine Kunden zuzugehen, Weinproben sind eine Selbstverständlichkeit. Eine Weinliste oder einen Internetauftritt gibt es (noch) nicht, aber braucht man das wirklich bei solch einer guten Beratung?

Anzahl der Weine: 900

Weitere Angebote: Kulinarische Spezialitäten, Schinkentheke, Weinproben, Weinseminare

Nürnberg

Fiasco Classico

OT St. Jobst, Äußere Sulzbacher Str. 70
PLZ 90491, Tel. 0911-59 59 10
www.fiasco-classico.de
Mo-Fr 14-19 Uhr, Sa 10-16 Uhr
EC MASTER VISA

Aufgeräumter heller Laden, hilfsbereite und kompetente Mitarbeiter. Soll es italienischer Wein sein, führt an „Fiasco Classico" kein Weg vorbei. Direktimporte von kleinen und mittleren Erzeugern sowie Edelgewächse der ganz großen Weingüter füllen die Regale. Von Südtirol bis Sizilien, von Friaul bis Piemont. Die Degustationsnotizen sind gelegentlich etwas vollmundig, ihr Wahrheitsgehalt lässt sich aber erfreulicherweise bei vielen Weinen selbst testen. Unbedingt probieren heißt es auch bei den drei bis vier jährlichen thematischen Verkostungen. Im Programm sind immer mal wieder Raritäten und eine kleine Auswahl Bioweine.

Anzahl der Weine: 300

Weitere Angebote: Essig, Feinkost, Grappa, Kräuter, Likör, Olivenöl, Pasta, Schokolade, Weinproben, Weinseminare

Trattoria und italienische Weinhandlung in einem: „Mercato di Dio"

K & U – Weinhalle

OT Ziegelstein, Nordostpark 78, PLZ 90411
Tel. 0911-52 51 53,
www.weinhalle.de
Di-Fr 10-18.30 Uhr, Sa 10-14 Uhr
AmEx EC MASTER VISA

Bei „K & U" hat man das einst riesige Sortiment klug reduziert. In der licht und übersichtlich gehaltenen „Weinhalle" und im Lager gibt es Tropfen aus aller Welt. Man bezieht direkt von den Winzern, die meisten kennt Martin Kössler persönlich. Und das ambitionierte Team berät nicht nur bei den Weinseminaren bestens.
Anzahl der Weine: 800
Weitere Angebote: Essig, Feinkost, Gewürze, Olivenöl, Pasta, Weinproben, Weinseminare

Mercato di Dio

OT Thon, Pretzfelder Str. 5, PLZ 90425
Tel. 0911-322 42 20
www.di-dio.de
Mo-Fr 9-19 Uhr, Sa 9-18 Uhr EC

Die massigen Holztische der Trattoria im „Mercato di Dio" sind von Wein sprichwörtlich umzingelt. In Regalen, in Kisten und auf Tischen steht ganz Italien *in vino*. Vom einfachen trockenen Lambrusco als perfektem Begleiter zum würzigen fetten Lardo bis hin zu den Super-Toskanern aus Bolgheri und Umgebung. Die meisten Angebotsweine können probiert werden, thematische Verkostungen finden jeden Samstag statt.
Wer Hilfe bei der Weinwahl sucht, findet, mit etwas Geduld, freundliche und kompetente Mitarbeiter. Schön: Ist die passende Flasche entdeckt, kann man sie gleich öffnen und sich ein Gläschen zum Mittagessen gönnen – zum Mitnahmepreis.
Anzahl der Weine: 500
Weitere Angebote: Italienisches Feinkost-Vollsortiment (5000 Artikel), Weinproben, Weinseminare

Pinot Weinhandel

OT Johannis, Rückertstr. 11, PLZ 90419
Tel. 0911-33 04 33
www.pinot-weinhandel.de
Mo-Fr 15-19 Uhr, Sa 10-14 Uhr EC

Eine Hauch von Montparnasse und Antiquariat: „Pinot" ist sympathisch klein, dabei sehr anspruchsvoll und ausgeprägt französisch sortiert. In den „Bücherregalen" kann der Weinliebhaber nach formidablen Tropfen stöbern, nicht nur nach solchen aus den großen Häusern im Bordelais und Burgund, sondern auch nach charakteristischen Weinen aus anderen Anbaugebieten Frankreichs – stets direkt vom Erzeuger. Die ambitionierte Philosophie des Geschäfts setzt auch bei der überschaubaren Palette italienischer, österreichischer und deutscher Weine

auf Top-Qualität. Wer auf den ganz persönlichen Geschmack kommen will, muss den Einladungen zu den Verkostungen im Lagerkeller in der Klingenhofstraße folgen.
Anzahl der Weine: 400
Weitere Angebote: Weinproben, Weinseminare nach Absprache

Vineria

OT Thon, Kleinreuter Weg 87, PLZ 90408
Tel. 0911-300 19 50
www.vineria.de
Mo-Fr 17-1 Uhr, Sa 17-2 Uhr, So 17-23 Uhr
AmEx DINERS EC MASTER VISA

Abends mit Freunden beim Essen einen guten Tropfen genießen – und davon ein paar Flaschen mit nach Hause nehmen? In der „Vineria" kein Problem. Bei der Auswahl in der „Restaurant-Vinothek" gehen Peter Rock, gelernter Sommelier, und sein sehr freundliches Team gern professionell zur Hand. Und das ist auch gut so, denn es stehen nicht weniger als 800 Weine aus Deutschland, Italien, Frankreich, Spanien und Übersee in den Regalen. Individuelle Weinproben und Weinmenüs schulen den Gaumen.
Anzahl der Weine: 800
Weitere Angebote: Weinproben, Weinseminare

Vino – Ihr Weinmarkt

OT Erlenstegen, Äußere Sulzbacher Str. 148
PLZ 90491, Tel. 0911-597 91 17
www.vino24.de
Mo-Fr 10-19 Uhr, Sa 10-18 Uhr
AmEx EC MASTER VISA

Im hellen Kubus aus Stahl, Holz und Glas präsentiert sich, übersichtlich nach Ländern und Anbaugebieten sortiert, eine große Auswahl guter und preiswerter Alltagsweine. Zur Auswahl „großer" Weine aus der Toskana, dem Piemont, Burgund, Bordelais oder aus Übersee geht es ins Obergeschoss. Dort ist auch der schick gestylte Verkostungsraum, in dem regelmäßig, etwa zur „Nacht der guten Weine", eingeladen wird. Freundliche, kompetente Beratung.
Anzahl der Weine: 500
Weitere Angebote: Bücher, Dekorationsartikel, Feinkost, Olivenöl, Schokolade, Weinaccessoires, Weinproben, Weinseminare

Gute Beratung durch Sommelier Peter Rock in der Restaurant-Vinothek „Vineria"

Engagiertes Team: Christian und Christina Wellhöfer von „Wellhöfers Weinladen"

Pegnitz

Wellhöfers Weinladen

Hauptstr. 14, PLZ 91257, Tel. 09241-55 29
www.wellhoefer-weinladen.de
Mo-Fr 9-18.30 Uhr, Sa 9-13 Uhr EC
Christina Wellhöfer ist ausgesprochen rührig in Sachen Wein, leitet Seminare für Anfänger und Fortgeschrittene und nimmt Interessierte mit auf Kurztrips zu den Winzern, deren Weine sie in ihrem gemütlichen Lädchen führt. Die stammen überwiegend aus Franken und Württemberg und liefern Feines, vom unkomplizierten Alltagswein bis hin zum anspruchsvollen Tropfen für ambitioniertere Weinnasen. Gleiches gilt für das Angebot an italienischen, spanischen, portugiesischen und südfranzösischen Weinen. Dazu gibt es Winzersekte, Brände und eine kleine Käsetheke. Zum Eintrinken empfehlen sich die sogenannten urigen „Besenwirtschaften" im Frühjahr und Herbst, die im Garten vor dem Weinladen veranstaltet werden.
Anzahl der Weine: 170
Weitere Angebote: Feinkostsortiment, Essig, Öl, Weinproben, Weinseminare

Penzberg

Weinhaus Herold

Seeshaupter Str. 3-5
PLZ 82377
Tel. 08856-26 72
www.weinhaus-herold.de
Mo-Fr 9.30-18.30 Uhr, Sa 9.30-16 Uhr
EC
Weinbau, nicht Weinhandel, hat er von der Pike auf gelernt: Vielleicht ist Andreas Herold gerade deshalb ein so begnadeter Vermittler guter Weine. Hochengagiert, mit Freundlichkeit und Sachverstand, versteht er es, an Mann und Frau zu bringen, was in Bayern traditionell erst hinter dem Bier kommt. Immer auf der Suche nach besonderen, aber auch preiswerten Weinen, wird Herold nach ausführlicher Verkostungsarbeit vor allem in Italien und immer öfter auch im Bordeaux fündig. Von dort bringt er auch gute Brände, Wurstspezialitäten und Dolci mit.
Anzahl der Weine: 600
Weitere Angebote: Antipasti, Essig, Fischkonserven, Frisches aus der Kühltheke, Gebäck, Käse, Nudeln, Öl, Saucen, Trüffelspezialitäten, Weinproben, Weinseminare

Traditionsreicher Familienbetrieb in der Regensburger Altstadt: „Rehorik – Hauptgeschäft"

Pullach

Châteaux-Bordeaux

Kirchplatz 9 a, PLZ 82049
Tel. 089-793 44 82
www.chateaux-bordeaux.de
Mo-Di, Do-Fr 10-18.30 Uhr,
Mi, Sa 10-13.30 Uhr
AmEx DINERS EC MASTER VISA

Bei vielen gilt ein Bordeaux immer noch als Nonplusultra unter den Weinen. Darüber lässt sich ewig und wunderbar streiten. Nur mit Denis Lachaize nicht. Der in Bordeaux geborene Weinpurist hat sein kleines Reich im Münchner Vorort Pullach schwerpunktmäßig den Gewächsen seiner Heimat gewidmet. Mit Begeisterung und viel Humor überzeugt er seine Kunden schnell von der Qualität seiner edlen Châteaux. Und wer Angst vor hohen Preisen hat, dem empfiehlt Lachaize gern auch Günstigeres mit Potenzial, wovon sich Kunden und Freunde des Hauses bei den häufig stattfindenden Weinproben überzeugen können. Alle Weine sind von ihm persönlich verkostet und direkt bei den Winzern eingekauft. Unbedingt probieren: die französischen Pâtés und Konfitüren.

Anzahl der Weine: 400
Weitere Angebote: Oliven, Olivenöl, Pasteten, Weinproben, Weinseminare

Regensburg

Rehorik

Altstadt, Am Brixener Hof 6, PLZ 93047
Tel. 0941-517 27
www.rehorik.de
Mo-Fr 9.30-18.30 Uhr, Sa 9-15 Uhr
EC VISA

In der Altstadt liegt der gemütliche Weinladen, in der vierten Generation nun von Joachim Rehorik betrieben. Über 400 Weine bietet die Familie an, von Deutschland über Frankreich bis Übersee, hinzu kommen Champagner und Spirituosen. Es werden auch Weinseminare abgehalten. Außerdem: „Rehorik" bietet weiterhin seinen eigenen erstklassigen Kaffee an, der in der Brixener Straße geröstet wird. Zwei Filialen gibt's in der Stadt: die „Weingalerie Rehorik" (Gesandtenstr. 16) und ein modern-elegantes Geschäft im Donau-Einkaufszentrum.
Anzahl der Weine: 400
Weitere Angebote: Accessoires, Champa-

gner, Feinkost, Kaffee, Sekt, Spirituosen, Süßwaren, Weinproben, Weinseminare

Rossini Weine
Innenstadt, Jakobstr. 12, PLZ 93047
Tel. 0941-56 54 00
www.rossini-weine.de
Di-Fr 15-20 Uhr, Sa 11-19 Uhr
Michael Brockmann betreibt seinen kleinen Laden in der Innenstadt seit 1996. Schwerpunkt ist natürlich Italien, gerade mit den neuen „Le Volte" von 2009. Allerdings hat Brockmann in den vergangenen Jahren auch junge Winzer in Deutschland, etwa Michael Fröhlich aus Franken, oder Österreich, etwa Bernhard Ott aus Wagram, entdeckt. Gut: die Brände aus Franken.
Anzahl der Weine: 300
Weitere Angebote: Brände, Essig, Gin, Gläser, Grappa, Olivenöl, Weinzubehör, Whisky, Weinproben, Weinseminare

Schöne Weine
Altstadt, Obere Bachgasse 20, PLZ 93047
Tel. 0941-280 52 60
www.schoeneweine.de
Di-Do 14.30-19 Uhr, Fr 11-13 und 14.30-19 Uhr, Sa 10-16 Uhr
EC MASTER
Inhaber Werner Schön präsentiert in seinem angenehm kleinen Laden vorwiegend italienische (viele Toskaner), aber auch spanische und portugiesische Weine. Sie stehen übersichtlich sortiert in Holzregalen, in der Mitte thront ein imposanter Tisch, der sich ideal für Verkostungen eignet. Deutsche Weine, etwa von Brennfleck oder Molitor, genauso wie Franzosen und Österreicher von Pfaff, kommen zunehmend ins Sortiment.
Darüber hinaus werden Feinkost und Grappa angeboten.
Anzahl der Weine: 350
Weitere Angebote: Balsamico, Brände, Feinkost, Grappa, Kaffee und Kaffeemaschinen, Olivenöl, Portwein, Sherry, Weinzubehör, Whisky, Weinproben mit den Winzern, Weinseminare

Wein, Olive und mehr
Altstadt, Watmarkt 7, PLZ 93047
Tel. 0941-696 33 52
www.wein-olive.de
Mo-Fr 12-20 Uhr, Sa 10-20 Uhr
EC MASTER VISA

Der Name „Schöne Weine" liegt nahe, wenn der Inhaber Werner Schön heißt

Profi-Kulinariker Werner Schmidt und Ute Stein von „Schmidt & Stein – Buch Sekt Wein"

Seit 2006 führt Andreas Henneberger sein Weingeschäft. Ende 2011 ist er umgezogen und hat seitdem in einem bildschönen Patrizierhaus viel mehr Platz für die Weinpräsentation. Durch seine Reisen nach Frankreich hat er seine Neigung für Wein früh erkannt. Aus Überzeugung präsentiert er ausschließlich Weine von Winzern, die er persönlich kennt. Von Corbières bis Fitou, von der Rhône bis zur Provence sucht er nach bezahlbaren Weinen, im Médoc etwa Château Saransot-Dupré in Listrac oder Château La Fleur Jonquet in den Graves. Natürlich kann man im Laden auch Fischsuppen, Pasteten, Salz, Honig und Nudeln kaufen. Noch besser: Im neuen, dem Geschäft angeschlossenen Bistro finden regelmäßig Weinproben zu französischem Essen statt. Weiße Bohnen mit Entenschenkel und Kaninchen in Backpflaumensauce schmecken im lichten, leicht mediterranen Ambiente immer gut.

Anzahl der Weine: 250

Weitere Angebote: Feinkost aus Frankreich (mehr als 100 Artikel), Honig, Konfitüre, Meersalz, Oliven, Olivenöl, Suppen, Terrinen, Weinproben, Weinseminare

Rosenheim

Schmidt & Stein – Buch Sekt Wein

Innenstadt, Färberstr. 6, PLZ 83022
Tel. 08031-901 64 72
www.schmidt-und-stein.de
Di-Do 9.30-13.30 und 14.30-18.30 Uhr,
Fr 9.30-18.30 Uhr, Sa 9.30-16 Uhr
EC MASTER VISA

Hier haben sich zwei Profi-Kulinariker zusammengetan: Ute Stein schreibt Bücher („Der gedeckte Tisch in der impressionistischen Malerei"), Werner Schmidt kommt aus der Gastronomie. Beide präsentieren in historischen Gewölberäumen ausgesuchte Produkte aus der Welt der Literatur und des Weins. Vorwiegend deutsche, österreichische und italienische Spitzenerzeugnisse der Winzerkunst stehen zur Auswahl, aber auch Tresterbrände, Essige und Grappa. Zur Hochform laufen beide auf, wenn sie ihre Seminare und Weinverkostungen abhalten, die inzwischen über die Region hinaus bekannt sind.

Anzahl der Weine: 250

Weitere Angebote: Essig, Bücher, Feinkost, Schokolade, Weinproben, Weinseminare

Rottach-Egern

Der Wein Gerg
Südliche Hauptstr. 33, PLZ 83700
Tel. 08022-68 95
www.weingerg.de
Mo-Fr 10-13 und 15-18 Uhr, Sa 10-13 Uhr
EC
Reisen und Wein gehören für „Weinberater" Robert Gerg zusammen, weshalb er in seinen Weinladen auch das „Reisewege"-Büro von Constanze Glemnitz integriert hat. Wer sich also vor Ort bei Winzern in Italien, Spanien oder Österreich, den Schwerpunktländern bei „Wein Gerg", ein persönliches Bild von „seinem" Winzer machen möchte, dem wird hier geholfen. Das Angebot ist umfangreich, die Weinberatung detailliert. Darüber hinaus finden auch noch häufig Themen-Veranstaltungen sowie spezielle Winzer- und Weinregionen-Präsentationen statt.
Anzahl der Weine: 300
Weitere Angebote: Essig, Olivenöl, Weinzubehör, Weinproben, Weinseminare

Schönbrunn im Steigerwald

Fröhling – Wein & Blumen
Ampferbacherstr. 12, PLZ 96185
Tel. 09546-343
www.wein-blumenwelt.de
Mo-Di, Do-Fr 7.30-18 Uhr, Mi 7.30-12 Uhr, Sa 7-13 Uhr
„Wein & Blumen" – der Name sagt bereits unmissverständlich, was man erwarten kann. Angefangen hat alles mit Blumen, aber die Liebe zum Wein hat Georg Fröhling dazu gebracht, sein Angebot dahingehend zu erweitern. Das Weingeschäft ist noch im Aufbau begriffen. Vor allem Weinproben sind die Leidenschaft Fröhlings, jeden Freitag und Samstag bietet er zu verschiedenen Themen solche an. Außerdem gibt es eine kleine Käseauswahl sowie freitags und samstags frisches Brot.
Anzahl der Weine: 250
Weitere Angebote: Käse, Weinproben, Weinseminare

Sinzing

Weinkontor Sinzing
Laberstr. 7 a, PLZ 93161
Tel. 0941-307 57 55
www.weinkontor-sinzing.de
Mi-Fr 9-19 Uhr, Sa 10-14 Uhr EC
Das ist ein Wohlfühlort: Die schönen Räume des „Weinkontor Sinzing" laden zum Probieren ein. Auf der einen Seite stehen alle Rotweine, auf der anderen die Weißen – so kann sich der Kunde schnell orientieren. Alle Weine kommen aus Europa (Deutschland, Österreich, Italien, Spanien, Portugal, Frankreich, Ungarn). Die Beratung ist sympathisch und engagiert, zudem gibt es gute Events, etwa Slow-Food-Veranstaltungen in Regensburger Restaurants oder interessante Verkostungen.

Gute Laune verbreitet Rudolf Zitzelsberger im „Weinkontor Sinzing"

Anzahl der Weine: 700
Weitere Angebote: Feinkost, Spirituosen, Weinproben, Weinseminare

Triefenstein

Vinothek Pietsch
Homburger Str. 11 b, PLZ 97855
Tel. 09391-87 85 56

www.weinpietsch.de
Mo-Fr 9-13 und 14-18 Uhr, Sa 10-14 Uhr
EC
Seit über 25 Jahren sind die Brüder Arnold und Axel Pietsch schon in der Weinbranche tätig, vor allem die gehobene Gastronomie im Rhein-Main-Gebiet zählt zu ihren Kunden. Seit zwei Jahren gibt es nun für private Interessenten die „Vinothek", ganz in der Nähe des Markenoutlets Wertheim Village. Weine aus dem heimischen Franken, aus Österreich, Spanien, Frankreich und vor allem Italien sind im Angebot vertreten, alle selbst importiert. Das Steckenpferd der Brüder Pietsch sind hochwertige Prosecco. Einmal pro Jahr findet eine große Verkostung im Rahmen einer Hausmesse statt. Übersichtlicher Onlineshop.
Anzahl der Weine: 300
Weitere Angebote: Balsamico, Brände, Brandy, Cognac, Grappa, Kräutermischungen, Malt Whisky, Olivenöl, Pasta, Pesto, Pralinen, Risotto, Rum, Weinproben, Weinseminare

Vaterstetten

Der Weinphilosoph

Wendelsteinstr. 4, PLZ 85591
Tel. 08106-30 11 60
www.weinphilosoph.de
Di-Fr 10-13 und 15-18.30 Uhr, Sa 9-13 Uhr
EC
Herbert Schilder ist Steirer, das schließt eine gewisse Eigenwilligkeit mit ein. Sein Weinladen am östlichen Stadtrand von München ist etwas ganz Besonderes. Denn manch gängige Winzernamen sucht der Laie vergeblich. Auch Regionen wie der Rheingau, auf dessen Produkte der Rieslingfreund Wert legt, sind bei ihm ausgeklammert. Er kennt gute Alternativen, wie er sagt. Beratung bekommt der Kunde im Geschäft vor Ort immer gern und gut, sofern er nicht zu den Besserwissern gehört. Das mag Herbert Schilder gar nicht. Kann man verstehen.
Anzahl der Weine: 400
Weitere Angebote: Konfitüre, Olivenöl, Schokolade, Weinproben, Weinseminare

Weiden in der Oberpfalz

Weinhof Peschke

OT Rothenstadt, Etzenrichter Str. 33
PLZ 92637, Tel. 0961-48 19 90
www.weinhof-peschke.de
Mo-Fr 8-12.30 und 13.30-17.30 Uhr,
Sa 9-12.30 Uhr AmEx EC MASTER VISA
Vom Kartonwein bis zum Edelgewächs kann Familie Peschke sämtliche Ansprüche bedienen. Übersichtlich nach Herkunftsländern geordnet, fällt die Orientierung bei der Suche nach dem bevorzugten Tropfen leicht. Unentschlossenen stehen die Peschkes mit Rat und Tat zur Seite – auch in Sachen Champagner, Sekt, Prosecco und Spirituosen. Die Brände und Liköre kommen aus der hauseigenen Destille. Umfangreich ist das Angebot an Accessoires, die das Weintrinken erst richtig schön macht.
Anzahl der Weine: 500
Weitere Angebote: Feinkost, Spirituosen aus eigener Herstellung, Weinaccessoires, Weinproben, Weinseminare

Wolnzach

Weingalerie Strasser

Herrnstr. 1, PLZ 85283
Tel. 08442-962 30 00
www.weingalerie-strasser.de
Di, Do-Fr 9-18 Uhr, Mi 9-13 Uhr,
Sa 8.30-13 Uhr EC MASTER VISA
Das jüngste Kind der Familie Strasser, die sich zuvor schon in München und Ingolstadt mit Weinläden etabliert hat, bewegt sich konzeptionell im gleichen Rahmen wie seine „Geschwister": ausgesuchte Weine guter bis sehr guter Provenienz und intensiver Kundenkontakt mit jahreszeitlich oder regional ausgerichteten Weinverkostungen. Vanessa Strasser, die das Wolnzacher Geschäft leitet, präsentiert hier in der Hopfenregion der Hallertau schwerpunktmäßig deutsche und italienische Weine zu gut kalkulierten Preisen, aber auch einige Erzeugnisse der Spitzenklasse. Verkostungen sind jederzeit möglich. Stolz ist man bei den Strassers auf eine zusätzliche Speziali-

Gemütlich und bekannt für internationale Weine: das „Weinfass" in Würzburg

sierung: Wer ausnahmsweise einmal keinen Wein möchte, der kann unter 400 verschiedenen Whiskysorten, inklusive des bayerischen „Slyrs", wählen.
Anzahl der Weine: 600
Weitere Angebote: Whisky (400 Sorten), Weinproben, Weinseminare

Würzburg

Weinfass

Innenstadt, Innerer Graben 22, PLZ 97070
Tel. 0931-151 58
www.weinfass-wuerzburg.de
tgl. 10.30-18 Uhr EC
Leicht ist es nicht, in Würzburg einen guten Weinladen zu finden, weil so viele Weingüter in der Nähe sind, bei denen man direkt kaufen kann. Fragt man aber die Würzburger, wo sie am liebsten einen internationalen Wein kaufen, wird häufig das „Weinfass" genannt. Seit 2003 ist der Weinladen in die „Vinothek Tiepolo" integriert, die wiederum zum „Hotel Dortmunder Hof" gehört. Außerdem gibt es hier auch noch den „Tiepolo"-Keller für Veranstaltungen. Regelmäßig finden Weinpräsentationen statt, bei denen vor allem heimische Winzer vertreten sind.
Anzahl der Weine: 250
Weitere Angebote: Feinkost, Sherry, Spirituosen, Weinpräsentationen

Wombachers Vinothek

Altstadt, Rüdigerstr. 4
PLZ 97070
Tel. 0931-467 71 33
www.wombachers-vinothek.de
Di-Fr 12.30-19 Uhr, Sa 11-16 Uhr EC
Bei ihrem Umzug im Jahr 2010 hat sich die Vinothek auch gleich umbenannt: Aus „Le Gourmet Vinothek" wurde „Wombachers Vinothek", geblieben ist die zentrale Lage, jetzt aber praktischerweise mit Parkmöglichkeit vor der Haustür. Familie Wombacher hat sich vor allem dem französischen Wein verschrieben, besonders den Regionen südliche Rhône sowie Languedoc-Roussillon. Abgerundet wird das Sortiment durch einige Weine aus Franken, Italien, Spanien und Übersee. Auch die gute Auswahl an Schokoladen und Feinkost ist erwähnenswert.
Anzahl der Weine: 250
Weitere Angebote: Essig, Feinkost, Olivenöl, Pasteten, Pralinen, Schokolade, Sugos, Weinproben, Weinseminare

BERLIN

Berlin

Der Weinladen Baltzer

OT Friedrichshagen, Müggelseedamm 189
PLZ 12587, Tel. 030-566 46 05
www.der-weinladen-baltzer.de
Mo 15-19 Uhr, Di-Do 11-19 Uhr, Fr 11-20 Uhr, Sa 10-14 Uhr EC MASTER VISA
Vorreiter in der Vorstadt. Immer mehr Neuberliner zieht's in den östlichen Grüngürtel. Im Köpenicker Ortsteil Friedrichshagen hat Manfred Baltzer sein kleines, feines Weinimperium aufgebaut; 500 gute Gewächse aus Deutschland, Österreich, Italien, Südafrika und den USA. Unser Tipp: die Weine von Carl Erhard aus dem Rheingau. Besonders nett ist das große Engagement für Trinkkultur und Nachbarschaft. In der nagelneuen „Hofküche" im Nachbarhaus finden Konzerte, Lesungen, Ausstellungen, Verkostungen und Kochkurse rund um das Thema Wein statt. Spendengelder fließen in neue Friedrichshagener Straßenbäume, und mit den Honigen aus der eigenen Imkerei will Baltzer zeigen, dass auch bei Winzern ohne Verantwortung für Umwelt und Bienen nichts mehr geht.
Anzahl der Weine: 500
Weitere Angebote: Feinkost, Honig, Käse, Schinken, Weinproben, Weinseminare

Weing'schäft Bernhard & Hess

OT Kreuzberg, Bergmannstr. 16, PLZ 10961
Tel. 030-692 39 12,
www.weingschaeft.de
Mo-Fr 10-19.30 Uhr, Sa 10-17 Uhr EC
1978 haben Heinz Bernhard und Jürgen Hess ihren Weinladen aus einer Laune heraus in der damals noch etwas schäbigen Bergmannstraße eröffnet. Heute ist's auf dem „Kreuzberger Ku'damm" schick und rappelvoll – und die beiden sind mittendrin. Das hat auch das Sortiment beflügelt. Das große Angebot an „klassischem Europa", aus charaktervollen und trotzdem meist preisgünstigen Weinen, kann sich sehen lassen. Tipp: Im Abhollager im Fabrikhof in der

Heinz Bernhard im Kreuzberger „Weing'schäft Bernhard & Hess"

nahen Fidicinstraße 3 gibt's die Gewächse zwar nur kistenweise, dafür aber zehn Prozent günstiger.
Anzahl der Weine: 400
Weitere Angebote: Weinproben, Weinseminare

Enoteca Blanck & Weber

OT Wilmersdorf, Ludwigkirchstr. 11
PLZ 10719, Tel. 030-88 67 99 60
www.enoteca-blanck.de
Mo-Fr 11-20 Uhr, Sa 10-16 Uhr AmEx EC
20 Jahre alt ist Werner Blancks und Jürgen Webers kleiner Laden im lebendigsten und buntesten Eckchen von Wilmersdorf. „Klassische Weine aus Europa" ist das Motto, von Anfang an. Dabei ist man alles andere als verstaubt. Nach Neuem, Jungem, Frischem, Innovativem in der Flasche wird permanent gesucht. Die Auswahl ist erstaunlich. Genauso leidenschaftlich ist auch die Beratung. Schwerpunkte im Sortiment sind Italien und Spanien. Ausgewähltes gibt es auch aus deutschen Landen, Österreich und Frankreich.
Anzahl der Weine: 300
Weitere Angebote: Olivenöl, Pasta, Schokolade, Weinproben, Weinseminare

B

Weinhandlung Cava

OT Charlottenburg, Schustehrusstr. 20
PLZ 10585, Tel. 030-342 03 68
www.symposio.com
Mo-Fr 10-19 Uhr, Sa 10-16 Uhr EC
Berlins Griechenland-Pionier Christos Tziolis ist der Mann in der Stadt, den man in seinem Laden ganz in der Nähe vom Charlottenburger Schloss besuchen muss, um alles über griechischen Wein zu erfahren – und natürlich, um Bestes mit nach Hause zu nehmen. Bei ihm gibt es die schönsten Weine von Privatgütern aus fast allen Anbaugebieten Griechenlands, auch Magnumflaschen. Und jeden Winzer kennt er persönlich, die meisten seit vielen Jahren. Alle Weine werden selbst importiert, dementsprechend exzellent ist die Beratung. Gut ist die Auswahl an Ouzo, Apostagma (Traubenbrand) und Tsipouro (Tresterbrand).
Anzahl der Weine: 220
Weitere Angebote: Feinkost, Käse, Olivenöl, Pasten, Weinproben, Weinseminare

Berlins Griechenland-Pionier Christos Tziolis betreibt die „Weinhandlung Cava"

Cavatappi am Südstern

OT Kreuzberg, Körtestr. 28, PLZ 10967
Tel. 030-69 50 38 46

Fast 1000 verschiedene Gewächse offeriert „Cavatappi am Südstern"

www.cavatappi-weine.com
Mo-Fr 12-20 Uhr, Sa 10-18 Uhr EC
Kreuzberg verändert sich, und zwar rasant, und guter Wein wird immer wichtiger. Im über 13 Jahre kontinuierlich gewachsenen Nachbarschaftsladen mit hohen, rappelvollen Holzregalen und vielen Stammkunden zieht man mit. Inhaber Frank Dietrich hat das Sortiment mit fast 1000 Gewächsen weiter ausgebaut. Schwerpunkte sind weiterhin Frankreich und Deutschland, aber auch Gutes aus Südafrika ist nun im Angebot. Für zusätzlichen Schwung sorgt auch André Breitenbach, Dietrichs neue rechte Hand. Noch frischer, peppiger, persönlicher soll die Beratung werden. Beeindruckend ist auch die Auswahl an Süßwein, Sekt, Perlwein und Hochprozentigem, dazu 20 Whiskeysorten. Auch Glasverleih.
Anzahl der Weine: 1000
Weitere Angebote: Feinkost,Gläser, Olivenöl, Schokolade, Weinproben, Weinseminare

Der Rioja-Weinspezialist

OT Schöneberg, Akazienstr. 13
PLZ 10823, Tel. 030-782 25 78
www.rioja-weinspezialist.de
Mo-Fr 11-20 Uhr, Sa 10-16 Uhr
EC MASTER VISA
Der Grieche Nicolas Papadopoulos hat sich schon lange in spanische Gewächse verguckt. 1982 hat er seinen Laden mitten im

Schöneberger Kiez eröffnet. Das beste Rioja-Sortiment in Berlin hatte er von Anfang an, das ist auch heute noch so. Die Klassiker gibt's immer noch, aber in den letzten Jahren ist viel Gutes von jungen, innovativen Winzern und von alten, bei uns noch wenig bekannten Rebsorten hinzugekommen. Neben Wein gibt's auch Sherry, Likörweine und natürlich Cava. Exzellente Beratung. Neues aus Spanien wird regelmäßig bei Weinproben vorgestellt. Zwei Filialen, eine in Charlottenburg (Savignyplatz 2) und eine in Schmargendorf (Reichenhaller Straße 1).
Anzahl der Weine: 150
Weitere Angebote: Brandy, Cava, Feinkost aus Spanien, Likörweine, Olivenöl, Sherry, Tapas, Weinproben, Weinseminare

Der Weinheuer

OT Schöneberg, Eresburgstr. 24-29
PLZ 12103, Tel. 030-200 03 07 77
www.weinheuer.de
Mo-Do 11-19 Uhr, Fr-Sa 10-20 Uhr EC
Berlins größter neuer Weinladen liegt etwas versteckt im Tempelhofer „Hinterland", zwischen Bahngleisen und Kleingärten. Aber Tempelhof ist im Kommen, außerdem kann sich das, was Weinliebhaber Andreas Heuer und Ehefrau Stefanie 2010 aufgebaut haben, wirklich sehen lassen: Über 1200 Gewächse, Gutes aus aller Welt, das war Konzept. Auch Champager, Sekt, Prosecco, Crémant und Premium-Mineralwässer. Haus-Sommelier Christophe Piper berät die Kunden. Spaß macht die Reihe „Wine & Dine": Bekannte Köche, auch Starköche, kochen und reden über Wein und Küche.
Anzahl der Weine: 1200
Weitere Angebote: Olivenöl, Weinzubehör, Weinproben, Weinseminare

deutscheundfranzosen Winery Berlin

OT Prenzlauer Berg, Immanuelkirchstr. 38
PLZ 10405
Tel. 030-54 48 13 91
www.winery-berlin.de
Di-Fr 14-20 Uhr, Sa 11-18 Uhr
EC MASTER VISA

Klein, fein, ästhetisch, wunderbar sortiert; eine der schönsten Neueröffnungen. Vom Wein konnten die beiden Weinliebhaber Regina und Gerd Mengel, Architektin und Innenarchitekt aus dem Weinort Ingelheim, auch in Berlin nicht lassen. Im Eingangsbereich zu ihrem Büro haben sie im vergangenen Sommer ihren ganz eigenen Weinladen eröffnet. Dabei nehmen sie ihre Kunden mit auf ihre individuelle Entdeckungsreise. Jedes der rund 400 Gewächse, Deutsche und Franzosen, gehört zu selbst entdeckten Lieblingen, darunter Klassiker, das meiste aber von mittleren und kleinen Betrieben und alles selbst importiert – natürlich! Das Sortiment soll permanent wechseln.
Anzahl der Weine: 400
Weitere Angebote: Confits, Feinkost, Fleur de Sel, Konfitüre, Olivenöl, Rillettes, Terrinen, Weinproben, Weinseminare

Eine der schönsten Neueröffnungen in Berlin: „deutscheundfranzosen Winery"

B

Galeria Kaufhof – Wein & Genuss

Alexanderplatz 9, PLZ 10178
Tel. 030-24 74 30
www.galeria-kaufhof.de
Mo-Mi 9.30-20 Uhr, Do-Sa 9.30-22 Uhr
AmEx EC MASTER VISA

2006 hat die Metro AG das von Stararchitekt Josef Paul Kleinhues pompös umgebaute HO-Centrum-Warenhaus am Alex, ehemals das größte Kaufhaus der DDR, als neues Hauptstadt-Flaggschiff eröffnet. Vor allem die Gourmetabteilung mit einer Weinauswahl von 2000 Positionen kann sich sehen lassen. Vieles kommt aus Deutschland und anderen klassischen Weinländern. Einzig in Berlin gibt es ein großes Angebot an Gewächsen aus Ungarn und Südafrika. Sehr gut: Vieles ist hier deutlich günstiger als bei der Konkurrenz im „KaDeWe" oder in den „Galeries Lafayette". Wir haben verglichen. Schönes Offenes gibt's in der Champagnerlounge.

Anzahl der Weine: 2000
Weitere Angebote: Feinkost

Großes Angebot, auch aus Ungarn und Südafrika: „Galeria Kaufhof – Wein & Genuss"

Galeries Lafayette – Gourmet

OT Mitte, Französische Str. 23
(Ecke Friedrichstr.), PLZ 10117
Tel. 030-20 94 80
www.galerieslafayette.de
Mo-Sa 10-20 Uhr AmEx EC MASTER VISA

Immer voller und schicker ist's in den letzten Jahren auf der Friedrichstraße geworden. Manchmal kommt auf Berlins alter, neuer Hauptstraße sogar Fifth-Avenue-Feeling auf. Platzhirsch sind die „Galeries Lafayette" mit Gourmetabteilung, Bistro-Ecken, schöner Weinbar und der größten Auswahl an französischen Gewächsen in der Hauptstadt, 700 Weine sind im Programm, aus allen französischen Anbaugebieten. Außerdem gibt's hier die größte Champagnerauswahl. Man ist hier, bedingt durch das individuelle Einkaufskonzept, sogar innovativer als bei „Lafayette" in Frankreich. In Berlin ist man stolz auf französische Bioweine und solche von kleinen, kaum bekannten Gütern und auf Gewächse, die von Frauen produziert werden – dafür gibt's ein eigenes Regal!

Anzahl der Weine: 700
Weitere Angebote: Feinkost

Goldhahn & Sampson

OT Prenzlauer Berg, Dunckerstr. 9
PLZ 10437, Tel. 030-41 19 83 66
www.goldhahnundsampson.de
Mo-Fr 8-20 Uhr, Sa 10-20 Uhr
AmEx EC MASTER VISA

Männerwirtschaft im Prenzl'berg. Der moderne Tante-Emma-Laden von Andreas Klöckner, Sascha Rimkus und Thomas Goldhahn gehört zum Helmholtz-Kiez. Vor sechs Jahren wurde eröffnet. Immer ungewöhnlicher ist seitdem die Weinauswahl geworden: Schwerpunkte sind Deutschland und Österreich, darunter 50 Rieslinge, aber auch spannende Silvaner, Weiß- und Grauburgunder sowie seltene Süß- und Schaumweine. Bemerkenswert sind der „English Sparkling" von Ridgeview oder der „Puro" von Movia aus Slowenien, der kopfüber stehend, noch mit Hefepfropf im Flaschenhals, verkauft wird und im Wasserbad selber degorgiert werden muss. Gut ebenfalls: das „Weinmenü", auf Weine ausgerichtete Kochkurse sowie die Weinbücher in der kuscheligen Leseecke.

Anzahl der Weine: 200
Weitere Angebote: Feinkost, Kochbücher, Kochkurse, Weinproben, Weinseminare

Uriges Gewölbe unter der S-Bahn mitten im Regierungsviertel: „Habel Weinkultur"

Habel Weinkultur
OT Mitte, Luisenstr. 19, PLZ 10117
Tel. 030-28 09 84 84
www.wein-habel.de
Mo-Sa 7-24 Uhr AmEx EC MASTER VISA
Große Geschichte, ungewöhnliche Location. 1779 hat das erste „Habel" Unter den Linden eröffnet. Gründungsvater war Johann Simon Habel, langjähriger Kellermeister Friedrichs des Großen. Heute führt der Habel-Nachkomme Dirk Gießelmann gemeinsam mit Weinfan Hilmar Gathof das neue Nachwende-„Habel" mit gemütlichem Bistro im urigen Gewölbe unter der S-Bahn mitten im Regierungsviertel. 500 Gewächse aus aller Welt sind im Laden zu haben, darunter auch viele eher durchschnittliche, aber günstige Gewächse. Jede Flasche kann für ein Korkgeld auch am Tisch genossen werden, dazu gibt's Blut- und Leberwurst nach „Habel"-Art, Berliner Kalbsleber und Wiener Schnitzel. Ein schöner Service: die Weinschließfächer für eigene Gewächse.
Anzahl der Weine: 500
Weitere Angebote: Weinproben, Weinseminare

Hammers Weinkostbar
OT Kreuzberg, Körtestr. 20, PLZ 10967
Tel. 030-69 81 86 77
www.hammers-wein.de
Mo-Fr 12-21 Uhr, Sa 12-16 Uhr EC
Moderne Weinkultur und einer der schönsten Orte in Berlin, um Wein zu kaufen und zu genießen. Mit viel Liebe zur Sache haben der langjährige Chefsommelier Jürgen Hammer und die ehemalige Restaurantleiterin Manuela Sporbert aus der „Weinbar Rutz" ihr eigenes kleines Weinreich in einer alten Fleischerei mitten im lebendigen Körte-Kiez eröffnet. Ausführliche Beratung ist selbstverständlich, Familienanschluss ist beim Besuch fast unumgänglich. Im Angebot ist sorgsam Ausgewähltes aus Deutschland und Europa. Unsere Favoriten: die Gewächse vom Weingut Klostermühle Odernheim – den Rotsekt probieren! Im Altberliner Wohnzimmer hinterm Geschäftsraum finden die legendären „Kreuzberger Genuss-Seminare" statt. Zum täglichen Tasting an der Bar gibt's Exzellentes von der französischen Käsetheke.
Anzahl der Weine: 500
Weitere Angebote: Biosäfte, Essig, Kaffee, Käse, Öl, Pâté, Schokolade, Sugos, Wurst, Weinproben, Weinseminare

Weinhandlung Hardy
OT Dahlem, Thielallee 29, PLZ 14195
Tel. 030-831 25 98
www.hardy-weine.de

Mo-Fr 10-13 und 14-20 Uhr, Sa 10-16 Uhr
AmEx EC MASTER VISA
Schönes Urgestein der Weinszene. Seit mehr als 50 Jahren steht das Familienunternehmen im schicken Dahlem für absolute Qualität. Im Angebot sind Gewächse aus Europa, vom Landwein bis zum Spitzengewächs, darunter viel Gutes aus Deutschland. Im Mittelpunkt steht ein erstklassiges Frankreichsortiment mit Klassikern, aber auch unbekannten Tropfen. Das „Raritäten-Cabinet" mit seinen bis zu hundertjährigen Grands Crus, das einige Meter entfernt lag, wurde Ende 2010 mit ins Haupthaus eingegliedert. Spaß machen auch Weinproben und Seminare: „Warme Weine für kühle Tage", „Bordeaux Barbecue", „Wein-Sensorik-Seminar".
Anzahl der Weine: 1500
Weitere Angebote: Feinkost, Weinaccessoires, Weinproben, Weinseminare

Il Calice

OT Charlottenburg, Walter-Benjamin-Platz 4
PLZ 10629, Tel. 030-46 99 56 50
www.ilcalice.de
Mo-Sa 12-02 Uhr EC
Gratulation! 20 Jahre ist Familie Bragatos Enoteca mit Weinhandlung alt geworden. Im Herbst 2011 wurde gefeiert. Schon seit Jahren ist die schicke Kombi Dreh- und Angelpunkt italienischer Weinkultur in Berlin. Im Angebot findet man alles, was Rang und Namen hat, natürlich auch anderes Gutes aus fast allen Weinregionen des Landes. Vieles ist selbst importiert. Schön sind auch die eigenen Bragato-Weine aus dem hauseigenen Gut im Friaul. Neu ist die Clubkarte für Esser und Trinker. In Enoteca und Weinladen gibt's damit Rabatte und besondere Angebote. Unbedingt den überdimensionalen Lüster im Laden bewundern – er ist ganz aus Weingläsern gemacht!
Anzahl der Weine: 500
Weitere Angebote: Essig, Kaffee, Grappa, Olivenöl, Weinproben, Weinseminare

KaDeWe-Feinschmeckeretage

OT Schöneberg, Tauentzienstr. 21-24
(6. Etage), PLZ 10789

Sommelier Vincenzo Berényi vom „Il Calice" weiß alles über italienische Weine

Tel. 030-212 10
www.kadewe.de
Mo-Do 10-20 Uhr, Fr 10-21 Uhr,
Sa 9.30-20 Uhr AmEx DINERS EC MASTER VISA
Keine Frage: Trotz Aufschwung, Änderungen, Neuerungen bleibt die Grande Dame „KaDeWe" am Ku'damm, seit 1907 Europas größtes Warenhaus, in Genussfragen Berlins Nummer eins. Nach Feierabend und am Wochenende tummelt sich ein buntes Völkchen aus Berlinern und Touristen in der Gourmetabteilung, an Kochstationen, der Austernbar und in diversen Champagnerlounges. Mit 3400 Positionen gibt's hier auch weiterhin die mit Abstand größte Weinauswahl. Schwerpunkt sind die klassischen Weinländer: Frankreich, Italien, Deutschland. Darüber hinaus ist natürlich jeder Wein, der Rang und Namen hat, im Regal. Im Keller sind dann noch die Raritäten zu finden. Aber, Vorsicht: Hier einzukaufen hat seinen Preis!
Anzahl der Weine: 3400
Weitere Angebote: Feinkost (über 34 000 Artikel)

Le Flâneur

OT Prenzlauer Berg, Greifswalder Str. 214
PLZ 10405, Tel. 030-70 24 31 92

Burgunder-Oase im Kiez rund um die Potsdamer Straße: „Les Climats"

www.leflaneur.de
Di-Fr 11-19 Uhr, Sa 10-18 Uhr EC
Henrik Seiler war Schornsteinfeger, bevor er sich in den Südwesten Frankreichs in den Urlaub aufmachte. Zurück kam er mit der Mission, die noch wenig bekannten oder, wie er sagt, „oft stiefmütterlich behandelten" französischen Weine aus der Region in Deutschland bekanntzumachen. In seinem gemütlichen Feinkostladen mit Café präsentiert er deshalb Weine ausschließlich aus dem

„Le Flâneur"-Chef Henrik Seiler flaniert am liebsten durch Südwestfrankreich

Sud-Ouest der Grande Nation, alles Direktimporte aus den Weinbaugebieten Bergerac, Cahors, Fronton, Gaillac, Irouléguy, Jurançon, Madiran, Pacherenc du Vic-Bilh und Saint-Mont. Viele der guten Tropfen sind aus wenig bekannten autochthonen Reben.
Anzahl der Weine: 150
Weitere Angebote: Feinkost aus Frankreich, Cognac, Essig, Gebäck, Honig, Kaffee, Konfitüre, Likör, Olivenöl, Schinken, Schokolade, Terrinen, Single Malt Whisky, Weinproben, Weinseminare

Les Climats

OT Mitte, Hannoversche Str. 1, PLZ 10115
Tel. 030-29 00 12 12
www.lesclimats.com
Mo-Sa 11-24 Uhr EC
Eine Galerie nach der anderen eröffnet im Kiez rund um die Potsdamer Straße. Jetzt ist für den Weingenuss nach der Kunst eine neue Burgunder-Oase dazugekommen. Burgunder-Experte und Weinhändler Roland Kretschmer habe, wie er selbst sagt, sein „Kellerdasein" in Berlin-Mitte aufgegeben und seinen ersten eigenen großen Weinladen im neuen Szene-Kiez eröffnet. Alle Weine stammen von Familienbetrieben und sind selbst importiert, Gewächse, die man sonst in Deutschland kaum findet, darunter wirk-

lich alle Dorflagen von Chambolle-Musigny und Fixin sowie Seltenes von der Domaine Michèle & Patrice Rion, der Domaine Pierre Gelin und der Domaine Maratray-Dubreuil. Sämtliche Weine können gleich in der Weinbar getrunken werden.
Anzahl der Weine: 150
Weitere Angebote: Feinkost, Käse aus Frankreich, Weinproben, Weinseminare

Les Rouges du Midi

OT Prenzlauer Berg, Knaackstr. 54
PLZ 10435, Tel. 030-44 71 97 37
www.rouges.de
Mo-Fr 12-19 Uhr, Sa 11-18 Uhr
AmEx EC MASTER VISA

Ein schöner Stopp nach dem Biomarkt auf dem Kollwitzplatz und der beste Ort, um Südfranzösisches zu kaufen. Seit zehn Jahren zieht Weinfreak Dirk Lück in der Provence, im Bandol und im Weinanbaugebiet Languedoc-Roussillon von Winzer zu Winzer. Die geschmackvollen Fundstücke verkauft und serviert er im sehr liebevoll eingerichteten Laden mit kleinem Bistro auf der oberen Etage, in dem es auch ein richtig gutes französisches Frühstück gibt. Außerdem im Angebot: Gewächse aus Sancerre, Madiran, Cahors, Jurançon und Bordeaux, ein paar Fremdgänger aus Deutschland und Österreich haben sich wohl eingeschlichen.
Anzahl der Weine: 220
Weitere Angebote: Essig, Feinkost, Pfeffer, Weinproben, Weinseminare

Dirk Lück berät im „Les Rouges du Midi", einer Weinhandlung mit kleinem Bistro

Lorenz Adlon Weinhandlung

OT Mitte, Behrenstr. 72, PLZ 10117
Tel. 030-301 11 72 50
www.adlon-wein.de
Di-Sa 12-20 Uhr
AmEx DINERS EC MASTER VISA

Vor drei Jahren hat im „Adlon Palais", auf der Rückseite des legendären „Adlon Kempinski", die Weinhandlung aufgemacht, die an ein Stück Weingeschichte erinnert: Bis zum Krieg war an gleicher Stelle eine der größten und berühmtesten Weinhandlungen der Welt mit gleichem Namen. Eine Million Flaschen sollen im Keller gelegen haben. Zu Gast war die Hautevolee. Gastgeber Martin Pelz und Chef-Sommelier Thomas Hönigschmid wollen mit ihrem großen und exklusiven Sortiment an Weinen aus dem Alten Europa, aus Frankreich, Italien, Deutschland, an die Tradition anknüpfen. Im Angebot sind viele große Bordeaux, Raritäten, halbe Flaschen, Flaschen in Sondergrößen. Wissenswertes wird bei den „Wein Concierge Abenden" vermittelt.
Anzahl der Weine: 800
Weitere Angebote: Cognac, Whisky, Weinproben, Weinseminare

Mövenpick Weinkeller

OT Wilmersdorf, Lietzenburger Str. 93-95
PLZ 10719, Tel. 030-89 72 66 03
www.moevenpick-wein.de
Mo-Do 10-19 Uhr, Fr 10-20 Uhr,
Sa 10-16 Uhr AmEx EC MASTER VISA

Zweimal in Berlin, mit gleichem Sortiment und gleicher Kompetenz. Sehenswert ist die nagelneue Filiale, die aus einem Übergangsstandort in Schöneberg ins schick umgebaute historische Wilmersdorfer Postgebäude gezogen ist. Hinterm „Schalter" steht Wolf-

Neuer Laden in Kreuzberg mit rustikaler Weinbar: „Noer Weinhandel & Bar"

gang Lodde, der mit viel Engagement Sortiment und Gewächse erklärt. Im Angebot stehen 1000 Gewächse aus aller Welt, darunter Gutes von Weinfamilien von Weltruf, etwa den Moueix, Frescobaldi und Mondavi, mit denen Mövenpick seit Jahrzehnten enge Kontakte pflegt. Es gibt auch gute Schweizer Tropfen. Themen-Weinproben und Seminare. Beim Einkauf ab 24 Flaschen gibt es fünf Prozent Rabatt. Die Filiale in Mitte befindet sich in der Leipziger Straße 60.
Anzahl der Weine: 1000
Weitere Angebote: Essig, Feinkost, Olivenöl, Spirituosen, Weinproben, Weinseminare

Nix wie Wein

OT Prenzlauer Berg, Kopenhagener Str. 6
PLZ 10437, Tel. 030-44 00 82 20
www.nixwiewein.de
Mo-Fr 12-20 Uhr, Sa 10-18 Uhr EC
Eine der typischen Erfolgsgeschichten aus dem Prenzl'berg: 1997 hatte Kauffrau Heide Pellmann keine Lust mehr auf ihren hochdotierten Job, sie hängte ihn an den Nagel und machte das, was ihr Spaß macht: Wein entdecken, genießen, andere damit glücklich machen. 300 Gewächse hat sie heute im Angebot, das meiste aus Europa, vieles selbst importiert. Die Richtschnur bei der Auswahl: Es muss ihr schmecken, und das Preis-Leistungs-Verhältnis muss stimmen. Trubelig-lustig wird's beim „Offenen Freitag"; jeden Freitag ab 17 Uhr können die Reste der Woche kostenlos weggetrunken werden. Zu ihren Weinseminaren wird ausdrücklich gewünscht, weder Parfum noch Rasierwasser aufzulegen.
Anzahl der Weine: 300
Weitere Angebote: Weinproben, Weinseminare

Noer Weinhandel & Bar

OT Kreuzberg, Falckensteinstr. 10
PLZ 10997, Tel. 030-67 51 62 85
www.noer.de
Di-Fr, So 14-22 Uhr, Sa 12-22 Uhr EC
„SO 36", Wrangel-Kiez, Kreuzbergs noch etwas düsterer Teil. Tim Raue ist hier aufgewachsen, und guter Wein war hier bis vor Kurzem nicht so wirklich angesagt. Das aber hat Weinbauschüler André Gersdorf mit seinem neuen Laden mit rustikaler Weinbar geändert, ein bisschen zumindest. Internationale Gewächse für jeden Geldbeutel bietet er an. Dabei beeindruckt weniger das große Programm, als vielmehr das gute Preis-Leistungs-Verhältnis. Besonders schön ist die eigene „Noer"-Weinlinie – mit poetischen Beschreibungen und Namen, wie Kira, Rosabella, William, Rodrigo –, die er

Breite Auswahl an offenen Weinen: „Paasburg's Wein aus Leidenschaft"

bei Studienkollegen aus Heilbronn in der Pfalz, an der Mosel und in Spanien produzieren lässt. Besonders engagiert sind die Weinseminare: „Steilhang, Schiefer & Riesling", „Lieblingsweine des Osterhasen" oder „Die Grillsaison ist eröffnet".
Anzahl der Weine: 100
Weitere Angebote: Accessoires, Käse, Schokolade, Snacks, Weinproben, Weinseminare

Paasburg's Wein aus Leidenschaft
OT Kreuzberg, Fidicinstr. 3, PLZ 10965
Tel. 030-61 10 18 38
www.paasburg.de
Mo-Mi 10-18 Uhr, Do-Fr 10-19 Uhr, Sa 11-15 Uhr EC
Am Chamissoplatz entlang, hoch zum Wasserturm, dort, wo Kreuzberg mit Hügeln und historischen Straßenzügen ein bisschen an Montmartre erinnert, liegt „Paasburg's" in der Halle einer alten Brauerei. Knapp 600 Gewächse aus Europa und der Neuen Welt sind im Angebot, darunter sehr schöne deutsche Rieslinge, Grau-, Weiß- und Spätburgunder. Vieles wird direkt importiert. Ein Tisch voll von offenen Flaschen lädt zum Probieren ein. Auch gute Edelbrände gibt's. Exzellente Beratung. Praktisch für Unentschlossene mit Anhang ist die Kinderspielecke. Ein besonderer Service: In den perfekt temperierten Kellern der Brauerei können Depots für die privaten Weinschätze gemietet werden.
Anzahl der Weine: 600
Weitere Angebote: Essig, Fischkonserven, Honig, Kaffee, Olivenöl, Salz, Tapenade

Passion Vin
OT Kreuzberg, Köpenicker Str. 18-20
PLZ 10997, Tel. 030-61 78 96 05
www.passion-vin.com
Mo-Fr 10-19 Uhr, Sa 11-18 Uhr EC
Seit Jahren versorgt der sympathische Franzose und Sommelier Sébastien Visentin die gehobene Gastronomie und den Fachhandel mit den Wein- und Champagner-Impor-

In einem ehemaligen Fabrikgebäude am Spree-Ufer: „Passion Vin"

ten seiner Firma „Vin sur Vin Diffusion". Um die französische Kollektion auch Privatkunden offerieren zu können, hat er jetzt seinen Laden im frisch renovierten Fabrikgebäude direkt am Spree-Ufer eröffnet. Im Angebot ist vieles von guten, kleinen Weingütern, vor allem von wohlbekannten wie Champagne Egly-Ouriet, Château de Saint Cosme, Château Pesquie, Château Simone, Domaine Chantal Lescure oder Domaine Josmeyer. Innovativ sind die stattfindenden Seminare, einmal im Monat gibt's eines nur für Frauen.

Anzahl der Weine: 1000

Weitere Angebote: Honig, Kaffee, Konfitüre, Kräuter, Limonade, Öl, Schokolade, Spirituosen, Weinproben, Weinseminare

Planet Wein

OT Mitte, Mohrenstr. 30
(Eingang Charlottenstr.), PLZ 10117
Tel. 030-20 45 41 18
www.planet-weinhandel.net
Mo-Sa 12-20 Uhr AmEx EC MASTER VISA

Touristen aus dem Ausland, die noch schnell einen deutschen Riesling in den Koffer packen wollen, Geschäftsleute auf dem Nachhauseweg: In ihrem Laden am Gendarmenmarkt mit mittelalterlichem Schlossdekor haben sich Anja Schröder und Matthias Martens auf die Mitte-Luxuslage eingestellt. Im Angebot sind einige Hundert Gewächse aus aller Welt, darunter das Beste aus Deutschland, aber auch Champagner- und Bordeaux-Raritäten, ebenso Magnum-Flaschen. Im Caveau liegen die guten Weißen für den Abend auch schon vorgekühlt. Schöne „Vinophile Abende" zu Themen wie „Bio(logisch!?)" oder „Chocolate meets Wine".

Anzahl der Weine: 800

Weitere Angebote: Accessoires, Feinkost, Kochbücher, Spirituosen, Zigarren, Weinproben, Weinseminare

Rindchen's Weinkontor Berlin

OT Charlottenburg, Lerschpfad 4
PLZ 14059, Tel. 030-30 20 36 05
www.rindchen.de
Di-Fr 11-20 Uhr, Sa 10-16 Uhr EC

Das Hauptstadt-Kontor des umtriebigen Hamburgers Gerd Rindchen befindet sich in einer historischen Zollstation am S-Bahn-Ring, genau zwischen Charlottenburg und Spandau, also nicht wirklich zentral. Geschätzt und beliebt bei den Berlinern ist es trotzdem, weil neben den besten Tropfen aus aller Welt auch immer wieder Schnäppchen angeboten werden. Im vergangenen Jahr beeindruckten uns die Weine aus Slo-

Weinhandlung mit mittelalterlicher Schlossdekoration: „Planet Wein"

wenien, die Filialleiter Ulrich Träger wunderbar schmackhaft erklärte. Im Angebot sind außerdem Bücher über Wein sowie Pasteten, Pasta, Saucen. Genau gegenüber, auf der anderen Seite der S-Bahn, befindet sich übrigens die „Markgräfler Weinhandlung" mit dem Besten aus dem Ländle.
Anzahl der Weine: 550
Weitere Angebote: Brände, Feinkost, Likör, Madeira, Port, Raritäten, Sherry, Weinproben, Weinseminare

Weinbar Lars Rutz

OT Mitte, Chausseestr. 8, PLZ 10115
Tel. 030-24 62 87 60
www.weinbar-rutz.de
Di-Sa 16-23 Uhr DINERS EC MASTER VISA
Ein gutes Tröpfchen am späten Abend kaufen – kein Problem! Jedes der 800 Gewächse, das in der „Weinbar Rutz" bei Starkoch Marco Müller auf der Karte steht, kann an der Bar im Eingangsbereich auch gekauft werden, zu wirklich fairen Preisen. Schön sind die „Rutz-Rebellen", die eigene, neue Weinlinie, mit „kantigen, authentischen Gewächsen", wie Chef-Sommelier Billy Wagner sagt (falls er oben im Restaurant rumschwirrt, einfach nach ihm fragen!). Beim Besuch des Papstes im vergangenen Herbst durfte Marco Müller für ihn kochen. Die dazu servierten Weine gibt's auch zu kaufen. Getrunken hat Seine Heiligkeit übrigens 2009er Schiefer Riesling von Ansgar Clüsserath, Mosel, und 2007er Steinberg Pinot noir von Dr. Henrik Möbitz, Baden.
Anzahl der Weine: 800
Weitere Angebote: Feinkost, Menüs, Olivenöl, Weinproben, Weinseminare

Weinladen Schmidt

OT Prenzlauer Berg, Kollwitzstr. 50
PLZ 10405, Tel. 030-200 03 95 55
www.weinladen.com
Mo-Fr 12-20 Uhr, Sa 10-18 Uhr EC VISA
1964 begannen die Eltern mit dem ersten Laden in Neukölln. Heute hat sich Sohn Carsten Schmidt gemeinsam mit Ehefrau Anja ein kleines Imperium aufgebaut. Der Schwerpunkt in allen Läden liegt auf Deutschland und Österreich, dabei stehen die charaktervollen Rieslinge im Zentrum – der aktuelle Liebling ist „Eins, Zwei, Dry" von Leitz. Innovativ sind auch die Seminare: „Schaumweine, Traumweine" oder das „Geisterseminar" über Brände und Trester. Weitere Filialen in Berlin: Sonnenallee 102, Curtiusstraße 9, Oranienburger Straße 107 (Wittenau), Reichsstraße 50, Heinsestraße 30 (Hermsdorf).
Anzahl der Weine: 1200
Weitere Angebote: Gewürze, Olivenöl, Pasta, Saucen, Schokolade, Senf, Weinproben, Weinseminare

Südwind

OT Schöneberg, Akazienstr. 7, PLZ 10823
Tel. 030-782 04 39,
www.suedwind.net
Mo-Fr 10-20 Uhr, Sa 10-18 Uhr EC VISA
Traditionsadresse in Schöneberg. Nach einigen Urlauben im Süden haben sich Astrid und Mike Peacock schon 1982 entschieden, ihre eigene mediterrane Wohlfühloase in Berlin zu eröffnen. Im Angebot sind viele gute Gewächse von kleinen, innovativen Produzenten aus Italien, Spanien, Frankreich. Vieles wurde selbst entdeckt und wird selbst importiert. Es gibt aber auch Gewächse aus Übersee. Bei deutschen Weinen ist man weniger gut bestückt. Weinproben finden im „Café SUR" nebenan statt.
Anzahl der Weine: 150
Weitere Angebote: Dolci, Espresso, Essig, Gebäck, Honig, Käse, Konfitüre, Olivenöl, Pasta, Salami, Salz, Schokolade, Senf, Weinproben, Weinseminare

Weinhandlung Suff

Oranienstr. 200, PLZ 10999
Tel. 030-614 21 48
www.suffberlin.de
Mo-Fr 13-19.30 Uhr, Sa 11-17 Uhr
EC MASTER VISA
Als der Bezirk an der Oranienstraße noch „Kreuzberg 36" hieß, sah es hier noch anders aus. Heute ist alles etwas aufgemöbelt. Locker, lässig geht's immer noch im „Suff" zu, aber zugleich engagiert und kompetent.

Namensgebung à la Berlin-Kreuzberg: „Weinhandlung Suff“

Die perfekte Mischung! 500 Gewächse hat Christian Schoßau im bunten Laden mit Kisten-Durcheinander, hohen Holzregalen und feinsten Ölgemälden im Angebot, mit dem Schwerpunkt auf Deutschland, Österreich, Südwestfrankreich, Burgund und Toskana. Gutes aus Übersee gibt's aber auch. Unsere Lieblinge waren die Weine von Borell-Diehl aus der Pfalz mit exzellentem Preis-Leistungs-Verhältnis sowie die ausgewogenen Gewächse von Anita und Hans Nittnaus aus Gols im Burgenland.
Anzahl der Weine: 500
Weitere Angebote: Essig, Olivenöl, Schokolade aus Kreuzberg, Weinproben, Weinseminare

Vin Aqua Vin
OT Neukölln, Weserstr. 207, PLZ 12047
Tel. 030-60 98 76 62
www.vinaquavin.de
Mo-Sa 14-21 Uhr EC VISA
In Neukölln, Berlins größtem, zumeist noch brachliegendem Arbeiterbezirk, hat sich der junge Kölner Jan Kreuzinger in den Kopf gesetzt, die Biertrinker vom Wein zu überzeugen. Das macht er in seinem Laden im Kneipenlook ganz entspannt und unkonventionell. Die Tür steht immer offen, innen gibt es einen riesigen Tisch voller Gläser und Flaschen. Jeder darf an alles ran. Probiert und verkauft werden vor allem Gewächse von jungen, „wilden“ deutschen Winzern – und aus Rebsorten, die, genau wie Neukölln, gerade ganz groß im Kommen sind: Silvaner, Muskateller, Müller-Thurgau, Grau- und Weißburgunder. Alles zu angemessenen Preisen.
Anzahl der Weine: 300
Weitere Angebote: Essig, Madeira, Obstbrände, Öl, Pfeffer, Sherry, Trester, Weinproben, Weinseminare

SIEGER BERLIN
Viniculture
OT Charlottenburg
Grolmanstr. 44-45
PLZ 10623, Tel. 030-883 81 74
www.viniculture.de
Mo-Fr 11-20 Uhr, Sa 10-18 Uhr
AmEx EC MASTER VISA
Große Anerkennung! Wie kein anderer in der Stadt hat der Pfälzer und passionierte Weinkenner Holger Schwarz seinen eleganten Laden in den letzten Jahren in Schwung gebracht und neu ausgerichtet. Neben den Klassikern aus Deutschland, Frankreich und Italien konzentriert er sich nun auf biodynamisch produzierte Naturweine, ungefiltert, kaum oder gar nicht geschwefelt, Gewächse,

Philipp Deutsch empfiehlt im „Viniculture“ biodynamisch produzierte Naturweine

Querschnitt durch die kulinarischen Schätze Spaniens: „Vinos y Tapas"

die, wie er sagt, „eine revolutionär neue Stilrichtung sind, die auch unsere Geschmackswelt erst einmal erschüttert". Passend dazu gibt es informative Seminare für Profis und Einsteiger: „Faszination Naturwein", „Der Rotwein-Versteher", „Der Weißwein-Versteher".
Anzahl der Weine: 400
Weitere Angebote: Essig, Kaffee, Pasta, Olivenöl, Schokolade, Weinproben, Weinseminare

Vinos y Tapas
OT Lichterfelde, Drakestr. 21, PLZ 12205
Tel. 030-833 84 59
www.vinosytapas.de
Mo-Fr 12-19 Uhr, Sa 10-15 Uhr EC
Kerstin Erlenmaier liebt Spanien und spanische Gewächse. Seit vielen Jahren sucht sie nach dem Besten auf der Halbinsel. Eigenimporte aus über 20 spanischen Anbaugebieten hat sie in ihrem gemütlichen Laden zusammengetragen, das meiste von jungen, innovativen Winzern, darunter so manche Entdeckung, und fast alles zu fairen Preisen. Momentan, sagt sie, sei sie von den neuen Weinen aus dem Priorat begeistert. Schön sind auch Port und Sherry und die neu importierten Olivenöle. Sehr gut: Wer im Sommer kommt, kann die Weine im hübschen Vorgarten genießen, Tapas inklusive. Zum Feierabend wird's voll, dann kommt die halbe Nachbarschaft.
Anzahl der Weine: 250
Weitere Angebote: Feinkost, Käse, Olivenöl, Schinken, Weinproben, Weinseminare

Vinum – Spezialitäten-Kontor
OT Charlottenburg, Danckelmannstr. 29
PLZ 14059, Tel. 030-322 66 19
www.vinumberlin.de
Mo-Mi, Fr 14-19 Uhr, Do 14-20 Uhr, Sa 10-14 (Mai-Sept.), sonst bis 16 Uhr EC
Einer der schönsten und ungewöhnlichsten Weinläden der Stadt, seit 1978 in den Räumen einer alten Metzgerei. An den Wänden Jugendstilkacheln und alte Fleischerhaken. Im Sortiment 600 Gewächse aus Europa mit Schwerpunkt Frankreich. Einen Wechsel gab es in der Führung. Nach 33 Jahren hat Andreas Schiechel das Geschäft an seine langjährige Mitarbeiterin Catharina d'Aprile-von der Goltz übergeben. Sie wacht nun allein darüber, dass nur Gewächse von ambitionierten Einzelwinzern, die keinen Modeströmungen folgen, ihren Weg in die Regale finden. Terroir, eigenständiger Charakter und Handwerkskunst stehen auch weiterhin im Vordergrund. Auch biodynamische Weine. Wunderbar sind die Weinproben mit gesetztem Dinner an den alten Holztischen: „Feines

aus Rueda" oder „Weine entlang des Jakobsweges".
Anzahl der Weine: 600
Weitere Angebote: Armagnac, Cognac, Essig, Feinkost, Tee, Biowurstwaren, Weinproben, Weinseminare

Wein & Glas Compagnie

OT Wilmersdorf, Prinzregentenstr. 2
PLZ 10717
Tel. 030-235 15 20
www.weinundglas.com
Mo-Fr 10-18.30 Uhr, Sa 9.30-16 Uhr
AmEx EC MASTER VISA

Wahrhaft eine Institution, sowohl der Laden als auch der Inhaber. Schon in den 70er-Jahren war Georg Mauer von „Wein & Glas" der erste Weinbauingenieur in der Stadt und hatte das Ziel, die Weinkultur so richtig aufzumischen. Das ist ihm gelungen. Fast überall, wo es in Berlin heute um guten Wein geht, sind Mauer und sein Sortiment präsent. Im Laden stehen schlichtweg die besten Flaschen der internationalen Weinwelt. Schwerpunkte sind dabei Deutschland, Österreich, Burgund, Bordelais und Italien. Auch exzellente Champagner. Die Schoppenweine aus Franken und dem Rheingau gibt's auch noch. Vorzügliche Beratung, fachkundige Seminare und Weinproben. Alle drei Jahre im Juni wird zur legendären „Gala der großen Weine" eingeladen.
Anzahl der Weine: 1500
Weitere Angebote: Feinkost, Schokolade, Weinbücher, Weingläser, Weinproben, Weinseminare

Alice Beckmann kennt das große Sortiment der „Wein & Glas Compagnie"

Wein & Vinos

OT Charlottenburg, Knesebeckstr. 86
PLZ 10623, Tel. 030-31 50 60 80
www.vinos.de
Mo-Fr 10-20 Uhr, Sa 10-18 Uhr
EC MASTER VISA

Beim Reisen durch Spanien haben sie sich kennengelernt und 1996 gemeinsam den ersten Laden in Kreuzberg eröffnet. Heute leiten Wolf Wilder und Jörg Horn den größten Fachhandel für qualitativ hochwertige spanische Weine in Deutschland. Und dabei sind – ein Glück – Bodenhaftung und Liebe zur Sache nicht verlorengegangen. Die Beratung stimmt. Im Angebot sind die ganz großen Spanier, aber eben auch sehr gute Alltagsweine. Besonders stolz ist man auf die riesige Sherryauswahl (220 Sorten!). Außerdem: schöne Cavas, Olivenöle, Sherryessig. Filialen in Berlin: Ludolfinger Platz 1+3, Westfälische Straße 52, Mittenwalder Straße 16, Clayallee 326, Nassauische Straße 36.
Anzahl der Weine: 800
Weitere Angebote: Öl, Salz, Sherry, Weinproben, Weinseminare (auch in Kombination mit Kochkursen)

Weingalerie – Weine aus Portugal

OT Charlottenburg, Pestalozzistr. 55
PLZ 10627, Tel. 030-323 74 48
www.weineausportugal.de
Mo-Fr 12-20 Uhr, Sa 10-16 Uhr
EC MASTER VISA

Wer Gutes aus Portugal schätzt, ist im kleinen Laden von Karsten Kubin und Ruth Lindenblatt goldrichtig. Seit 1986 bietet die „Weingalerie" im „hinteren" Zipfel der Pestalozzistraße die größte Auswahl an Portugiesen in Berlin an: 600 Gewächse, alle selbst importiert, darunter viele Weine aus

autochthonen Rebsorten, aber auch wunderbare Cuvées. Ziel ist es, die Kunst und Arbeit der jungen Generation von portugiesischen Winzern und Önologen in Deutschland bekanntzumachen. Darüber hinaus im Angebot: Espumante, Aguardente, Dessertweine, Port, Madeira, Moscatel de Setubal.
Anzahl der Weine: 600
Weitere Angebote: Flor de Sal, Kaffee, Olivenöl, Weinproben, Weinseminare

BRANDENBURG

Brandenburg an der Havel

Belmondo – Der Weinladen

OT Neustadt, Molkenmarkt 33, PLZ 14776
Tel. 03381-22 35 37
www.belmondo-brb.de
Mo-Fr 9.30-18 Uhr, Sa 9.30-13 Uhr EC
Am Neustädter Molkenmarkt, heute öffentlicher Parkplatz, ist das gelbfarbene Häuschen nicht zu übersehen. Überraschend breit gefächert, wenn auch oft nur von wenigen Flaschen unterlegt, ist das Angebot, Weine aus Spanien (Rioja), Südafrika, Argentinien (Malbec), aber auch eine Karsdorfer Hohe Gräte (Saale-Unstrut), sowie aus Italien z. B. ein Dolcetto der Tenuta Montadella oder der Chianti von Antinori – auch preislich akzeptabel. Tipp: 2005er Cuvée „Il Bruciato" der Tenuta Guado al Tasso, Bolgheri (Toskana), und 2008er Nebbiolo d'Alba Marenco, Novello (Piemont). Außerdem gibt's Pasta, Süßwaren, Aceto balsamico – und der Cappuccino schmeckt.
Anzahl der Weine: 200
Weitere Angebote: Espresso, Pasta, Süßwaren, Weinproben, Weinseminare

Neuruppin

Weinhaus am Neuen Markt

Kommissionsstr. 17, PLZ 16816
Tel. 03391-65 11 01
www.weinhausamneuenmarkt.de
Mo-Sa 10-24 Uhr, So 12-24 und 17-24 Uhr
EC MASTER VISA

Rund 1000 verschiedene Tropfen hält Yvonne Krause für ihre Kunden im Norden von Brandenburg bereit. Laden, Bar und Bistro sind in einem stilvoll restaurierten Eckhaus direkt am Neuen Markt der Fontane-Stadt untergebracht. Alle wichtigen Weinländer Europas und in Übersee sind vertreten, bei den Weißen stehen deutsche Weine, vor allem aus der Pfalz und Rheinhessen, hoch im Kurs. Der Schwerpunkt liegt im mittleren Preissegment unter 20 Euro. Das Probierangebot wird durch geöffnete Flaschen aus dem Bistro kontinuierlich ergänzt. Ein bis zwei Weinproben im Monat
Anzahl der Weine: 1000
Weitere Angebote: Essig, Feinkost, Käse, Olivenöl, Schinken, Spirituosen, Weinproben, Weinseminare

Potsdam

SIEGER BRANDENBURG

In Vino

OT Nördliche Innenstadt
Dortustr. 61
PLZ 14467, Tel. 0331-280 05 01
www.in-vino-potsdam.de
Mo-Fr 10-19 Uhr, Sa 10-16 Uhr
Klein, aber fein: unser Sieger in Brandenburg. Seit 20 Jahren gibt's in dem Laden, der in einem Barockhaus liegt, die beste Weinauswahl in Brandenburg, mit Schwerpunkt Frankreich, Italien, Deutschland. Pünktlich zum Jubiläum (am 19. September 2012 wird groß gefeiert) haben André Zibolsky und Monika Lange die Qualitätsschraube noch ein Stück weitergedreht:

„In Vino", unser Sieger in Brandenburg, verfügt über die beste Auswahl des Landes

Alle neuen Gewächse, die ins Sortiment aufgenommen wurden und künftig aufgenommen werden, müssen, so die neue Richtlinie, aus biologischem Weinbau kommen.
Anzahl der Weine: 350
Weitere Angebote: Öl, Pasteten, Rohmilchkäse aus Frankreich, Salami, Schinken, Weinproben, Weinseminare

Massimo 18

Innenstadt, Mittelstr. 18, PLZ 14467
Tel. 0331-81 71 89 83
www.massimo18.de
Di-Do 17-24 Uhr, Fr-Sa 12-24 Uhr
EC MASTER VISA
Schon vor der Wende besaß Maximilian Dreier ein Weingeschäft in Berlin. Dann führte er die „Villa Kellermann" in Potsdam, jetzt ist der Teilhaber des italienischen Restaurants „Massimo 18" im schön renovierten Holländerhaus von 1740 mit Enoteca und Weinverkauf. Die Kontakte sind geblieben – und weiterhin selbst importiert wird Exzellentes aus Venetien, der Toskana, dem Piemont. Mitgezogen sind auch einige der Raritäten, wie der 1995er Barolo Cru Gaterra von Silvio Grasso und der 1998er Sagrantino 25 anni von Caprai, auch seltene Gewächse von Michele Satta und Graziano Pra. Spaß macht auch die Beratung durch Weinexperte Antonio Duvinage. Weiteres Plus: Eingekauft werden kann bis spät in die Nacht.
Anzahl der Weine: 150
Weitere Angebote: Antipasti, Essig, Feinkost, Käse, Olivenöl, Pasta, Pesto, Salami, Schinken, Weinproben

Uckerfelde

Weinhandlung C. Soyeaux

OT Bertikow, Hauptstr. 5, PLZ 17291
Tel. 039858-292
www.wein-und-sekt.de
Mo-Do, Sa 10-16 Uhr, Fr 10-19 Uhr
Baskenmütze, Schnurrbart und der Name, das kann nur ein in die Uckermark verirrter Franzose sein. Tatsächlich, doch die hugenottischen Vorfahren von Christian Soyeaux sind schon vor mehr als 300 Jahren nach Preußen eingewandert. In dem in ländlichem Idyll gelegenen kleinen und halb in die Erde gebauten Weinlager herrschen sommers wie winters rund 17 Grad: Gut für die rund 300 Weine vor allem aus Deutschland und den europäischen Weinregionen, die der Patron direkt von den Erzeugern bezieht. Je eine Frühjahrs- und Herbstweinprobe sowie Verkostungen auf Anfrage.
Anzahl der Weine: 300
Weitere Angebote: Essig, Obstbrände, Olivenöl, Pasta, regionale Landprodukte, Salz, Zigarren, Weinproben, Weinseminare

Entspannt im Hier und Jetzt: Christian Soyeaux in seiner Weinhandlung

BREMEN

Bremen

Bremer Ratskeller Hauptgeschäft

Altstadt, Schoppensteel 1, PLZ 28195
Tel. 0421-33 77 88
www.ratskeller.de
Mo-Fr 9-18 Uhr, Sa 9.30-15 Uhr
AmEx EC MASTER VISA
Selbst die vertäfelte Wein-Schatzkammer des Stadtverkaufs am Dom atmet Geschichte. Ratskellermeister Karl-Josef Krötz bietet

ausschließlich deutsche Weine, dies allerdings zahlreich von trocken bis lieblich und seit 2003 inklusive des Erdener Treppchens, so heißt der eigene Weinberg an der Mittelmosel. Als Mitbringsel eignet sich der Stadtmusikanten-Sekt.
Anzahl der Weine: 1200
Weitere Angebote: Brände, Schokolade, Trüffel, Weinaccessoires, Weingelee, Weinproben, Weinseminare

Weinhandelshaus Brinkmann
OT Vegesack, Lindenstr. 72, PLZ 28755
Tel. 0421-66 69 71
Mo-Fr 8-18 Uhr, Sa 8-13 Uhr EC
Durch den kleinen Vegesacker Laden mit Schokoladen, Pralinen, Kaffee und Konfitüren geht es bei Ulrike Brinkmann zu den Schätzen im Weinkeller. Das Lager ist im Gegensatz zum Geschäft auch samstagvormittags geöffnet: Hier gibt es etwa einen Montepulciano d'Abruzzo von Marina Cvetic und Gianni Masciarelli für etwas mehr als 20 Euro oder einen 2007er Piemonteser Dolcetto d'Alba von Boglietti (um 15 Euro). Bei guten Bordeaux kennt sich Ulrike Brinkmann ebenso aus wie in allen Lagen zwischen Rheingau und Saale. Allerlei mediterrane und deutsche Feinkost, Filiale in Lüneburg.
Anzahl der Weine: 600
Weitere Angebote: Balsamico, Grappa, Konfitüre, Oliven, Olivenöl, Pralinen, Schokolade, Sherry, Whisky, Weinproben, Weinseminare

Cava Tappi
OT Lesum, An der Lesumer Kirche 6
PLZ 28717, Tel. 0421-620 74 98
www.cavatappi-weinhandel.de
Di-Do 10-13 und 15-18.30 Uhr,
Fr 9-19 Uhr, Sa 9.30-13 Uhr EC
In einem der ältesten Fachwerkhäuser am Lesumer Marktplatz bietet Axel Kück seit 1999 Weine aus Deutschland, Italien, Spanien, Portugal und Frankreich an. Sein Credo hängt an der Tür: „Das Leben ist zu kurz, um billige Weine zu trinken." So legt er Wert auf handwerklich gut Gemachtes, etwa den 2010er Leuchtenberg Vernatsch vom Kalterersee oder einen 2010er Rheingau-Riesling von Peter Jakob Kühn. Außerdem im Sortiment: Bouvet-Ladubay von der Loire, Conde de Valdemar aus der Rioja und Heredale dos Lagos aus Alentejo. Es liegen auch Bioweine in den Holzregalen, etwa der sizilianische Syrah „La Clarissa" von Cantine Rallo.
Anzahl der Weine: 150
Weitere Angebote: Brände, Espresso, Gebäck, Olivenöl, Pasta, Saucen, Weinproben, Weinseminare

Grashoffs Wein & Delikatessen
Innenstadt, Contrescarpe 80, PLZ 28195
Tel. 0421-147 49
www.grashoff.de
Mo-Fr 10-18.30 Uhr, Sa 9.30-16 Uhr
AmEx DINERS EC MASTER VISA
Bremens gediegene Adresse für alle, die ein Faible für namhafte Châteaux, Domaines und Delikatessen haben. Wer es nicht abwarten kann, erfrischt sich mit einem Glas Champagner oder Prosecco und wird im Bistro zuvorkommend bedient. Die großen Weine Frankreichs liegen hier in deckenhohen Regalen, ob Haut-Brion und Latour. Ausgefallene Wünsche erfüllt Familie Schmidt auch in Sachen Cognac, Port und Madeira, etwa einen 1900er Moscatel D'Oliveiras für 775 Euro.
Anzahl der Weine: 600
Weitere Angebote: angeschlossenes Feinkostgeschäft mit exquisitem Sortiment (über 1300 Artikel), Weinproben, Weinseminare

Gute Weine Christoph Janssen
OT Ostertor, Ostertorsteinweg 34-35
PLZ 28203, Tel. 0421-794 82 88
www.guteweine-bremen.de
Mo-Fr 11-19 Uhr, Sa 10-15 Uhr MASTER
„Christoph Janssen" hat schon mehrmals als bester Weinladen Bremens gepunktet. Wohl sortiert präsentiert er eine Auswahl von 1800 Weinen aus der ganzen Welt, die jedem Anlass gerecht werden. Dazu gehören Bordeaux-Subskriptionen und erste Gewächse von Mouton Rothschild oder Latour

Große Auswahl, große Weine, darauf legt der Inhaber Wert: „Gute Weine Christoph Janssen"

ebenso wie eine gute Auswahl von Flaschen unter 10 Euro, etwa ein Dão Álvaro Castro aus Portugal oder Viña 105 Cigales von Bodegas Telmo Rodriguez. Die Beratung ist kenntnisreich, ganz gleich, ob es um autochthone Reben oder legendäre Weine geht.
Anzahl der Weine: 1800
Weitere Angebote: Olivenöl, Weinaccessoires, Weinproben, Weinseminare

Weinhandel im Fedelhören

OT Ostertor, Fedelhören 105, PLZ 28203
Tel. 0421-32 58 30
www.weinbremen.de
Mo-Do 11-13.30 und 15-18.30 Uhr, Fr 10-18.30 Uhr, Sa 10-14 Uhr EC
Eine echte Wunderkammer ist die kleine Straße Fedelhören mit ihrem Mix aus Antiquitätenläden, Auktionshäusern sowie Design- und exquisiten Modeshops. Dazu passt der gut sortierte Weinhandel bestens, der die Schwerpunkte seiner rund 500 Weine in Europa setzt (Übersee: vornehmlich Chile). Gepflegt wird der intensive Austausch mit den Winzern, etwa mit dem Pfälzer Gerd Bernhart, der beim 2010er Rivaner „1.0" in eine exklusive Sonderabfüllung mündete. In dem hellen Laden findet sich auch ein günstiger 2009er Château Haut de Puy aus dem Haut-Médoc. Stammkunden zeichnen regelmäßig Bordeaux-Subskriptionen.
Anzahl der Weine: 500
Weitere Angebote: Fischkonserven, Olivenöl, Pasta, Saucen, Terrinen, Weinproben, Weinseminare

Julius Kalbhenn

Innenstadt, Schüsselkorb 12, PLZ 28195
Tel. 0421-32 60 62
www.kalbhenn.de
Mo-Fr 9.30-18.30 Uhr, Sa 10-14.30 Uhr
AmEx EC MASTER VISA
Hinter Fenstern mit blauen Markisen werden hier Weine aus zwölf Ländern der Alten und Neuen Welt freundlich und ansprechend präsentiert, etwa ein St-Émilion-Grand Cru classé von Château Fonplégade für 30 Euro. Weiteres Angebot: Werder-Bremen-Sekt, Whisky und Brände sowie einige mediterrane Spezialitäten.
Anzahl der Weine: 1000
Weitere Angebote: Fachliteratur, Spirituosen, Weinzubehör, Whisky, Weinproben, Weinseminare

Kiek Rin

OT Steintor, Vor dem Steintor 158-160
PLZ 28203, Tel. 0421-721 16
www.kiekrin.eu
Mo-Fr 10-19 Uhr, Sa 10-16 Uhr EC
Der Name ist Programm: Im Internet studieren, aber bitte zum Probieren hereinschauen (plattdeutsch: kiek rin) und sich jenseits aller bekannten Provenienzen verführen lassen, vielleicht zu einem samtigen Brasilianer wie dem 2009er Cabernet Sauvignon „Lovara". Persönliche Beratung und Geschichten zu den oftmals kleinen Weingütern (oft Bio-Erzeuger) gibt's gratis.
Etwa 450 Weine aus der Neuen oder Alten Welt, etwa einen Gutedel aus dem badischen Markgräflerland von Büchin oder einen Amarone von Giuseppe Campagnole aus dem Veneto. Weinproben finden mitunter auch auf einem Schiff statt.
Anzahl der Weine: 450

Weitere Angebote: Feinkost, Olivenöl, Schokolade, Spirituosen, Weinproben, Weinseminare

SIEGER BREMEN

Weinlager Speicher 1 – Ludwig von Kapff

OT Handelshäfen
Konsul-Smidt-Str. 8 H
PLZ 28217, Tel. 0421-399 43 23
www.ludwig-von-kapff.de
Mo-Fr 10-18 Uhr, Sa 10-15 Uhr
EC MASTER VISA

Sieger in Bremen ist das „Weinlager Speicher 1 – Ludwig von Kapff"

Sieger in Bremen: In der großzügigen Loft-Atmosphäre des Speichers 1 bietet der traditionsreiche hanseatische Weinhandel Ludwig von Kapff, der seit 2005 zu „Eggers & Franke" zählt, auf etwa 400 Quadratmetern gut sortiert rund 1000 Weine aus aller Welt. Alljährliche Bordeaux-Subskriptionen auf Spitzengewächse und monatliche Weinproben gehören hier ebenso zum Standardprogramm wie Bioweine. Doch es findet sich auch Gutes und Günstiges: etwa ein Riesling Rüdesheimer Kirchenpfad aus dem Hause Leitz oder ein 2007er Nipozzano Riserva von Marchesi de' Frescobaldi.
Anzahl der Weine: 1000
Weitere Angebote: Kaffee, Olivenöl, Weinproben, Weinseminare

Topaz

Innenstadt, Langenstr. 2-4, PLZ 28195
Tel. 0421-776 25
www.topaz-bremen.de
Mo-Fr 11-23 Uhr, Sa 11-16 Uhr
AmEx EC MASTER VISA

Im Bremer Kontorhaus am Markt bot das Restaurant „Topaz" schon immer neben guter Küche auch erstklassige Weine zum Mitnehmen, wie etwa wohlklingende Namen aus der Alten Welt wie Ducru-Beaucaillou oder aus der Neuen Welt wie Penfolds. Seit Sommer wird mit der gegenüberliegenden Weinbar „Malbec" kooperiert, in der es außer leckeren Tapas ebenfalls Weine aus Europa und Übersee für den heimischen Weinkeller gibt.
Anzahl der Weine: 250
Weitere Angebote: Confits, Essig, Feinkost, Öl, Weinproben, Weinseminare

VivoLoVin

OT Neustadt, Duckwitzstr. 54-56
PLZ 28199, Tel. 0421-518 02 10
www.vivolovin.de
Di-Fr 15-19 Uhr, Sa 10-14 Uhr
AmEx DINERS EC MASTER VISA

Von den Hunderten leeren Weinkisten an der Ausfallstraße darf man sich nicht abschrecken lassen, wenn man bei „VivoLoVin" kaufen will. Reine Weine im Mehrwegsystem lautet das Motto. In der geräumigen Lagerhalle nahe dem Bremer Flughafen gibt's seit 20 Jahren ausschließlich direkt importierte Weine aus zertifizierten Biobetrieben, vor allem aus Deutschland, Italien, Frankreich, Spanien und Österreich, aber auch aus Übersee (Australien, Argentinien). Das Gros der angebotenen Weine liegt unter 10 Euro, es gibt aber auch hochpreisige Bordeaux und Barolos. Freundliche, unkomplizierte Beratung, Probiermöglichkeit.
Anzahl der Weine: 400
Weitere Angebote: Cidre, Cognac, Grappa, Brände, Olivenöl, Weinproben, Weinseminare

Bremerhaven

Karl Lorenzen Wein & Spirituosen

OT Lehe, Rickmersstr. 19, PLZ 27568
Tel. 0471-951 24 24
www.karl-lorenzen.de

Mo-Do 9-13 und 15-18 Uhr, Fr 9-18 Uhr
AmEx DINERS EC MASTER VISA
Das schlichte Haus der Weinhandlung „Karl Lorenzen" lässt kaum vermuten, dass hier ein ebenso ansprechendes wie umfangreiches Flaschensortiment aus aller Welt zu finden ist, das vom 2001er Château Palmer für stolze 185 Euro bis zum Hohenhaslacher Kirchberg, die Viertelflasche für 2,40 Euro, freundlich angeboten wird. Vin Santo ebenso wie ein Fetzer Chardonnay, ein Cabernet Sauvignon oder Shiraz von Oxford Landing Yalumba. Begehrt als Mitbringsel ist eine beerige Pfälzer Rotwein-Cuvée mit dem Simon-Losch-Turm, Bremerhavens Wahrzeichen, in Gold auf dem Etikett. Außerdem gibt's Brände, Rum, Whisky in allen Preisklassen.
Anzahl der Weine: 500
Weitere Angebote: Feinkost, Spirituosen, Weinproben, Weinseminare

HAMBURG

Hamburg

Alsterhaus Weinabteilung
OT Neustadt, Jungfernstieg 16, PLZ 20354
Tel. 040-35 90 11 83
www.alsterhaus.de
Mo-Sa 10-20 Uhr
AmEx DINERS EC MASTER VISA

Premiumweine im Hamburger Premiumkaufhaus: „Alsterhaus Weinabteilung"

Wer nicht an den Delikatessen- und Champagnerständen der Feinkostetage hängenbleibt, gelangt in die großzügige Weinabteilung des Hamburger Premiumkaufhauses. Übersichtlich nach Ländern gestaltet, sind hier alle Weinregionen Deutschlands sowie die wichtigsten aus den Anbaugebieten Europas und aus Übersee präsent. Im „Raritätenkabinett" warten ein opulentes Angebot an Champagner sowie Bordeaux-Weine in Klimaschränken auf zahlungskräftige Genießer. Qualifizierte Beratung, Weinproben und Seminare auf Anfrage.
Anzahl der Weine: 900
Weitere Angebote: Feinkost, Weinproben, Weinseminare

Andresen
OT Winterhude, Poelchaukamp 8
PLZ 22301, Tel. 040-27 28 17
www.andresen-weine.de
Mo-Fr 11-19.30 Uhr, Sa 10-16 Uhr
EC MASTER VISA
Im großen, stilsicheren Laden in Winterhude haben knapp 800 Weine Platz. Weiter im Aufwind sind Rieslinge und andere Weißweine aus Deutschland, stark bleiben die Italiener, vor allem aus dem Piemont, sowie die Franzosen aus dem Süden des Landes. Bernd Andresen gehört in Hamburg zu den besten Kennern des Burgund und seiner Anbaugebiete. Außerdem: Spirituosen, darunter eine exzellente Auswahl von Single Malts vor allem kleiner Destillen. Im Humidor lagern erlesene Havannas.
Anzahl der Weine: 800
Weitere Angebote: Brände, Cognac, Whisky (100 Sorten)

Andronaco
OT Billbrook, Halskestr. 48, PLZ 22113
Tel. 040-78 08 13 51
www.andronacoshop.de
Mo-Fr 9-19 Uhr, Sa 9-18 Uhr
AmEx DINERS EC MASTER VISA
Vor knapp 30 Jahren fing Vincenzo Andronaco mit einem Stand für italienisches Obst und Gemüse an, inzwischen ist er mit mehreren Filialen und einem Angebot von 1300

H

italienischen Weinen aus fast allen Weinanbaugebieten Deutschlands größter Händler für italienische Weine. Das breite Angebot reicht vom ordentlichen Tafelwein aus Kampanien bis zum exquisiten Barolo aus dem Piemont. Regelmäßige Weinproben. Filialen hat „Andronaco" in Hamburg-Bahrenfeld, Bielefeld, Dortmund, Köln, Lübeck, Osnabrück, Ratingen und Wolfsburg.
Anzahl der Weine: 1300
Weitere Angebote: Feinkost aus Italien, Gebäck, Grappa, Käse, Olivenöl, Pasta, Saucen, Wurst, Weinproben

Castel Cosimo

OT Hammerbrook, Heidenkampsweg 84
PLZ 20097, Tel. 040-23 44 43
www.castelcosimo.de
Mo-Mi 15-18.30 Uhr, Do 15-19 Uhr,
Fr 11-18.30 Uhr, Sa 10-15 Uhr EC
Der Name verrät den Schwerpunkt des Angebots: Das Weinland Italien ist mit all seinen bekannten Anbaugebieten, besonders stark mit der Toskana, dem Friaul und dem Piemont, vertreten. Alle Weine bis zu einem Preis von 12,50 Euro werden für einen Probeschluck geöffnet. Dem Discounterambiente mit gestapelten Kartons und großen Preisschildern entsprechen die vergleichsweise günstigen Preise. „Castel Cosimo" setzt dabei auf Direktimporte sowie auf bislang unbekanntere Produzenten. In letzter Zeit haben sich zu den Italienern einige spanische Tropfen aus Kastilien, Galicien, dem Rioja und Katalonien gesellt. Weitere Angebote: Veranstaltungen, die einzelne Regionen Italiens kulinarisch vorstellen. Vier Filialen in Hamburg.
Anzahl der Weine: 250
Weitere Angebote: Feinkost aus Italien, Essig, Kaffee, Nüsse, Olivenöl, Pasta, Reis, Spirituosen, Weinproben, Weinseminare

Euro Wein Kontor

OT St. Georg, Danziger Str. 37-39
PLZ 20099, Tel. 040-49 22 26 00
www.euroweinkontor.de
Mo-Fr 11.30-19 Uhr, Sa 10-16 Uhr
EC VISA
Olaf Nöller beschränkt sich in seinem hellen Laden ganz auf europäische Anbaugebiete. Tropfen aus Frankreich bilden den Kern seines Angebots, vor allem aus dem Bordeaux. Aber auch charaktervolle Weine aus Deutschland, Spanien und Italien sind bestens vertreten. Regelmäßige Weinproben und Weinseminare zu einzelnen Trauben oder Anbaugebieten. Großes Angebot an Schaumweinen.
Anzahl der Weine: 600
Weitere Angebote: Weinproben, Weinseminare

FrischeParadies Goedeken

OT Altona, Große Elbstr. 210
PLZ 22767
Tel. 040-38 90 82 15
www.frischeparadies.de
Mo-Fr 9-19 Uhr, Sa 9-16 Uhr
EC MASTER VISA
Frisch sind hier vor allem Meerestiere, Geflügel und Fleisch, die in einzelnen Abteilungen verkauft werden. Aber auch das Angebot an Weinen kann sich sehen lassen. Knapp 400 verschiedene Tropfen lagern in Regalen und im Keller, die gleiche Menge kann aus dem Sortiment schnell geordert werden. Ein Schwerpunkt liegt auf deutschen Weißweinen, mit breitgefächerter Auswahl der besten heimischen Winzer, die, wie Holger Koch vom Kaiserstuhl, zunehmend auch mit exzellenten Roten vertreten sind. Außerdem gibt es ein großes Programm aus den wichtigsten Anbaugebieten Europas (Frankreich, Spanien, Italien), auch von kleineren Boutique-Weingütern. Freundliche, kompetente Beratung. Monatlich mehrere Veranstaltungen zu Lebensmittelprodukten und deren Zubereitung. Regelmäßige Weinproben.
Anzahl der Weine: 800
Weitere Angebote: Feinkost, Weinproben

Weinhaus Gröhl

OT Harvestehude, Eppendorfer Baum 7
PLZ 20249, Tel. 040-47 47 17
www.weinhaus-groehl.de
Mo-Fr 9.30-19 Uhr, Sa 9.30-18 Uhr
AmEx EC MASTER VISA

Der profund ausgebildete Service kann zu jedem der rund 1200 hier vertretenen Gewächse aus Europa und Übersee souverän beraten. Große Auswahl deutscher Weine, umfangreiches Angebot von Franzosen, vom preisgünstigen Landwein bis zu den Châteaux. Umfangreiches Sortiment an Champagner und anderen Schaumweinen. Regelmäßige Weinseminare.
Anzahl der Weine: 1200
Weitere Angebote: Weinproben, Weinseminare

Guter Wein
OT Eppendorf, Kellinghusenstr. 15
PLZ 20249, Tel. 040-42 91 38 55
www.guter-wein-hamburg.de
Di-Fr 15-20 Uhr, Sa 10-16 Uhr EC

„Guter Wein"-Inhaber Torsten Tesch organisiert auch Weinreisen

Weinverkauf sowie Seminare und Weinproben bilden die beiden Säulen im Angebot von Torsten Tesch. Gut 400 Weine, vor allem aus den wichtigsten europäischen Anbauregionen, stehen in seinem nagelneuen Laden in der Eppendorfer Kellinghusenstraße. Rieslinge aus Deutschland sind stark vertreten, daneben eine gute Auswahl von Côtes du Rhône und anderen Franzosen, Gewächsen aus Italien, Spanien und einigen aus Übersee – alles Direktimporte. Einiges kann im Laden probiert werden. Sehr ansehnliches Seminarprogramm zum Weinwissen, zu unterschiedlichen Anbaugebieten und Traubensorten. „Klönschnack" mit Wein und Käse, immer dienstags 18 Uhr. Mehrere Weinreisen im Jahr mit Weingüter-Besuch.
Anzahl der Weine: 400
Weitere Angebote: Weinproben, Weinseminare

Hanseaten Select – Helmut Brede
OT Klostertor, Oberhafenstr. 1, PLZ 20097
Tel. 040-32 67 54
www.hanseaten-select.de
Mo-Fr 8-18 Uhr AmEx EC MASTER VISA
Der neue Laden in der Oberhafenstraße am Rande der Hafencity ist mittlerweile vier Jahre alt. Hier hat Mike Brede mit seinem reichhaltigen Angebot nicht nur den nötigen Platz, sondern sogar Parkplätze vor der Tür. Doch viele Kunden nutzen ohnehin seinen Lieferservice und bestellen gleich mehr als eine Flasche. Von denen hat er etwa 1200 verschiedene im Angebot. Seine Vielfalt an Bordeaux-Weinen, auch von namhaften Châteaux, ist beeindruckend. Außerdem gibt's eine breite Produktpalette an südafrikanischen Weinen.
Anzahl der Weine: 1200
Weitere Angebote: Accessoires, Confiserie, Feinkost, Spirituosen, Weinproben, Weinseminare

In Vino Veritas
OT Ottensen, Holländische Reihe 53
PLZ 22765, Tel. 040-39 90 49 50
www.wichmannweine.de
Di, Do-Fr 11.30-19 Uhr, Sa 10-14 Uhr EC
Für Oliver Wichmann liegt die Wahrheit im deutschen Wein. Die Kunden finden in seinem verwinkelten Ladengeschäft alle deutschen Anbaugebiete. Die meisten seiner Flaschen stammen von kleinen, ihm bekannten Winzern, bei denen jedoch noch kein überregionaler Ruhm die Preise durch die Decke getrieben hat. Die Weine der Bickensohler Winzergenossenschaft vom Kaiserstuhl ge-

hören dazu oder auch die guten Tropfen vom Weingut Zelt aus der Pfalz.
Anzahl der Weine: 270
Weitere Angebote: Essig, Gläser, Spirituosen, Weinproben, Weinseminare

Jacques' Wein-Depot

OT Osdorf, Osdorfer Landstr. 239
PLZ 22549, Tel. 040-800 22 16
www.jacques.de
Mo-Fr 13-20 Uhr, Sa 10-16 Uhr EC

Filialen und Franchisebetriebe von „Jacques' Wein-Depot" sind über ganz Deutschland verstreut. Alle mit gleichem Angebot und gleicher Präsentation. Das von Peter Irvine geführte Geschäft in Hamburg-Osdorf gehört mit seiner agilen und kenntnisreichen Beratung sowie seinem umfangreichen Angebot an weiteren Produkten zu den Flaggschiffen der Weinhandelskette. Jeder der 250 meist günstigen und mittelpreisigen Weine aus aller Welt wird für einen Probeschluck entkorkt. Sieben Filialen in Hamburg (Harvestehude, Eppendorf, Sternschanze, Hamm, Boberg, Wilsdorf, Neugraben-Fischbek).
Anzahl der Weine: 250
Weitere Angebote: Brot, Feinkost, Käse, Konfitüren, Salzgebäck, Schokolade, Weinproben, Weinseminare

La Vigna Weine

OT Eimsbüttel, Beim Schlump 10-12
PLZ 20144, Tel. 040-45 20 91
www.la-vigna-weine.de
Di-Fr 15-19 Uhr, Sa 10-14 Uhr
AmEx DINERS EC MASTER VISA

Inge Jensen kennt viele Winzer in Italien, Frankreich und Deutschland persönlich und kann deren Weine ihren Stammkunden, die sich seit Jahren von ihr beraten lassen, ausführlich empfehlen. In den Regalen des gut sortierten, aufgeräumten Geschäfts findet man manche Trouvaillen kleiner Weingüter, etwa von Paul Jaboulet-Âiné aus dem Rhône-Tal oder einen kräftigen Abbotts Turlite Minervois aus dem Languedoc. Im Keller lagern einige Schätze aus dem Bordeaux. Weinseminare für Gruppen.
Anzahl der Weine: 500
Weitere Angebote: Olivenöl, Weinaccessoires, Weinproben

Mezada

OT Rotherbaum, Rentzelstr. 13, PLZ 20146
Tel. 040-44 50 62 04
www.mezada.de
Mo-Do 14.30-18 Uhr, Fr 14.30-16 Uhr
EC MASTER VISA

Seit 2009 gibt es im früher jüdisch geprägten Grindelviertel Hamburgs wieder einen Laden für koschere Weine. Das „Mezada" führt mit 90 Weinen und Sekten aus Israel, Deutschland, Frankreich, Spanien, Italien, Portugal und den USA das bundesweit umfangreichste Angebot. Alle genügen den religiösen jüdischen Vorschriften. Auch kleiner Ausschank offener Weine.
Anzahl der Weine: 90

SIEGER HAMBURG

Mövenpick Weinkeller

OT Bahrenfeld, Theodorstr. 42 (Haus 11)
PLZ 22761, Tel. 040-89 12 04
www.moevenpick-wein.de
Mo-Fr 10-19 Uhr, Sa 10-16 Uhr
AmEx EC MASTER VISA

Ein breites Programm und ein tief gestaffeltes Preisangebot: Rund 1400 Gewächse zwischen vier und 1000 Euro pro Flasche lagern im weiträumigen „Weinkeller", zu dem man tatsächlich einige Stufen hinaufgehen muss. Raritäten finden sich in einem

Immense Auswahl in allen Preisklassen: „Mövenpick Weinkeller"

separaten „Schlösschen", durch ein Gitter gut geschützt. Kompetente Beratung, Weinproben, Weinmenüs und Seminare rund um Wein und Genuss.
Anzahl der Weine: 1400
Weitere Angebote: Essig, Feinkost, Olivenöl, Spirituosen, Weinzubehör, Weinproben, Weinseminare

Ravenborg pan y vino

OT Blankenese, Elbchaussee 520
PLZ 22587, Tel. 040-39 33 44
www.ravenborg.de
Mo-Mi, Fr 12-20 Uhr, Do 12-23 Uhr,
Sa 10-16 Uhr EC
Spanische Weine von Weingütern aus 36 spanischen Regionen – vom Garagenwein bis zu edlen Tropfen aus dem Priorat. Einige Weine kastilischer und galicischer Appella-

Das „Ravenborg pan y vino"-Team: Christian Sarb, Inhaber Dr. Thomas Ravenborg, Antonio Aguado (v. l.)

tionen importiert Thomas Ravenborg exklusiv in Deutschland. Im Angebot sind auch viele kleine Erzeuger, die alte autochthone Rebsorten vor dem Vergessen bewahren. Kundige Beratung. Immer donnerstags: Tapas-Abend mit delikaten Häppchen und begleitenden Weinen. Außerdem: Degustationen, geführte Weinmenüs, angeschlossener Galerieraum „La Misión".

Anzahl der Weine: 200
Weitere Angebote: Brände, Olivenöl, Schokolade, Schinken, Wurst, Weinproben, Weinseminare

Rindchen's Weinkontor

OT Uhlenhorst, Hofweg 62, PLZ 22085
Tel. 040-22 66 09 90
www.rindchen.de
Mo-Fr 11-20 Uhr, Sa 10-16 Uhr EC
Mehr als 500 Weine hat Gerd Rindchen in seinen Filialen präsent. Erzeugnisse bekannter Weingüter stehen neben Neuentdeckungen, meist vernünftig kalkuliert und mit „bestem Preis-Genuss-Verhältnis". Umfangreiches Angebot an deutschen Weinen, gefolgt von französischen und italienischen Tropfen sowie Spaniern. Mittelpreisige Weine überwiegen, dazu gibt's einige Raritäten aus dem Burgund oder der Toskana, regelmäßige Sonderangebote. Weinmesse „VinoRell" Ende Oktober in Hamburg, Seminare und Verkostungen. Rindchen betreibt fünf Filialen in Hamburg (Uhlenhorst, Eppendorf, Altona, Groß Flottbek, Sasel), weitere in Berlin, Frankfurt, München, Düsseldorf, Rellingen, Bönningstedt, Hittfeld.
Anzahl der Weine: 550
Weitere Angebote: Accessoires, Brände, Feinkost, Likör, Madeira, Port, Raritäten, Sherry, Weinproben, Weinseminare

Weinhaus Röhr

OT Blankenese, Blankeneser Landstr. 29
PLZ 22587, Tel. 040-86 33 41
www.weinhaus-röhr.de
Mo 15-19 Uhr, Di-Fr 10-13 und 15-19 Uhr,
Sa 10-14 Uhr EC MASTER VISA
Im Blankeneser Traditionsweinladen werden seit bald 40 Jahren gute Tropfen verkauft. Breites Angebot vor allem an deutschen und französischen Weinen, auch Raritäten. Das Sortiment aus Übersee spielt eine schwindende Rolle. Respektable Auswahl an Bränden und Portwein. Veranstaltungen sowie humorvolle kulinarische Weinproben im eigenen Restaurant „Rudolph" gleich nebenan.
Anzahl der Weine: 500
Weitere Angebote: Weinproben, Weinseminare

H

Scarpovino
OT St. Pauli, Susannenstr. 29, PLZ 20357
Tel. 040-439 00 43
www.scarpovino.de
Mo-Fr 10-19 Uhr, Sa 10-17 Uhr
EC MASTER VISA

Als einer der ersten Kombiläden in Hamburg gestartet, macht sich „Scarpovino" im Schanzenviertel mit seinem Angebot an Designerschuhen und dank eines solide kalkulierten Sortiments von rund 600 Weinen, meist im mittelpreisigen Segment, einen

Witzige Kombi von Designerschuhen und guten Weinen: „Scarpovino"

Namen. Inhaber Hermann Dreyer stammt aus Kaiserslautern, die gut repräsentierten Pfälzer Weingüter kennt er alle persönlich. Die meisten Weine, darunter eine respektable Zahl von Italienern, Franzosen, Spaniern und aus der Neuen Welt werden direkt importiert. In der Eppendorfer Landstraße 87 betreibt er eine Filiale.
Anzahl der Weine: 600
Weitere Angebote: Essig, Feinkost, Olivenöl, Weinproben, Weinseminare

Weinhaus Stratmann
OT Barmbek, Saarlandstr. 23, PLZ 22303
Tel. 040-28 78 19 66,
www.weinhaus-stratmann.de
Mo-Fr 10-19 Uhr, Sa 10-14 Uhr EC

So wie sich der Charakter des früheren Arbeiterviertels Jarrestadt durch den Zuzug vieler junger Leute ändert, passt sich auch das Angebot des Weinhauses den Gegebenheiten an. Deutsche Weißweine und italienische Rote legen zu, nicht nur im günstigen Preissegment. Weiterhin stark vertreten: französische Rotweine aus dem Süden, von Côtes du Rhône bis zum Bordeaux. Sechs weitere Filialen (Hamburg-City, Hamburg-Blankenese, Zeven, Buxtehude, Stade, Uetersen). Nachdem der Weinimporteur und -händler „Eggers & Franke" 2011 das „Weinhaus Stratmann" gekauft hat, haben die Weingeschäfte ab sofort einen Zugriff auf rund 3000 Weine aus aller Welt. Im integrierten Bistro „Goldstück" kann man gekaufte Flaschen für ein Korkgeld gleich austrinken.
Anzahl der Weine: 800
Weitere Angebote: Cognac, Feinkost, Geschirr, Grappa, Malt Whisky, Obstbrände, Olivenöl, Sherry, Tischwäsche, Weinproben, Weinseminare

Weinkontor Tobias Strauch
OT Neustadt, Wexstr. 35, PLZ 20355
Tel. 040-43 25 01 52
www.messwein.de
Mo-Fr 12-20 Uhr, Sa 10-16 Uhr
AmEx EC MASTER VISA

Profunde Beratung und ein Angebot von gut 700 Weinen machen das „Weinkontor" in der Neustadt zu einer beliebten Anlaufstelle für Genießer. Viele Weine kleinerer Winzer vor allem aus Deutschland, Spanien, Frankreich und Italien sind dabei, aber auch bekannte Namen, wie Mas Martinet aus Spanien, die Rieslinge vom Gut Hermannsberg an der Nahe, Bassermann-Jordan oder Künstler. Eine faire Geste: Sollte ein gekaufter Wein korkig schmecken, tauscht das „Weinkontor" ihn ohne Weiteres gegen eine Ersatzflasche aus. Nach der Sanierung

des Altbaus in der Turnerstraße 16 wird Tobias Strauch auch seinen „Weinhimmel Mess" im Karolinenviertel wieder eröffnen.
Anzahl der Weine: 700
Weitere Angebote: Feinkost, Pralinen, Olivenöl, Schokolade, Weinproben, Weinseminare

Vineyard

OT Eimsbüttel, Osterstr. 92, PLZ 20259
Tel. 040-43 21 32 30
www.vinyard-weinhandel.de
Mo-Fr 10-19 Uhr, Sa 10-14.30 Uhr EC
Die nachhaltig angebauten Weine vieler kleiner Weingüter bilden den Kern des Angebots, das Privat- und Gastronomiekunden

„Vineyard"-Inhaberin Elke Berner setzt auf nachhaltig angebaute Weine

gleichermaßen schätzen. Die Weine stammen aus den Hauptanbauländern Europas, aber auch aus Kalifornien, Südamerika, Südafrika und Australien. Regelmäßige Winzerabende und Veranstaltungen, zum Beispiel zur Beziehung von Schokolade oder Käse zu Wein und anderen Themen.
Anzahl der Weine: 300
Weitere Angebote: Balsamico, Feigensenf, Hibiskusblüten, Olivenöle, Weinproben, Weinseminare

Christoph von Have von der „Weinkellerei" mit „Hamburger Rotspon"

Weinkellerei Heinrich von Have

OT Bergedorf, Sachsentor 32, PLZ 21029
Tel. 040-725 40 10
www.vonhave.de
Mo-Fr 10-19 Uhr, Sa 9.30-18 und 9.30-16 Uhr EC
Bereits seit 1886 und in der fünften Generation sind Mitglieder der Familie von Have im Weinhandel aktiv. In großzügigen, dekorativen Räumen direkt an der Fußgängerzone in Hamburg-Bergedorf lagern mehr als 400 verschiedene Weine, darunter viele aus französischen und deutschen Landen. Ungewöhnlich: ein Bordeaux vom Weingut Château La Bataille, den von Have komplett importiert und der in seinem Barrique-Lager ruht, wird erst im hohen Norden als „Hamburger Rotspon" in Flaschen mit städtischem Wappen abgefüllt. Eigene Likörproduktion.
Anzahl der Weine: 400
Weitere Angebote: Essig, Gewürze, Olivenöl, Pralinen, Schokolade, Spirituosen (international und eigene Herstellung), Whisky, Weinproben, Weinseminare

Sonntags gibt's Livemusik im Industrieambiente der Weinhandlung „Waterfront"

Weinland Waterfront

OT Altona, Große Elbstr. 146, PLZ 22767
Tel. 040-279 40 79
www.weinlandhamburg.de
Mo-Mi 12-19 Uhr, Do-So 12-22 Uhr
AmEx DINERS EC MASTER VISA

Wo an der Hafenmeile früher Rettungsboote zusammengeschweißt wurden, machen Ralf Bochinski und sein Team heute in urigem Industrieambiente Weinflaschen auf. 400 verschiedene Tropfen, viele aus Italien, aber auch aus Deutschland, Frankreich, Spanien und Übersee sind im Angebot, eine Reihe von ihnen exklusiv importiert. Gute Champagnerauswahl. Donnerstag und Sonntag gibt's Livemusik, Bistroküche, Degustationen, Spirituosen mit beeindruckender Auswahl an Grappas.
Anzahl der Weine: 400
Weitere Angebote: Balsamico, Kaffee, Olivenöl, Schokolade, Weinproben

Wein Outlet

OT Ottensen, Stresemannstr. 375
PLZ 22761, Tel. 040-89 01 90 41
www.wein-outlet.de
Mo-Fr 10-20 Uhr, Sa 10-16 Uhr
AmEx DINERS EC MASTER VISA

In den gestapelten Kartons und auf den Regalen im dekorativen Ambiente einer früheren Fabrikhalle lagern mehr als 600 Weine, ein Viertel davon aus deutschen Anbaugebieten. Weitere Schwerpunkte sind Spanien, Italien und Übersee. Jeder kann im Angebot stöbern oder wird, auf Wunsch, fachkundig beraten. Das Prinzip: gute Qualität zu günstigen Preisen. Das Sortiment „hochwertige Gewächse" im verschlossenem Kabinett.
Anzahl der Weine: 650
Weitere Angebote: Grappas, Likör, Olivenöl, Portwein, Whisky

Weinhaus am Stadtrand

OT Langenhorn, Tangstedter Landstr. 22
PLZ 22415, Tel. 040-531 63 47
www.lehmitz.de
Mo-Fr 9-18.30 Uhr, Sa 9-14 Uhr EC

Rund 900 verschiedene Weine haben Platz in dem lichten Neubau, nicht weit vom Einkaufszentrum und der U-Bahn-Station Langenhorner Markt. Viele deutsche Tropfen sind darunter, Weine aus dem Bordelais und eine beachtliche Auswahl an alten Ports und Madeira. Weinevents, etwa eine „Herbstweinbörse" mit Verkostung oder Whisky-Tastings, dazu Weinseminare zu Basiswissen oder Sensorik. Filiale in Norderstedt.
Anzahl der Weine: 900
Weitere Angebote: Essig, Feinkost, Öl, Schokoladenspezialitäten, Spirituosen, Trüffelpralinen, Winzerbrände, Whisky, Weinproben, Weinseminare

Weinquelle Lühmann

OT Hohenfelde, Lübecker Str. 145
PLZ 22087, Tel. 040-25 63 91
www.weinquelle.com
Mo-Fr 9-18.30 Uhr, Sa 9-13 Uhr EC

Beeindruckend: 4000 Artikel haben Sabine und Uwe Lühmann in ihrem mit bunten Werbeplakaten dekorierten Eckladen vorrä-

4000 unterschiedliche Artikel sind in der „Weinquelle Lühmann" im Angebot

tig, darunter knapp 800 Weine, Champagner und Sekte. Die großen Namen der Weinwelt sind zwar vereinzelt vertreten, doch Lühmann setzt eher auf Direktimporte bislang weniger bekannter Winzer mit gutem Preis-Leistungs-Verhältnis. Deutsche Weine, vor allem Rieslinge, sind bei ihm im Aufwind, gefolgt von Tropfen aus Italien und Spanien. Dazu kommt das umfangreiche Sortiment an Spirituosen, vor allem von Whisky und Rum.
Anzahl der Weine: 800
Weitere Angebote: Armagnac, Calvados, Champagner, Cidre, Cognac, Gin, Liköre, Obstbrände, Rum, Whisky, Weinproben, Weinseminare

Weinselection
OT Lemsahl-Mellingstedt
Lemsahler Landstr. 195, PLZ 22379
Tel. 040-60 76 11 58
www.weinselection.de
Mo-Fr 10-19 Uhr, Sa 10-16 Uhr
AmEx EC MASTER VISA
Hier steht die Beratung im Vordergrund. Dazu gehört auch, dass viele Weine vor dem Kauf verkostet werden können. Die deutschen und die meisten der europäischen Winzer kennt Marco Schumacher durch Besuche in den Weingütern. Deshalb machen die individuellen Winzerweine auch den größten Teil seines knapp 300 verschiedene Tropfen umfassenden Angebots aus.
Anzahl der Weine: 300
Weitere Angebote: Feinkost, Kaffee, Olivenöl, Schokolade, Weinbücher, Weinproben, Weinseminare, Zigarren

Wijnhus der Hanse
OT Winterhude, Krohnskamp 17
PLZ 22301, Tel. 040-270 89 66
Mo-Fr 10-19 Uhr, Sa 10-16 Uhr EC
Wer Weine aus Übersee sucht, ist hier falsch. Hans-Joachim Stefanik konzentriert sich in seinem Winterhuder Weinladen auf Gewächse aus Europa. Davon hat er mehr als 600 im Angebot, stets auch neue Entdeckungen, die er selbst importiert hat. Sein Schwerpunkt sind Weine aus Deutschland und Südfrankreich, gefolgt von Italien und der Iberischen Halbinsel. Arrivierte Winzer mit überhöhten Preisen sind für Stefanik nicht interessant. Es gibt eine Probierecke mit diversen offenen Flaschen.
Anzahl der Weine: 600
Weitere Angebote: Weinproben

Vom günstigen Alltagswein bis zu Spitzengewächsen reicht das Angebot in „Bernds Weinquelle"

HESSEN

Bad Homburg

Divino

Elisabethenstr. 37, PLZ 61348
Tel. 06172-855 99 85
www.divinohg.de
Mo-Fr 10-13.30 und 14.30-19 Uhr,
Sa 10-16 Uhr EC MASTER VISA

Der kleine Laden in der City ist vor allem eine Fundgrube für gute und günstige Weine aus Italien und Spanien, daneben hat das Sortiment einige interessante Gewächse aus Übersee parat sowie deutsche und französische Weine. Natürlich werden auch hochwertige Spitzengewächse angeboten, alles zu fair kalkulierten Preisen. Die Beratung ist freundlich und kompetent, man wird bestens über die Weine informiert.
Anzahl der Weine: 300
Weitere Angebote: Feinkost, Olivenöl, Spirituosen, Weinproben, Weinsemiare

Bad Nauheim

Weinhandel Fertsch

OT Nieder-Mörlen, Frankfurter Str. 70
PLZ 61231, Tel. 06032-312 07
www.weinhandel-fertsch.de
Di-Fr 15-19 Uhr, Sa 10-14 Uhr EC

Im historischen Ambiente einer ehemaligen Fabrik kommen Weinkenner voll auf ihre Kosten. Das durchdachte Sortiment mit Schwerpunkt Alte Welt bietet jede Menge vinologische Entdeckungen aus unbekannteren Gütern ebenso wie Weine aus renommierten Betrieben. Etwas Zeit zum Stöbern sollte man sich nehmen, dann lässt sich in den Regalen so manches Schnäppchen auch aus älteren Jahrgängen machen. Gutes Angebot an ausgesuchten Weinen aus Übersee, dazu Champagner und Schaumweine zu fair kalkulierten Preisen.
Anzahl der Weine: 500
Weitere Angebote: Olivenöl, Weinproben, Weinseminare

Darmstadt

Bernds Weinquelle

Innenstadt, Bleichstr. 12 a, PLZ 64283
Tel. 06151-29 31 02
www.bernds-weinquelle.de
Mo-Do 10-13 und 15-19 Uhr, Fr 10-19 Uhr,
Sa 10-16 Uhr EC

Mit französischen Weinen hat alles angefangen, mittlerweile bietet der gut sortierte Laden auch ein umfassendes Sortiment aus Italien und Deutschland, darunter auch Gewächse aus biologischer Erzeugung. Alle Weine sind Eigenimporte, das Personal

kennt sich bestens aus und weiß zu jedem Wein die wichtigsten Fakten. Die Angebotsspanne reicht vom einfachen und günstigen Alltagswein bis zu Spitzengewächsen aus dem Bordelais und Burgund (auf internationalem Preisniveau). Raritäten können auf Anfrage in kurzer Zeit besorgt werden. Dazu: bemerkenswertes Sortiment an Whiskys. Seminare für Einsteiger und Fortgeschrittene.
Anzahl der Weine: 550
Weitere Angebote: Brände, Olivenöl, Whisky, Weinproben, Weinseminare

Weinkontor Darmstadt

OT Martinsviertel, Liebfrauenstr. 38
PLZ 64289, Tel. 06151-771 33
www.weinkontordarmstadt.de
Mo-Do 10-13 und 15-19 Uhr, Fr 10-19 Uhr, Sa 10-14 Uhr EC
Ausgesuchte Weine aus Spanien, Italien, Frankreich sowie trocken ausgebaute deutsche Gewächse stehen im kleinen Weinladen in Reih und Glied in den Regalen. Das Angebot konzentriert sich weitgehend auf Alltagsweine, aber man kann hier auch manches Schnäppchen zu günstigen Preisen machen. Originell ist das Take-away-Angebot: Aus Zapfhähnen werden französische und italienische Rotweine ebenso wie Scheurebe, Silvaner und Chardonnay frisch in Flaschen gefüllt. Die Räume der angeschlossenen ehemaligen Gastwirtschaft können für Weinproben und Veranstaltungen auf Anfrage gebucht werden.
Anzahl der Weine: 275
Weitere Angebote: Gewürze, Schokolade

Weingalerie Eberstadt

OT Eberstadt, Schwanenstr. 4-6, PLZ 64297
Tel. 06151-59 29 16
www.weingalerie-eberstadt.de
Di-Fr 10-12.30 und 14.30-19 Uhr, Sa 8-14.30 Uhr AmEx DINERS EC MASTER VISA
Aus einer ehemaligen Bäckerei hat Umut Doygun eine schmucke und gemütliche Vinothek mit Verkostungsräumen gemacht. Der Enthusiasmus für sein durchdachtes Sortiment aus den klassischen europäischen Weinbauländern ist Doygun anzumerken, der Weinspezialist kennt sich bestens aus. Alle Gewächse werden selbst importiert, die Beratung ist kompetent und freundlich. Die Preise für die Weine aus Österreich, Italien, Frankreich, Portugal und Deutschland, die auch in verschiedenen Jahrgängen angeboten werden, bewegen sich im mittleren Preissegment.
Anzahl der Weine: 250
Weitere Angebote: Edelbrände, Olivenöl, Weinproben, Weinseminare

Eiseles Weinschmecker

Benzweg 8, PLZ 64293
Tel. 06151-604 04 56
www.weinschmecker.de
Mo-Fr 9-12.30 und 13.30-18 Uhr, Sa 10-14 Uhr AmEx EC MASTER VISA
Der kleine Abstecher in die modern gestaltete Vinothek im Gewerbegebiet lohnt sich. Das Angebot in den Regalen ist übersichtlich gestaffelt. Neben Weinen aus Italien, Deutschland und Österreich ist das Sortiment an Bordeaux-Weinen besonders empfehlenswert und umfasst auch die höherpreisigen Gewächse berühmter Châteaux. Dazu: gute Auswahl an Spirituosen wie Cognac, Armagnac, Whisky und Port aus verschiedenen Jahrgängen. Die Beratung könnte etwas engagierter sein.
Anzahl der Weine: 400
Weitere Angebote: Olivenöl, Single Malt, Spirituosen, Weinproben, Weinseminare

Eindrucksvolles Sortiment an Bordeaux-Weinen: „Eiseles Weinschmecker"

H

Molina
Innenstadt, Adelungstr. 3, PLZ 64283
Tel. 06151-29 31 05
www.casamolina.de
Mo-Fr 9.30-19 Uhr, Sa 9-18 Uhr
EC MASTER VISA
Der renommierte Feinkostladen in der City, mit Spezialitäten aus Italien gefüllt, bietet eine gute Auswahl an italienischen Weinen. Die Palette reicht vom einfachen Tischwein

Italienische Spezialitäten, wohin das Auge blickt: „Molina"

bis zum hochwertigen Spitzenwein verschiedener Jahrgänge. Wer beim freundlichen Personal nachfragt, lässt sich aus dem Keller Raritäten und Kultweine zur Begutachtung bringen und die dazu passende Geschichte erzählen. Eine gute Adresse für ambitionierte Italien-Fans und solche, die die Welt der italienischen Weine kennenlernen wollen.
Anzahl der Weine: 900
Weitere Angebote: Espresso, Essig, Grappa, Käse, Olivenöl, Pasta, Salami, Schinken, Schokolade, Spirituosen, Weinproben, Weinseminare

Dreieich

Vini di Vini
Borngasse 1, PLZ 63303,
Tel. 0172-413 88 56 (Handy)
www.vini-di-vini.de
Di-Fr 16-19 Uhr, Sa 10-14 Uhr EC
Mitten in der Altstadt gelegen, bietet die gemütlich dekorierte Weinhandlung rund 500 Weine aus Deutschland, Frankreich, Italien, Spanien und Portugal im mittleren Preissegment. Das freundliche Personal kennt sich bestens aus und hat immer einen guten Tipp abseits der klassischen Weinpfade parat. Alle Weine sind Direktimporte. Es lohnt sich, auf die Aktionsweine zu achten. Außerdem: gute Auswahl an Sekten und Champagnern. Neben Weinseminaren veranstaltet Inhaber Ralph Sauer auch Weinreisen. Zum sogenannten „Klönschnack" treffen sich Weinfans in geselliger Runde in der Vinothek, die Termine sind auf der Internetseite zu finden. Um Anmeldung wird gebeten.
Anzahl der Weine: 500
Weitere Angebote: Brände, Essig, Grappa, Olivenöl, Salz, Weinproben, Weinseminare

Eltville am Rhein

Weindekanei – Gebietsvinothek im Rheingau
OT Erbach, Erbacher Str. 31, PLZ 65346
Tel. 06123-60 50 57
www.weindekanei.de
Mo-Sa 10-19 Uhr, So 14-18 Uhr
EC MASTER VISA
Wer sich einen Überblick über die Rheingauer Weinszene verschaffen möchte, ist in der schicken Vinothek bestens aufgehoben. Am sogenannten Weinbrunnen stehen die Weine von rund 40 renommierten Gütern zur Verkostung bereit. Das fachkundige Personal berät kompetent und freundlich. Individuelle Weinproben sind nach Anmeldung möglich. Darüber hinaus gibt es jede Menge Accessoires rund um das Thema Wein sowie ein kleines Feinkostsortiment.
Anzahl der Weine: 270
Weitere Angebote: Destillate, Essig, Feinkost, Gewürze, Weinbücher, Weinzubehör, Weinproben, Weinseminare

Frankfurt am Main

Böhme
OT Sachsenhausen, Wasserweg 30
PLZ 60594, Tel. 069-61 99 46 50

www.boehmewein.de
Mi-Fr 15-19 Uhr, Sa 11-15 Uhr EC
In einem Hinterhof in Sachsenhausen versteckt sich diese Schatztruhe für Weinliebhaber. Der Laden ist schmucklos, fast kühl eingerichtet. Um Repräsentation geht es hier nicht, stattdessen um ausgesuchte Weine aus Deutschland, Österreich und dem Burgund. Bei den deutschen Gewächsen ist die VDP-Liga stark vertreten, bei den Burgundern dominiert die gehobene Mittelklasse, und eine bessere Auswahl an österreichischen Weinen findet man nirgendwo in der Stadt. Auch alle Spitzenbrände aus dem Haus Rochelt werden präsentiert. Die Beratung ist exzellent, man merkt, dass hier Weinfanatiker am Werk sind. Verkostungen zu verschiedenen Themen finden immer samstags statt. Dass es einen Direktimport, Lieferservice und ein eigenes Lager gibt, versteht sich hier von selbst.
Anzahl der Weine: 500
Weitere Angebote: Weinproben, Weinseminare

Bornheimer Weinkost

OT Bornheim, Mainkurstr. 8, PLZ 60385
Tel. 069-498 03 77
www.bornheimerweinkost.de
Di-Fr 11-18.30 Uhr, Sa 10-15 Uhr EC
Ein typischer Kiezladen mit Tante-Emma-Atmosphäre im kleinbürgerlich-alternativen Bornheim, dem Regale aus groben Weinkisten lieber sind als minimalistischer Designer-Chic. Die meisten Weine, die vor allem aus Deutschland, Spanien, Italien und Frankreich stammen, kosten weniger als 10 Euro. Zu den Raritäten gehört der Riesling „Frankfurter Lorberger Hang" vom Weingut der Stadt Frankfurt, den es kaum irgendwo sonst zu kaufen gibt. Noch ausgefallener ist die riesige Auswahl an Whiskys, die mittlerweile 450 Posten umfasst. Auch das Sortiment an Rum und Gin wächst beständig. Jede Woche finden Weinseminare für Einsteiger und Whisky-Tastings statt. Etwa ein halbes Dutzend Weine kann probiert werden.
Anzahl der Weine: 450

Günstige Weine und eine riesige Auswahl an Whisky in der „Bornheimer Weinkost"

Weitere Angebote: Öl, Pasteten, Portwein-, Sekt- und Weingelee, Schokolade, Whisky (450 Sorten), Weinproben, Weinseminare

Weinhandlung Dr. Teufel

Innenstadt, Kleiner Hirschgraben 4
PLZ 60311, Tel. 069-44 89 89
www.weinteufel.de
Mo 12-19.30 Uhr, Di-Fr 10.30-15 und 16-19.30 Uhr, Sa 10.30-18.30 Uhr
AmEx DINERS EC MASTER VISA
So klein und unprätentiös das Geschäft in unmittelbarer Nähe von Goethes Geburtshaus auch sein mag, so breit gefächert ist sein Angebot. Alle bedeutenden Weinländer Europas sowie die wichtigsten Produzenten in Übersee, von Neuseeland bis Chile, sind hier vertreten. Verlockend ist die Vielfalt an Premium-Champagnern und anderen Schaumweinen, Gleiches gilt für die große Auswahl an Whiskys, Grappas, Cognacs und Obstbränden. Wie ein Schatz wohltemperiert gehütet werden die Jahrgangsraritäten, etwa der Hochadel aus dem Bordelais zu vierstelligen Preisen, der gern von asiatischen Touristen gekauft wird. Die meisten Flaschen kosten allerdings zwischen 10 und 15 Euro, die Grands Crus, Beerenauslesen

H

und „Großen Gewächse" von deutschen Spitzenwinzern natürlich mehr. Gerne werden Flaschen zum Probieren entkorkt. Weitere Filiale im Westend.
Anzahl der Weine: 400
Weitere Angebote: Schokolade, Spirituosen, Whisky, Zigarren

Frankfurt / Wein

OT Bornheim, Wittelsbacher Allee 153
PLZ 60385, Tel. 069-40 35 30 86
www.frankfurt-wein.com
Di-Fr 12-20 Uhr, Sa 10-18 Uhr
AmEx EC MASTER VISA

Gelegenheits-Weintrinker werden sich in diesem eleganten Geschäft kaum wohlfühlen, dafür aber umso mehr die Freunde hervorragender Weine aus Deutschland und Frankreich. Man fühlt sich hier wie in einer Galerie, denn die Flaschen werden indirekt angestrahlt und wie Kunstwerke präsentiert. Viele von ihnen sind es auch. Berühmte Namen wie Knipser, Keller, Rebholz oder Weil stehen hier Seite an Seite, oft sind diese Winzerlegenden mit ihren „Großen Gewächsen" vertreten. Auch bei den Franzosen dominieren die Grands Crus. Die Weine werden ausschließlich direkt importiert, teilweise auch subskribiert. Die Beratung ist genauso exzellent wie das Sortiment. Zweimal im Monat finden Weinproben mit Winzern und offene, themenbezogene Verkostungen statt. Etwa zehn Weine können immer verkostet werden.
Anzahl der Weine: 580
Weitere Angebote: Weinproben, Weinseminare

Weine präsentiert wie Kunstwerke: Wolfgang Feierfeil in seinem Geschäft „Frankfurt / Wein"

Weinhandelshaus Frankhof

Innenstadt, Friedensstr. 12, PLZ 60311
Tel. 069-21 08 61 46
www.frankhof-weine.de
Mo-Fr 10-14 und 15-19 Uhr, Sa 11-16 Uhr
DINERS EC MASTER VISA

Seit 1876 besteht dieses Traditionshaus, das sich direkt neben einem der führenden Hotels Frankfurts, dem „Frankfurter Hof", befindet und seiner exponierten Lage allzu gern Tribut zollt: Kompromisse bei der Qualität werden nicht gemacht. Die großen Châteaux aus dem Bordelais, die besten Weine aus dem Burgund und der Ribera del Duero sowie die Crème de la Crème der deutschen Spitzenwinzer sind vertreten. Aber auch sehr gute Weine um 10 Euro findet man im Sortiment, ebenso Raritäten, die das Weinhaus bei Kellerauflösungen aufstöbert. Hier kennt man seine Winzer und die überwiegend direkt importierten Weine, einige können immer verkostet werden.
Anzahl der Weine: 500
Weitere Angebote: Bücher, Schokolade, Weinproben, Weinseminare

Weinkellerei Höchst

OT Höchst, Bolongarostr. 88, PLZ 65929
Tel. 069-26 01 25 21
www.weinkellerei-hoechst.de
Mo-Fr 9-19 Uhr, Sa 10-15 Uhr EC

Die neue Vinothek im Main-Taunus-Zentrum ist nicht nur eine Fundgrube für Weine jeder Preislage aus Deutschland, Italien, Spanien,

Aufmarsch deutscher und europäischer Spitzenweine im „Weinhandelshaus Frankhof"

Portugal, Österreich, Frankreich und Übersee. In dem modern gestylten Laden werden auch rund 100 Schaumweine und jede Menge Feinkostartikel angeboten, darunter Frankfurter Senfspezialitäten. Freundliche und kompetente Berater, die sich nicht nur im Sortiment gut auskennen, sondern auch Wissenswertes über die einzelnen Weinregionen vermitteln.
Anzahl der Weine: 1000
Weitere Angebote: Accessoires, Bücher, Essig, Feinkost, Olivenöl, Pesto, Schokolade, Spirituosen, Weinproben, Weinseminare

K & M Gutsweine
OT Bockenheim, Hamburger Allee 37
PLZ 60486, Tel. 069-71 71 34 30
www.gutsweine.com
Mo-Fr 11-19 Uhr, Sa 10-16 Uhr
EC MASTER VISA
Die Idee dieses schlichten, unspektakulären Geschäftes in der Nähe des Messegeländes lässt das Herz jedes Weinkenners höher schlagen: Im Angebot sind ausschließlich direkt vom Winzer gelieferte, im eigenen Lager aufbewahrte Weine, die oft für den Preis ab Gut verkauft werden. Ein besonderer Schwerpunkt liegt auf Deutschland, aber nicht nur auf den arrivierten VDP-Gütern, sondern auch auf den Weinen talentierter Nachwuchswinzer. Regelmäßig finden Gutsweinproben mit Fünf-Gänge-Menü statt – der Chef der Weinhandlung ist auch Koch –, dazu Tischproben mit Winzern. Fünf bis zehn Weine können immer degustiert werden. Außerdem findet man eine schöne Auswahl an Whisky und Port.
Anzahl der Weine: 350
Weitere Angebote: Feinkost, Öl, Pâté, Sake, Weinproben, Weinseminare

Perfetto
Innenstadt, Zeil 90 (im Karstadt Warenhaus), PLZ 60313, Tel. 069-92 90 54 92
www.perfetto.de
Mo-Do 10-20 Uhr, Fr-Sa 10-21 Uhr
AmEx DINERS EC MASTER VISA
Ein stimmungsvolles Ambiente und eine liebenswürdige Beratung mit extensiver Probiermöglichkeit sollte man in der Feinkostabteilung eines großen Kaufhauses nicht erwarten. Doch wenn man in der Frankfurter Innenstadt zu tun hat und schnell noch etwas Wein braucht, ist Karstadt an der

Haupteinkaufsstraße Zeil immer eine gute Option. Das Sortiment ist groß, allerdings nicht willkürlich. Deutschland ist mit einer soliden Zahl guter und günstiger Weine, aber ebenso mit erstaunlich vielen Namen aus der ersten Liga von Dr. Loosen über Bürklin-Wolf bis zu Battenfeld-Spanier vertreten. Das gilt auch für die ausländischen Weine, hier umfasst die Palette gleichermaßen anständige Tropfen für wenige Euro und sündhaft teure Juwelen, etwa den legendären Wein „Pingus" aus der Ribera del Duero. Die Auswahl an Schaumweinen ist fabelhaft.
Anzahl der Weine: 900
Weitere Angebote: Champagner, Feinkost, Sekt, Spirituosen, Weinproben, Weinseminare

SIEGER HESSEN

Maison Lanz

OT Sachsenhausen, Darmstädter Landstr. 92
PLZ 60598, Tel. 069-62 06 85
www.maison-lanz.de
Mo-Mi 12-19 Uhr, Do-Fr 12-20 Uhr, Sa 10-15 Uhr EC MASTER VISA

Der Sieger in Hessen: unsere Anerkennung für ein kontinuierlich hochwertiges Angebot über viele Jahre. Martin Bullinger verzichtet auf eine staatstragende Präsentation der Weine, sein Geschäft erinnert eher an eine Ali-Baba-Höhle voller Trouvaillen aus Deutschland, Frankreich, Italien und Spanien, darunter viele Bioweine. Nicht die großen Namen dominieren das Angebot, sondern Weine ambitionierter Winzer, die vielleicht schon bald zur ersten Liga gehören werden. Darüber hinaus findet man eine kleine, exklusive Auswahl an Grappa und Cognac. Ungewöhnlich groß ist die Zahl der offenen Weine, sie liegt bei etwa 30. Die Beratung ist hervorragend, keine Frage bleibt unbeantwortet. Sechs- bis achtmal im Jahr finden Verkostungen statt, manchmal mit einem Kammerkonzert und einem Menü kombiniert. Der Lieferservice funktioniert tadellos, Direktimport und eigenes Lager gehören hier zum Geschäftsstandard.
Anzahl der Weine: 270
Weitere Angebote: Essig, Olivencreme, Olivenöl, Pasta, Pâté, Pesto, Sherry, Sugos, Spirituosen, Weinproben, Weinseminare

„Maison Lanz"-Inhaber Martin Bullinger setzt auf Weine ambitionierter Winzer

Mövenpick Wein

OT Ostend, Hanauer Landstr. 204-206
PLZ 60314, Tel. 069-48 98 16 86
www.moevenpick-weinland.de
Mo-Fr 10-19 Uhr, Sa 10-16 Uhr
AmEx EC MASTER VISA

Eine charmante Atmosphäre darf man in dieser Großweinhandlung an einer Ausfallstraße nicht erwarten. Dafür kann man sich mit einer riesigen Auswahl aus 1000 größteils direkt importierten Weinen aus der ganzen Welt trösten. Besonders überzeugend ist das Sortiment an deutschen „Großen Gewächsen", an Juwelen aus dem Burgund und dem Bordeaux sowie an kalifornischen Weinen. Auch die Champagnerabteilung verdient Beachtung. Das Fabrikambiente wird von der guten Beratung durch die Mitarbeiter wettgemacht, die trotz der Angebotsfülle nie den Überblick verlieren. 20 bis 30 Weine können verkostet werden, etwa einmal im Monat finden Seminare oder Themenabende statt.
Anzahl der Weine: 1000
Weitere Angebote: Essig, Feinkost, Olivenöl, Spirituosen, Weinproben, Weinseminare

„Mövenpick Wein" besticht mit Juwelen aus dem Bordelais und großen deutschen Weinen

Rupert Rösch Weinhandlung
OT Sachsenhausen, Oppenheimer Landstr. 44
PLZ 60596, Tel. 069-61 33 97
www.rupert-roesch-weine.de
Mo-Fr 10-19 Uhr, Sa 10-14 Uhr
EC MASTER VISA
Rupert Rösch gehört inzwischen zu den Klassikern unter den Sachsenhauser Weinhandlungen. Das Geschäft ist rustikal eingerichtet, Holz dominiert, für Design ist kein Platz, stattdessen für eine große Auswahl an deutschen, französischen, österreichischen, spanischen und italienischen Weinen vor allem solche aus dem mittleren Preissegment. Die Beratung ist manchmal ein wenig bärbeißig, doch man versteht sein Geschäft und weiß zu jedem einzelnen der 400 Posten Vernünftiges zu sagen. Lieferservice, Direktimport und eigenes Lager sind hier Pflicht, Veranstaltungen nicht. Dafür kann man immer ein halbes Dutzend Weine probieren und seinen Einkauf mit Obstbränden aus kleinen, ambitionierten Betrieben komplettieren.
Anzahl der Weine: 400
Weitere Angebote: Spirituosen

Weinhalle am Merianplatz
Innenstadt, Merianplatz 4, PLZ 60316
Tel. 069-494 02 00
www.weinhalle-frankfurt.de
Mo-Do 14-20 Uhr, Fr 11-20 Uhr,
Sa 10.30-17 Uhr EC MASTER VISA
Eine Bacchus-Figur begrüßt in dieser Weinhandlung am belebten, beinahe mediterran anmutenden Merianplatz die Kunden, die in diesem gemütlichen, mit Weinkisten möblierten Geschäft nicht die prestigeträchtige Spitzenklasse, sondern gute Weine zwischen 10 und 20 Euro suchen. 500 Posten, hauptsächlich aus Deutschland, Frankreich, Italien und Spanien, sind im Angebot, Weine aus Übersee sind kaum vertreten. Dafür gibt es Obstbrände aus hessischen Familienbetrieben. Dreimal im Monat finden Verkostungen

Gut und günstig: „Weinhalle am Merianplatz" in Frankfurt

Die „WeinSocietät" mit Weinhöhlen-Ambiente verzichtet auf jede Art von Chichi

mit einem Themenschwerpunkt statt, zweimal im Jahr Hausmessen mit deutschen und internationalen Winzern. 20 bis 30 Weine sind immer offen. Die Beratung ist freundlich und kompetent.
Anzahl der Weine: 500
Weitere Angebote: Brände, Feinkost, Gläser, Olivenöl, Weinproben, Weinseminare

WeinSocietät

OT Bockenheim, Leipziger Str. 42
PLZ 60487, Tel. 069-70 56 07
www.weinsocietaet.de
Mo-Fr 11-19.30 Uhr, Sa 10-18 Uhr
EC MASTER VISA
Dieses Geschäft passt perfekt in den ebenso studentisch wie multikulturell geprägten Stadtteil Bockenheim: Es verzichtet auf jede Art von Chichi und jede Form falscher Vornehmheit, ist stattdessen eine schlichte, mit Holzkisten vollgestopfte „Weinhöhle" in einem Hinterhof, führt viele Tropfen unter 10 Euro, aber auch ein paar Berühmtheiten aus dem Burgund und dem Bordelais, etwa Corton-Charlemagne, Chambertin oder Montrachet. Die Beratung ist freundlich bemüht, jedoch nicht immer ganz sattelfest. Zum Probieren gibt es nur wenige Weine, dafür kann man sich alle nach Hause liefern lassen. Ein- bis zweimal im Monat finden Themenabende statt. Eine kleine Auswahl gehobener Feinkost rundet das Sortiment ab.
Anzahl der Weine: 350
Weitere Angebote: Confiserie, Feinkost, Olivenöl, Weinproben, Weinseminare

Friedberg

Le Vigneron Français

Hanauer Str. 12, PLZ 61169
Tel. 06031-128 88
www.vigneron-francais.de
Di-Mi 15-18.30 Uhr, Do 15-20 Uhr, Fr 10-20 Uhr, Sa 9-19 Uhr EC
Seit 30 Jahren ist Joel Auriault ein kompetenter Berater, wenn es um Weine aus seiner Heimat geht. Französische Tropfen in allen Qualitäten und Preisstufen finden sich in den Regalen des kleinen Geschäftes, von hochwertigen Champagnern über Spirituosen bis zu günstigen Weinen aus allen französischen Anbauregionen. Spitzengewächse aus den legendären Châteaux und Domaines besorgt der freundliche Monsieur zu fairen Konditionen, ab 24 Flaschen ist die Auslieferung im Raum Frankfurt kostenlos.

Anzahl der Weine: 350
Weitere Angebote: Essig, Öl, Weinproben, Weinseminare

Fulda

Breuers Weinhandel

Pfandhausstr. 5
PLZ 36037
Tel. 0661-229 01
www.breuers-weinhandel.de
Di-Fr 10-14 und 15-18 Uhr, Sa 10-14 Uhr
EC
Mitten in der Altstadt Fuldas befindet sich das kleine, gediegene Geschäft von Michael Breuer. In warmem Holz eingerichtet, ziehen sich die Regale nur wenige Wandmeter hoch. Schwerpunkt sind deutsche Weine. Eine kleine, aber gute Auswahl französischer, spanischer und italienischer Weine erleichtern den Einkauf, zumal der Besitzer sehr kompetent berät. Hier finden sich Stars wie der Super-Tuscan „Ornellaia" ebenso wie „angenehme Zechweine". Den Begriff benutzt Breuer auch auf der Weinkarte des dazugehörigen französischen Restaurants und Bistros „Alte Pfandhausstube", das sich in derselben Gasse nebenan befindet.
Anzahl der Weine: 250
Weitere Angebote: Weinproben, Weinseminare nach Vereinbarung

Weindepot Vinum

Innenstadt, Königstr. 3, PLZ 36037
Tel. 0661-901 45 18
www.vinum-fulda.de
Mo-Fr 10-18.30 Uhr, Sa 9-15 Uhr EC
Vom Ambiente und Konzept her eine typische Vertreterin der Weinhandlungen, die in den 1990er-Jahren gegründet wurden – unprätentiös und überraschend. Eine große Auswahl deutscher, österreichischer, portugiesischer, französischer, spanischer und südafrikanischer Weine liegt in einfachen Holzregalen. Die Bocksbeutel von Wirsching aus Iphofen stehen etwas versteckt in einer Regalecke, hingegen sind die Erzeugnisse von Kultwinzer Markus Schneider gut sichtbar, ebenso die ausgezeichneten Biowinzer Meinklang aus dem Burgenland und Hirschhof aus Rheinhessen sowie eine überraschende Auswahl an Burgundern und Bordeaux-Weinen. Das Ambiente stapelt tief und richtet sich bewusst an Menschen, die gern guten Wein trinken, ohne ihn wortgewaltig kommentieren zu müssen. Besitzer Mark Flößner gibt gern Auskunft, lässt dem Kunden jedoch Zeit und Muße zum Suchen und Finden. Ein Geschäft für den Alltagseinkauf genauso wie für die Schatzsuche.
Anzahl der Weine: 450
Weitere Angebote: Brände, Bücher, Essig, Konfitüre, Likör, Olivenöl, Pesto, Pralinen, Schokolade, Weinproben, Weinseminare

Gießen

Die Weinrebe

Innenstadt, Schiffenberger Weg 23
PLZ 35394, Tel. 0641-97 04 04
www.die-weinrebe.de
Mo-Fr 10-19 Uhr, Sa 10-18 Uhr EC
Als Ableger seines Stammladens in Marburg eröffnete Reinhard Kroh vor mehr als 16 Jahren sein Geschäft in Gießen: Die geräumige Halle abseits der Innenstadt bietet genügend Platz für das überaus vielfältige Angebot: Vertreten sind viele renommierte Namen und Lagen sowohl aus Europa als auch aus Übersee – mit Schwerpunkten in Deutschland, Frankreich und Italien. Darunter sind auch einige Raritäten. Weinneulinge schätzen die ausführliche Beratung sowie die Flaschenpreise ab 5 Euro.
Anzahl der Weine: 700
Weitere Angebote: Cognac, Essig, Gewürze, Grappa, Madeira, Olivenöl, Pasta, Pesto, Portweine, Schokolade, Saucen, Whisky, Weinproben, Weinseminare

Weincontor Pfeffermann

Innenstadt, Grünberger Str. 120
PLZ 35394, Tel. 0641-376 60
www.weincontor-pfeffermann.de
Mo-Fr 10-19 Uhr, Sa 10-16 Uhr EC
Mehr als 30 Jahre Erfahrung im Weinhandel machen sich bemerkbar: Gelungene Weinauswahl mit einem Riecher für Newcomer

und einem Händchen fürs Ambiente. In den mit Backstein verkleideten Räumen lagern hauptsächlich Weine aus Deutschland, Frankreich und Italien. Gut vertreten sind auch die Winzer aus dem Bordeaux; von einigen italienischen Weingütern steht beinahe das komplette Sortiment zur Verfügung. Angeboten werden außerdem Weine aus Österreich, von der Iberischen Halbinsel sowie aus Übersee.
Anzahl der Weine: 1200
Weitere Angebote: Feinkost, Spirituosen, Weinproben, Weinseminare

Idstein

Der Weinladen Fey & Grüninger

Innenstadt, Obergasse 1, PLZ 65510
Tel. 06126-574 53
www.der-weinladen-idstein.de
Mo-Fr 9.30-13.30 und 14.30-18.30 Uhr, Sa 9-14 Uhr AmEx EC MASTER VISA
Über 500 Weine aus Europa und Übersee bieten Iris Fey und Klaus Grüninger in ihrer geschmackvoll eingerichteten Vinothek in der Altstadt. Das mittelpreisige Sortiment ist besonders bei französischen und italienischen Weinen breit gefächert und ausgewogen, hier finden sich für jeden Geschmack und jeden Geldbeutel die passenden Weine, auch aus älteren Jahrgängen. Die fachkundige und freundliche Beratung erleichtert die Entscheidung und hält so manchen Geheimtipp bereit. Darüber hinaus gibt es ein gutes Angebot an Spirituosen und Sekten. Im stimmungsvollen Rahmen des 500 Jahre alten Gewölbekellers finden Weinproben und Seminare statt. Die Location kann auf Anfrage auch gemietet werden.
Anzahl der Weine: 500
Weitere Angebote: Accessoires, Essig aus Frankreich, Italien und Spanien, Gewürze, Olivenöl, Präsente, Spirituosen, Whisky, Weinproben, Weinseminare

Kassel

Da Cocca

OT Süd, Heckerswiesenstr. 6 a, PLZ 34121
Tel. 0561-28 17 61
www.dacocca.de
Mo-Fr 9-18 Uhr, Sa 9-16 Uhr EC
Recht familiär und dabei sorgfältig sortiert, vom Norden Italiens bis in den tiefen Süden, ist dieser kleine „Supermarkt" in Messenähe. Hier gibt es ausgesuchte Lebensmittel für Italien-Liebhaber und eine umfangreiche Auswahl an Weinen. Der italienische Norden ist dabei besonders gut vertreten, mit Gewächsen aus dem Valtellina, dem Friaul, Umbrien und der Toskana. Natürlich gibt es „Tignanello", aber es werden auch seit Jahren die verlässlichen Weine der Badia a Coltibuono aus dem Chianti angeboten. Ein schöner Platz, trotz Hinterhof und Gewerbegebiet, charmant und gemütlich, man verlässt sich auf seine *italianità* – zu Recht.
Anzahl der Weine: 375
Weitere Angebote: Balsamico, Antipasti, Feinkost, Käse, Schinken, Spirituosen, Wurst, Weinproben, Weinseminare

Enoteca – Weinstube Osteria

Innenstadt, Jordanstr. 11, PLZ 34117
Tel. 0561-77 37 05
www.osteria-kassel.de
Mo-Sa 18-1 Uhr EC MASTER VISA
Die Liste der italienischen Weine ist lang. Die Etiketten der Super-Tuscans sind vertreten, und man kann während des Restaurantbetriebs ab 18 Uhr jeden Wein, der ausgeschenkt wird, für etwa die Hälfte des Preises mitnehmen. Insbesondere der Norden ist mit Südtirol, Friaul und dem Piemont gut repräsentiert, bei den Roten liegt die Toskana mit Weinen von Antinori, Felsina, Ornellaia und Vasco Sassetti vorn. Daneben gibt es eine sehr gute Auswahl deutscher Weißweine von Joachim Heger aus Baden über Markus Schneider aus der Pfalz, Max Müller I aus Franken und eine kleine, feine Riege von Österreichern, darunter Triebaumer, Umathum und Velich aus dem Burgenland. Etwas schwierig gestaltet sich die Beratung, da das Restaurant beliebt und der Service gut ausgelastet ist.
Anzahl der Weine: 400
Weitere Angebote: Weinproben, Weinseminare

Vom Zechwein bis zu großen Weinen – alles vorhanden im Kasseler „Schluckspecht"

Weinhandlung Schluckspecht
OT West, Wilhelmshöher Allee 118
PLZ 34119,
Tel. 0561-126 28
www.schluckspecht.de
Mo-Fr 10-19 Uhr, Sa 9-18 Uhr EC VISA
So einen Weinladen um die Ecke wünscht sich jeder Weintrinker. Nicht nur der Name, sondern auch die Auswahl in der Kasseler „Weinhandlung Schluckspecht" ist sehr einladend. Hier wird jeder fündig, der einen guten Zechwein im vernünftigen Preis-Leistungs-Verhältnis sucht, aber auch derjenige, der einen besonderen Wein zum gepflegten Abendessen finden will. Alles zwischen einem guten QbA und einem Spätburgunder von Paul Fürst einkaufen zu können – das ist hier unverkennbar Programm. Die Auswahl an Weinen ist international, es gibt sehr gute Franzosen, Italiener und Spanier und, der Herkunft des Geschäftsführers geschuldet, auch gute griechische Weine. Das Personal hat Freude am Beraten und Verkaufen.
Anzahl der Weine: 800
Weitere Angebote: Essig, Feinkost, Olivenöl, Weinzubehör, Weinproben, Weinseminare

Südhang
Tischbeinstr. 53, PLZ 34121
Tel. 0561-739 56 14
www.suedhang-kassel.de
Mo-Fr 12-19 Uhr, Sa 10-16 Uhr
EC MASTER VISA
Für das Weinsortiment mit europäischem Schwerpunkt wählt Inhaber Christodoulos Mellios eine Mischung aus Erzeugnissen bekannter Weingüter und solchen von Winzer-Newcomern. Weinliebhaber finden daher sowohl Weine von renommierten Weingütern wie Marchese Antinori oder Château Lascombes aus dem Bordeaux als auch aus der südfranzösischen Domaine Les Yeuses oder der Winzergruppe „Junges Schwaben". Riesling-Liebhabern empfiehlt Mellios hingegen einen 2009er Riesling vom Nahe-Weingut Tesch.
Anzahl der Weine: 140
Weitere Angebote: Feinkost, Olivenöl, Weinproben, Weinseminare

Langen

Welt der Weine
Friedrichstr. 25, PLZ 63225
Tel. 0177-609 79 70 (Handy)

www.weltderweine.net
Di-Mi 15-19 Uhr, Do-Fr 10-13 und 15-19 Uhr, Sa 10-13 Uhr EC
Die Auswahl des kleinen Ladens ist beachtlich, denn in dem Sortiment finden sich neben den Klassikern der Alten und Neuen Welt auch interessante Neuentdeckungen sowie Weine aus älteren Jahrgängen. Neben deutschen Gewächsen aus der Pfalz, Baden, Rheinhessen und dem Rheingau stehen in den Regalen Rot- und Weißweine aus Frankreich, Italien, Spanien, Portugal, Argentinien, Chile, Uruguay, Kalifornien, Australien, Neuseeland und Südafrika. Sämtliche Weine sind fair kalkuliert. Einmal im Monat werden thematische Weinproben veranstaltet.
Anzahl der Weine: 230
Weitere Angebote: Essig, Feinkost, Olivenöl, Pasteten, Schokolade, Weinproben, Weinseminare

Langenselbold

Faszination Wein
Hanauer Str. 2-4, PLZ 63505
Tel. 06184-93 96 90
www.faszination-wein.de
Mo-Di, Do-Fr 10-13 und 15-19 Uhr, Sa 10-14 Uhr EC
Die schicke und modern gestaltete Weinhandlung ist ein Dorado für Freunde italienischer Weine, denn das gut aufgestellte Sortiment bietet allerlei fair kalkulierte Gewächse im Mittelpreissegment aus sämtlichen Anbauregionen Italiens. Darunter finden sich nicht nur bekannte Namen, sondern auch kleine und interessante Entdeckungen von Südtirol bis Sizilien. Ergänzt wird das mit einigen ausgesuchten Weinen aus Deutschland und Österreich. Bemerkenswert ist das Angebot an Magnum- und Großflaschen. Ausgesprochen freundliche und kompetente Beratung.
Anzahl der Weine: 500
Weitere Angebote: Accessoires, Balsamico, Bioprodukte, Espresso, Feinkost, Gewürze, Gläser, Grappa, Olivenöl, Pasta, Weinproben, Weinseminare

Marburg

Die Weinrebe
OT Südviertel, Frauenbergstr. 22
PLZ 35039, Tel. 06421-48 51 54
www.die-weinrebe.de
Mo-Fr 10-19 Uhr, Sa 10-18 Uhr EC
Ladenbesitzer Reinhard Kroh hat sich in jeder Hinsicht der Vielfalt verschrieben: Sein Sortiment umfasst Weine von Deutschland bis Übersee, darunter sowohl die großen Namen als auch aufstrebende junge Winzer. Weine für jeden Tag ab 5 Euro genauso wie kostbare Raritäten aus dem Klimaschrank. Hervorzuheben ist das gute Bordeaux-Sortiment sowie die beachtliche Auswahl an Weinen in Bioqualität. Dazu Feinkostprodukte, Weinaccessoires und Bücher rund ums Thema Wein. Prima: Für Kinder ist eine Spielecke eingerichtet! Zudem werden Weinseminare und Lesungen veranstaltet.
Anzahl der Weine: 700
Weitere Angebote: Cognac, Essig, Gewürze, Grappa, Madeira, Olivenöl, Pasta, Pesto, Portweine, Salz, Schokolade, Saucen, Whisky, Weinproben, Weinseminare

O Vinho
Frankfurter Str. 31, PLZ 35037
Tel. 06421-168 09 10
www.ovinho.de
Mo, Mi-Fr 10-19.30 Uhr, Sa 9-16 Uhr EC
Jörg Rekate ist passioniert und konsequent: In seinem Geschäft gibt es ausschließlich Weine aus Portugal. Direktimporte und der persönliche Kontakt zu den Winzern sind ihm wichtig. In den Regalen stehen auch die Weine der FEINSCHMECKER-WINE-AWARD-Gewinnerin Filipa Pato, die 2011 als „Newcomer des Jahres" ausgezeichnet wurde. Erwähnenswert ist obendrein die Auswahl an Port und Madeira. Außerdem gibt es Sekt und portugiesische Feinkostprodukte. Weinproben und Blindverkostungen finden regelmäßig im Nebenraum des Ladens statt.
Anzahl der Weine: 240
Weitere Angebote: Feigen, Gewürze, Honig, Honigessig, Käse, Konfitüre, Mandeln, Olivenöl, Weinproben, Weinseminare

Portugal im Herzen haben Jörg Rekate, Wolfgang Steinberg, Susanne Gassmann von „O Vinho"

Weincontor Marburg
OT Südviertel, Am Grün 52, PLZ 35037
Tel. 06421-16 33 44
Di 15-18.30 Uhr, Fr 11-18.30 Uhr,
Sa 10-14 Uhr EC

Wie in einer Lagerhalle stapeln sich die Weinkisten auf Holzpaletten und in Stahlregalen. Zur Ansicht liegen einzelne Flaschen auf den dazugehörigen Kartons. „Alles Direktimporte", versichert Hans-Jürgen Becker, der vor mehr als 20 Jahren sein Geschäft eröffnete. Den Schwerpunkt bilden französische Weine, hinzu kommen Erzeugnisse von Weingütern aus Deutschland, Italien und Spanien. Sein persönliches Steckenpferd sind Schaumweine, besonders Champagner. Kenntnisreich hat er ein interessantes Angebot zusammengestellt.
Anzahl der Weine: 650
Weitere Angebote: Brände, Feinkost, Olivenöl, Schokolade

Oberursel

Der Weinhof
Krebsmühle 1, PLZ 61440
Tel. 06171-708 57 60
www.der-weinhof.com
Di-Fr 12-19 Uhr, Sa 12-18 Uhr
AmEx EC MASTER VISA

In einer schönen, alten Papiermühle vor den Toren Frankfurts hat „Der Weinhof" Unterschlupf gefunden. Das Ambiente ist rustikal, wuchtiges altes Mobiliar und lange Holztische bestimmen das Bild. Rund 300 Posten vor allem aus dem mittleren Preissegment sind im Angebot. Die Schwerpunkte liegen auf Deutschland (Pfalz) sowie auf Sizilien und Piemont. Dazu kommen weitere Weine aus Frankreich und Spanien, wobei neben

Schöne Räumlichkeiten in einer alten Papiermühle: „Der Weinhof" in Oberursel

den Klassikern unter den Weinbauregionen auch weniger bekannte Gebiete wie etwa Utiel, Yecla oder Calatayud vertreten sind. Australien, Südafrika und die USA runden das Sortiment ab. Teilweise werden die Weine selbst importiert, und mit den deutschen Winzern steht man selbstverständlich in engem Kontakt.
Anzahl der Weine: 300
Weitere Angebote: Essig, Olivenöl, Schokolade, Spirituosen, Weinproben, Weinseminare

Offenbach am Main

La Bottega del Vino – Berdux Weine

Innenstadt, Berliner Str. 137, PLZ 63067
Tel. 069-82 37 56 16
www.berdux-weine.de
Di 10-12 Uhr, Do 10-12 und 15-19 Uhr, Fr 15-19 Uhr, Sa 10-15 Uhr EC MASTER VISA
Wer in Offenbach italienische Weine sucht, ist in der schicken „Bottega del Vino" nahe der City bestens aufgehoben. Das freundliche Personal führt fachkundig durch das breite Sortiment, das vom einfachen und günstigen Alltagswein bis zum Spitzengewächs kaum Wünsche offenlässt. Auch gesuchte Raritäten aus älteren Jahrgängen sind im Sortiment vertreten, Super-Toskaner ebenso wie ausgewählte Barolos aus dem Piemont. Alle Weine sind Direktimporte, dazu gibt es ein kleines interessantes Angebot an Feinkost und Weinaccessoires. Bei den monatlichen Weinproben können neben den Weinen auch Olivenöle und Balsamico probiert werden.
Anzahl der Weine: 320
Weitere Angebote: Essig, Feinkost, Grappa, Käse, Konfitüre, Olivenöl, Pasta, Trüffel, Whisky, Weinproben, Weinseminare

La Vineria

OT Kaiserlei, Strahlenberger Str. 125
PLZ 63067, Tel. 069-42 57 06
www.lavineria.de
Mo-Do 12-17 Uhr, Fr 12-19 Uhr, Sa 10-14 Uhr AmEx EC MASTER VISA

„La Vineria"-Inhaberin Isabel del Olmo führt beste spanische Weine

Eine bessere Adresse für Weine aus Spanien gibt es im ganzen Rhein-Main-Gebiet nicht. Vom ersten Eindruck darf man sich indes nicht täuschen lassen. Das Geschäft liegt versteckt in einem Gewerbegebiet zwischen Frankfurt und Offenbach, ist eher eine Lagerhalle mit einer Handvoll Regale als eine einladende Weinhandlung, doch die prinzipiell direkt importierten Schätze, die man dort findet, entschädigen für alles. Sämtliche bedeutenden spanischen Anbaugebiete sind vertreten, wobei die Preisspanne von Roséweinen für 5 Euro bis zu den Spitzengewächsen des legendären Hauses Vega Sicilia für mehrere Hundert Euro reicht. Fabelhaft ist die Auswahl an Sherrys und anderen Süßweinen, sehr bescheiden allerdings ist das Angebot an Cava. Sporadisch finden Tage der offenen Tür und Verkostungen in Zusammenarbeit mit Restaurants statt.
Anzahl der Weine: 200
Weitere Angebote: Bücher, Delikatessen, Spirituosen, Weinproben, Weinseminare

Tour des Vins

OT Kaiserlei, Domstr. 53, PLZ 63067
Tel. 069-82 36 03 60
www.tour-des-vins.de
Mo-Fr 12-20 Uhr, Sa 10-16 Uhr EC

Mit ihrer Vinothek, in einem Hinterhof gelegen, haben sich Petra Cordes und Josef Zorn auf Weine aus Frankreich spezialisiert. Das Angebot ist überschaubar und konzentriert sich vor allem auf weniger bekannte Güter. Den Empfehlungen des freundlichen Personals kann man hier getrost folgen. Daneben bietet der Laden ein kleines Sortiment italienischer Weine, Gewächse aus Österreich, Portugal, Spanien und Deutschland. Regelmäßig werden Weinproben für Anfänger und Fortgeschrittene veranstaltet.
Anzahl der Weine: 380
Weitere Angebote: Essig, Gewürze, Olivenöl, Schokolade, Terrinen, Spirituosen, Weinproben, Weinseminare

Viernheim

Vinothek in der Mühle

Hügelstr. 24, PLZ 68519, Tel. 06204-37 93
www.vinosum.de
Do-Fr 15-18.30 Uhr, Sa 10-13 Uhr EC
In einer ruhigen Innenstadtstraße, im Hinterhof eines 250 Jahre alten Gebäudes, betreibt Weinakademiker Wolfram Römmelt seine „Vinothek in der Mühle". Vor allem französische, spanische und italienische Tropfen finden sich in den Holzregalen. Gut sortiert ist die „Vinothek" aber auch bei Winzern aus der Region, das Sortiment an Überseeweinen ist hingegen ebenso überschaubar wie das aus Österreich. Wenn irgend möglich, greift Römmelt auf Bio-Erzeuger zurück. „Vinosum"-Weinseminare gibt es für Privatpersonen wie Gastronomen.
Anzahl der Weine: 300
Weitere Angebote: Balsamico, Honig, Olivenöl, Pasta, Pesto, Terrinen aus Frankreich, Weinproben, Weinseminare

Weinakademiker Wolfram Römmelt betreibt die Viernheimer „Vinothek in der Mühle"

Weinpavillon

Neuzenlache 8-10
PLZ 68519
Tel. 06204-977 00
www.weinpavillon.de
Mo 15-18 Uhr, Di-Fr 10-18 Uhr, Sa 10-17 Uhr EC
Unweit der Autobahn findet der Gourmet am Rande eines Gemüsefeldes das Restaurant „Pfeffer und Salz". Passend zu der französisch inspirierten Küche lagern in einer riesigen Halle im Hinterhof unzählige Flaschen bester Gewächse aus allen relevanten französischen Lagen. Chef Peter Liebold konzentriert sich im Wesentlichen auf seinen Olineshop – wer aber schon mal vor Ort ist, wird auch hier glücklich: auch mit dem Angebot an französischen Spirituosen wie Calvados, Armagnac und Marc de Bourgogne.
Anzahl der Weine: 500
Weitere Angebote: französische Brände und Spirituosen

Weiterstadt

Vino – Ihr Weinmarkt

Am Dornbusch 4, PLZ 64331
Tel. 06151-368 83 50
www.vino24.de
Mo-Sa 10-12 Uhr AmEx EC MASTER VISA
Der übersichtlich gestaltete moderne Weinsupermarkt im Industriegebiet von Weiterstadt bietet ein umfangreiches internationales und nationales Sortiment, darunter auch Weine von der nahe gelegenen Hessischen

H

„Die Weinwelt" in Wiesbaden bietet Weinseminare für Anfänger und Fortgeschrittene

Bergstraße. Doch nur wer günstige Schnäppchen sucht und keine hohen Ansprüche an Qualität stellt, ist hier richtig. Die Einstiegspreise der rund 500 gelisteten Weine liegen unter 3 Euro. Alle Gewächse können an der Probiertheke gratis verkostet werden. Freundliches Personal, das sich Zeit für Beratung nimmt.
Anzahl der Weine: 500
Weitere Angebote: Bücher, Dekorationsartikel, Feinkost, Olivenöl, Schokolade, Weinaccessoires, Weinproben, Weinseminare

Wetzlar

Wein und Musik – HiFi-Studio Schneeberg-Neumann

Silhöfer Str. 25-27, PLZ 35578
Tel. 06441-470 47
Mo-Fr 9.30-18.30 Uhr, Sa 10-16 Uhr EC
Ein ungewöhnliches Doppel: Die kleine, aber feine Weinabteilung teilt sich die Ladenfläche mit hochwertigen Hi-Fi-Geräten. Inhaberin Petra Schneeberg-Neumann stellt mit Ehemann Dieter das Weinsortiment zusammen. Besonders die Südtiroler Weingüter haben es den beiden angetan; daneben sind Anbaugebiete aus Frankreich, Spanien, Portugal, Deutschland und weiteren Regionen Italiens vertreten. Bei den regelmäßig stattfindenden Weinproben sind die Winzer zu Gast und kommentieren ihre Weine.
Anzahl der Weine: 350
Weitere Angebote: Delikatessen, Feinkost, Spirituosen, Weinproben, Weinseminare

Wiesbaden

Die Weinwelt

Innenstadt, Mauergasse 10
PLZ 65183, Tel. 0611-505 84 69
Mo-Fr 9.30-19 Uhr, Sa 9.30-18.30 Uhr
EC MASTER VISA
Kompetente Beratung und ein überschaubares Sortiment im mittleren Preissegment sind die Pluspunkte des Ladens von Maria und Friedhelm Furck in der Mauergasse. Neben einer guten Auswahl an Rieslingen aus deutschen Anbaugebieten findet der Kunde hier auch fair kalkulierte Weine aus Italien, Frankreich, Spanien und Portugal sowie einige spannende Gewächse aus Übersee. Fast alle Weine können direkt verkostet werden, für Anfänger und Fortgeschrittene

werden regelmäßig Weinproben angeboten. Dazu: Raritätenservice.
Anzahl der Weine: 220
Weitere Angebote: Balsamico, Feinkost, Olivenöl, Schokolade, Weingelee, Weinproben, Weinseminare

Le Bonheur

Innenstadt, Adelheidstr. 18, PLZ 65185
Tel. 0611-360 57 74
www.bonheur.de
Do-Fr 16-20 Uhr, Sa 10-18 Uhr EC
Die gut sortierte Vinothek im Hinterhof gehört zu den ersten Weinadressen in der Landeshauptstadt. Bestens in einem tiefen Keller aus dem 19. Jahrhundert gelagert, umfasst das durchdachte Sortiment Weine aus verschiedenen Jahrgängen der klassischen europäischen Anbauregionen. Wer hier stöbert, kann vor allem bei französischen Weinen das eine oder andere Schnäppchen aus längst vergriffenen Jahrgängen machen. Das historische Gemäuer bietet die perfekte Kulisse für Weinproben mit Themenschwerpunkten und private Veranstaltungen rund um den Wein.
Anzahl der Weine: 450
Weitere Angebote: Antipasti, Olivenöl, Schokolade, Weinproben, Weinseminare

Oli's Wein Quelle

Innenstadt, Mauergasse 11, PLZ 65183
Tel. 0611-37 62 14
Mo 12-18.30 Uhr, Di-Fr 10-18.30 Uhr, Sa 10-17 Uhr EC MASTER VISA
Seit über 20 Jahren ist der kleine Weinladen in der City vor allem eine Fundgrube für rote und weiße Gewächse aus Frankreich. Das Sortiment umfasst eine durchdachte Auswahl an Weinen aus verschiedenen Jahrgängen aus Burgund, dem Bordelais, dem Elsass und den südfranzösischen Anbauregionen, ergänzt von einem guten Angebot an Crémants, Sekten und Champagnern. Neu im Sortiment sind rund 50 Scotch Whiskys, daneben hilft das kompetente und freundliche Personal gern bei der Suche nach dem passenden Cognac, Armagnac, Port oder Sherry.
Anzahl der Weine: 350
Weitere Angebote: Champagner, Jahrgangsraritäten (u. a. Armagnac, Madeira,

„Le Bonheur" in Wiesbaden gehört zu den ersten Adressen in der Landeshauptstadt

Port), Olivenöl, Portwein, Schokolade, Sherry, Spirituosen, Whisky, Weinproben

Vinicus
OT Westend, Seerobenstr. 32, PLZ 65195
Tel. 0611-988 58 56
www.vinicus.de
Di-Fr 11-13 und 15-19 Uhr,
Sa 10-15 Uhr EC
Mit Martin Schmidt steht ein erfahrener Sommelier im schicken Laden im Wiesbadener Westend und führt kompetent durch das gut sortierte Angebot. Neben einer Auswahl an aktuellen Rieslingen aus dem nahen Rheingau offeriert Schmidt seinen Kunden ausgesuchte Weine im Mittelpreissegment aus Frankreich, Italien, Spanien und Portugal, dazu einige Gewächse aus Österreich. Raritäten können innerhalb kürzester Zeit besorgt werden. Regelmäßige Weinproben.
Anzahl der Weine: 230
Weitere Angebote: Destillate, Essig, Fruchtsäfte, Gewürze, Konfitüre, Öl, Pasta, Pesto, Reis, Rohmilchkäse, Senf, Weinproben, Weinseminare

Weincontor Wiesbaden
Taunusstr. 5, PLZ 65183
Tel. 0611-174 66 52
www.weincontor-wiesbaden.de
Mo-Fr 11-19 Uhr, Sa 10-16 Uhr
EC MASTER VISA
Simone Häuser und Hans-Jürgen Becker sind zwei ausgewiesene Weinspezialisten, die sich bestens in der Szene auskennen und freundlich und kompetent durch ihr ausgesuchtes Sortiment führen. Bei den deutschen Weinen liegt der Schwerpunkt auf Gewächsen aus dem Rheingau, dazu bietet der Laden eine gute Auswahl an Weinen aus Italien und Spanien. Das Angebot an französischen Weinen umfasst auch die berühmten Châteaux aus dem Bordelais. Ältere Jahrgänge und Raritäten können schnell besorgt werden. Außerdem: kleine Auswahl an interessanten Winzer-Champagnern, regelmäßige Weinproben und Seminare für Anfänger und Fortgeschrittene.
Anzahl der Weine: 600
Weitere Angebote: Feinkost, Käse, Accessoires, Weinproben, Weinseminare

Sommelier Martin Schmidt berät kompetent in der Wiesbadener Weinhandlung „Vinicus"

Ausgewiesene Weinspezialisten stehen den Kunden im „Weincontor Wiesbaden" zur Seite

Witzenhausen

Wein & Geist
Steinstr. 4, PLZ 37213,
Tel. 05542-36 91
Fr 10-18 Uhr, Sa 10-13 Uhr
Birgit und Fritz Stuber haben ein Hobby: Wein und Spirituosen – und das leben sie aus. Sie ist Buchhändlerin, er arbeitet als Berufsschullehrer. In der kleinen Stadt Witzenhausen kann man deshalb freitags und samstags im gemütlichen Laden sehr gute deutsche Weine und überraschende Whiskys, Cognacs, Rums und Obstbrände kaufen, beispielsweise von Haas, einem der besten der fränkischen „Rosenhut"-Vereinigung. Beim Wein gehören Weil, der Karthäuserhof, Markus Schneider, Rainer Sauer und Wagner-Stempel dazu, genauso wie unbekanntere Winzer, die das Paar an den freien Wochenenden besucht. Der Laden erinnert an ein gemütliches Wohnzimmer, vollgestellt mit Qualität.
Anzahl der Weine: 100
Weitere Angebote: Brände, Malt Whisky, Rum, Weinproben, Weinseminare

MECKLENBURG-VORPOMMERN

Bentwisch

Harms & Steder Weinhandel seit 1888
Hansestr. 19, PLZ 18182
Tel. 0381-493 02 40
www.harms-steder.de
Mo-Fr 8-18 Uhr EC MASTER VISA
Der Umzug in den Vorort Bentwisch hat dem Traditionshaus moderne, lichte Räume beschert. Weine aller deutschen Anbaugebiete, darunter die Sortimente der Weingüter Hensel und Hensel oder vom Nahe-Weingut Tesch. Neben deutschen Tropfen liegen weitere Schwerpunkte auf Frankreich und Spanien sowie auf Südafrika und Chile. Regelmäßig Weinproben und Veranstaltungen. Dependance in Rostock: „Carl & Konrad Wine Espresso Bar".
Anzahl der Weine: 2500
Weitere Angebote: Feinkost, Kaffee, Schokolade, Spirituosen, Whisky (Whiskymesse alle zwei Jahre), Weinproben, Weinseminare

M

Veit Barthels berät in der Rostocker „Carl & Konrad Wine Espresso Bar"

Rügen/Binz

Monte Vino

Paulstr. 1 (Altes Postamt), PLZ 18609
Tel. 038393-136 71
www.monte-vino-ruegen.de
Juni-Sept. Mo-Sa 11-22 Uhr, So 14-22 Uhr; Okt.-Mai Mo-Do 11-19 Uhr, Fr-Sa 11-21 Uhr EC MASTER VISA

Im besten Weinladen von Rügen sind alle deutschen Anbaugebiete vertreten, auch Sachsen und Saale-Unstrut. Mitbegründer Gerhard Pomp und Frank Pietschmann beziehen alle deutschen und auch die österreichischen Weine direkt vom Winzer. Der Rest von Europa und Übersee, von Argentinien bis Südafrika, ist mit einem kleinen Kontingent, meist im mittleren Preissegment, vertreten. Neben einer verstärkten Nachfrage nach deutschen Weinen registriert Pietschmann ein zunehmendes Interesse an guten Tropfen aus dem Bordeaux. Angeschlossen ist ein Bistro-Restaurant mit Sommerterrasse.

Anzahl der Weine: 400

Weitere Angebote: Antipasti, Biokäse und -wurst aus der Region, Brände und Liköre aus der Region, Essig, Kaffee, Olivenöl, Wurst, Pasta, Suppen

Rostock

SIEGER MECKLENBURG-VORPOMMERN

Carl & Konrad Wine Espresso Bar

Innenstadt
Kröpeliner Str. 26, PLZ 18055
Tel. 0381-490 98 46
www.carl-konrad.de
Mo-Sa 10-21 Uhr EC MASTER VISA

Name und Angebot haben sich geändert, der Standort in der gut besuchten Einkaufspassage „Galerie Rostocker Hof" ist geblieben. Nach wie vor treffen sich Rostocker in der City-Dependance des Weinhändlers „Harms & Steder" auf ein Gläschen Wein und/oder lassen sich einige Flaschen aus dem Sortiment einpacken. Allein 20 Sekte, Champagner und Proseccos stehen zur Auswahl, knapp die Hälfte wird auch als Probierschluck (0,1 l) serviert. Außerdem sind rote und weiße Flaschenweine zwischen 5 und 100 Euro im Angebot. Bei den Weißweinen dominieren deutsche Anbaugebiete, Sachsen und Saale-Unstrut inklusive.

Anzahl der Weine: 250

Weitere Angebote: Feinkost, Kaffee, Olivenöl, Schokolade, Weinproben, Weinseminare

Weine & Mehr

Innenstadt, Breite Str. 11, PLZ 18055
Tel. 0381-499 75 76
www.weine-und-mehr.de
Mo-Fr 10-19 Uhr, Sa 10-16 Uhr
AmEx EC MASTER VISA

Eine überdimensionale Weinflasche auf dem Gehweg macht auf den schmalen Laden zwischen Kröpeliner und Breiter Straße aufmerksam. Im Inneren finden sich Regale bis unter die Decke mit mehr als 400 Weinen, über 1000 weitere lagern im klimatisierten Weindepot in der Carl-Hopp-Straße 27. Das engagierte Team um Inhaber Armin Neumann veranstaltet alle zwei Jahre eine Weinmesse mit 50 Winzern vom Weingut Schloss Proschwitz in Sachsen bis zum

In wenigen Jahren zur führenden Weinadresse Schwerins aufgestiegen: „Weinhaus Krömer"

Château Monlot aus Saint-Émilion. Aktuelle Trends: Die Nachfrage nach deutschen und österreichischen Weinen steigt, die nach italienischen sinkt. Regelmäßige Weinproben im Weindepot.
Anzahl der Weine: 1000
Weitere Angebote: Balsamico, Feinkost, Olivenöl, Schokolade, Spirituosen

Unübersehbarer Hinweis vor dem Eingang: „Weine & Mehr" in Rostock

Schwerin

Weinhaus Krömer
Altstadt, Großer Moor 56, PLZ 19055
Tel. 0385-56 29 56
www.kroemer-schwerin.de
tgl. 10-22 Uhr EC
In wenigen Jahren hat der frühere Pächter des Traditionsweinhauses „Uhle" seinen eigenen Weinhandel zur führenden Adresse in der Landeshauptstadt gemacht. Der gelernte Sommelier Frank-Peter Krömer hat knapp 300 Tropfen im Angebot, und zwar aus allen deutschen Weinanbaugebieten. Daneben stehen in den Regalen Weine aus aller Welt, den Mittelmeerländern sowie aus Ungarn oder Neuseeland. Die profunde Beratung schließt moderierte Weinverkostungen einmal im Monat zu unterschiedlichen Themen ein (vom 1.1., 2.2. bis 12.12., d. h. immer an den „Schnapszahltagen" des Jahres). Angeschlossenes Café und Restaurant.
Anzahl der Weine: 300
Weitere Angebote: Schokolade, Weinzubehör, Weinproben, Weinseminare

Usedom/Ahlbeck

Weinladen Ahlbeck
Seestr. 1, PLZ 17419
Tel. 038378-471 18
www.weinladen-ahlbeck.de

Gabriele und Wolfgang Pretzel vom „Weinladen Ahlbeck" laden zu Essen und Trinken

Mo-Fr 10-18 Uhr, Sa 9-14 Uhr
AmEx EC MASTER VISA
„Wine & Dine" heißt das Motto im Weingeschäft in der Seestraße. So findet man neben einem guten deutschen, europäischen und südamerikanischen Weinangebot auch allerlei Leckereien, hauptsächlich in Bioqualität. Feine Schokoladen oder neapolitanischen Espresso kann man für zu Hause erwerben.
Anzahl der Weine: 500
Weitere Angebote: Feinkost, Schokolade, regionale Spezialitäten, Tischkultur, Weinproben, Weinseminare

Usedom/Heringsdorf

Lutter & Wegner

Kulmstr. 3, PLZ 17424, Tel. 038378-221 25
www.l-w-berlin.de
tgl. 11-24 Uhr EC MASTER VISA
Bar, Restaurant und Weinhandlung im mittleren der drei Kaiserbäder von Usedom sind ein beliebter Treffpunkt der Urlauber. In der gediegen-gemütlichen Dependance des Berliner Stammhauses spielen deutsche, österreichische und französische Weine, überwiegend auf mittlerem Preisniveau, die wichtigste Rolle. Von Tropfen aus Übersee hat man sich verabschiedet. Wer mehr als sechs Flaschen eines Weines kaufen möchte, sollte dies wegen des eingeschränkten Lagervorrates lieber vorher anmelden.
Anzahl der Weine: 300
Weitere Angebote: Essig, Käse, Öl, Wurst

Stralsund

Weinladen Kindler

Altstadt, Heilgeiststr. 91, PLZ 18439
Tel. 03831-70 34 40,
www.weinladen-kindler.de
Mo-Fr 10-18 Uhr, Sa 10-13 Uhr EC
Nachdem Mattias Kindler seinen Weinladen im historischen Zentrum von Stralsund mit maßgeschneiderten Regalen umgebaut hat, findet neben knapp 400 Weinen auch sein gedrechselter Riesenkorkenzieher als Blickfang im kleinen Verkaufsraum Platz. Neben deutschen Weinen sind Italien und die französischen Weine von der Rhône im Aufwind. Wichtig ist Kindler ein gutes Preis-Leistungs-Verhältnis, so wird man billige Massenweine, aber auch teure Châteaux bei ihm vergeblich suchen.
Anzahl der Weine: 370
Weitere Angebote: Antipasti, Feinkost, Käse, Kaffee und Kaffeebar, Pesto, Salami, Schinken, Schokolade, Weinproben, Weinseminare

Mattias Kindler vom „Weinladen Kindler" achtet auf das Preis-Leistungs-Verhältnis

Gutes Wein- und Spirituosenangebot bei „Knigge Wein & Spirituosen" in Braunschweig

NIEDERSACHSEN

Braunschweig

Harald L. Bremer

OT Querum, Efeuweg 3, PLZ 38104
Tel. 0531-23 73 60
www.bremerwein.de
Mi, Fr 13-18 Uhr, Sa 10-13 Uhr EC MASTER
Alles begann mit einem eigenen Weingut in der Maremma Mitte der 70er-Jahre. Das war für Harald L. Bremer der Startschuss für seinen Weinladen, den er heute gemeinsam mit Sohn Bodo Bremer führt. Neben einer kleinen Auswahl südamerikanischer Weine liegt der Fokus klar auf Italien: Beinahe alle Regionen sind vertreten, und die Winzer sind allesamt persönlich bekannt. Aus Überzeugung fehlen die ganz großen Namen der Szene – wegen des „gesunden Preis-Leistungs-Verhältnisses".
Anzahl der Weine: 200
Weitere Angebote: Antipasti, Balsamico, Feinkost, Gläser, Grappa, Olivenöl, Pasta, Weinproben, Weinseminare

Knigge Wein & Spirituosen

Innenstadt, Schillstr. 5, PLZ 38102
Tel. 0531-752 43
www.weinhandlung-knigge.de
Mo-Fr 10-18.30 Uhr, Sa 10-14 Uhr EC
Das alteingesessene Weingeschäft „Knigge" gehört seit einigen Jahren zu der renommierten „Weinhandlung Bremer" aus Göttingen. Das Sortiment ist breit aufgestellt und reicht von den europäischen Klassikern bis zu Weinen aus Übersee. Die Schwerpunkte liegen jedoch auf Deutschland und Frankreich; bemerkenswert ist die Auswahl an Bordeaux-Weinen. Bekannt ist das Geschäft darüber hinaus für sein gut sortiertes Whiskyangebot. Außerdem: Grappa, Rum, Obstbrände und andere Spirituosen. Wein- und Whiskyproben finden mehrmals im Jahr statt.
Anzahl der Weine: 800
Weitere Angebote: Feinkost, Weinzubehör, Weinproben, Weinseminare

Bremervörde

Kanaan – Wunderbare Weine

Neue Str. 86, PLZ 27432
Tel. 04761-74 99 20
www.kanaan-wein.de
Mo-Fr 10-18 Uhr, Sa 10-14 Uhr EC
Das Doppelhaus an der Hauptstraße von Bremervörde teilt sich das überschaubare

„Kanaan“ mit einem Blumengeschäft, dabei zieht im Schaufenster eine tuckernde Modelleisenbahn die Blicke auf sich. In Regalen und Kartons stehen ausgesuchte Weine aus den meisten deutschen Anbaugebieten von Ahr bis Württemberg. Aufgereiht sind auch Flaschen aus Slowenien, Frankreich, Ungarn und Italien. Als Besonderheit bietet Renate Hill auch koschere und vegane Weine sowie Bioweine an.
Anzahl der Weine: 250
Weitere Angebote: Brände, Feinkost, Grappa, Öl, Schokolade, Spreewälder Senf, Whisky, Weinproben, Weinseminare

Bückeburg

SIEGER NIEDERSACHSEN

Weinlager Barkhausen

OT Röcke, Röcker Str. 5
PLZ 31675
Tel. 05722-44 62
www.weinlager-barkhausen.de
Mo-Do 9-13 und 15-18 Uhr, Fr 9-18 Uhr, Sa 9-13 Uhr EC
Unser Sieger in Niedersachsen: Die renommierte Weinhandlung zwischen Bückeburg und Minden wurde 1869 gegründet und ist bekannt für ihre exklusive Bordeaux-Auswahl. Erst kürzlich wurde das Angebot an Spitzengewächsen aus dem südfranzösischen Roussillon von fünf auf 40 Weine aufgestockt. Der weitaus größere Teil der rund 800 angebotenen Weine ist jedoch preiswerter Alltagswein aus der ganzen Welt, der ausschließlich direkt importiert wird. Schwerpunkte: Deutschland mit Baden, Franken, Pfalz und Rheingau, Italien mit der Toskana und Spanien mit Rioja. In der halbrunden Probierecke können 30 offene Weine verkostet werden.
Anzahl der Weine: 800
Weitere Angebote: Essig, Feinkost, Konfitüre, Schokolade, Weinproben, Weinseminare

Zwischen Bückeburg und Minden liegt das „Weinlager Barkhausen“

Buxtehude

La Cantina Italiana

Rudolf-Diesel-Str. 2 b, PLZ 21614
Tel. 04161-704 40,
www.la-cantina-italiana.de
Mo 10-16 Uhr, Di-Fr 10-18.30 Uhr, Sa 10-14 Uhr EC
Dass es im Gewerbegebiet von Buxtehude eine exzellente Auswahl italienischer Weine gibt, hat sich nicht nur im Städtchen südlich der Elbe herumgesprochen. Alle Weinanbaugebiete Italiens sind in der nur sparsam dekorierten Halle vertreten, mit besonderer Betonung bei Weinen aus der Toskana. Inhaber und Gastronom Claudio Spinsanti ist Sommelier und betreibt ein Weingut bei Portonovo in den Marken. In letzter Zeit hat das Angebot deutscher und spanischer Weine deutlich zugelegt, die Aufnahme französischer Tropfen ins Programm wird vorbereitet. Profunde Beratung. Mehrere Veranstaltungen und Weinproben im Jahr.
Anzahl der Weine: 500
Weitere Angebote: Balsamico, Kaffee, Olivenöl, Pastasaucen, Trüffelspezialitäten, Weinproben, Weinseminare

Celle

Weinhandlung Rich. Bornhoeft

Altstadt, Zöllnerstr. 29
PLZ 29221
Tel. 05141-68 00
www.weinhandlung-bornhoeft.de
Mo-Do 9.30-13.30 und 15-18.30 Uhr, Fr-Sa 9.30-18.30 Uhr EC

Traditionsreiches Haus in Celle: „Weinhandlung Rich. Bornhoeft"

Die älteste Weinhandlung der Herzogstadt trägt seit 1889 den Namen Bornhoeft und wird seit 1984 von der Familie Surburg geführt. Erfreulicherweise hat sich das Geschäft in der pittoresken Altstadt mit der urgemütlichen Weinstube im Fachwerk-Innenhof seinen Charme bewahrt. Die rund 400 Weine liegen in hohen Holzregalen, gut sortiert nach deutschen Weinen, solchen aus Frankreich (Bordeaux, Burgund) und Italien (überwiegend Toskana und Venetien) sowie aus Übersee (Argentinien, Australien, Chile, Kalifornien, Südafrika). Neu hinzugekommen sind Weine aus Spanien (La Mancha, Rioja) und ein paar bekannte Winzer aus Portugal. Liebenswürdige Beratung mit fundierten Kenntnissen.
Anzahl der Weine: 400
Weitere Angebote: Weinproben

Delmenhorst

La Piazza

Annenheider Allee 97, PLZ 27751
Tel. 04221-68 02 78
www.lapiazza-delmenhorst.de
Mo 14.30-19 Uhr, Di-Fr 10.30-13 und 14.30-19 Uhr, Sa 10-15 Uhr EC
Bella Italia findet man hier: 30 italienische Weingüter aus 15 Regionen empfiehlt die sympathische Beraterin. 200 Gewächse vom Trentino über das Veneto, von den Marken bis nach Sizilien bieten etwas für den besonderen oder auch für jeden Tag, etwa im Herbst den Novello von Fantinel. Feiert man mit Freunden, darf's auch der Barolo in der Magnumflasche sein. Die Erzeugnisse der Weingüter reichen von Donnafugata über Garofoli und Poggio Pollino bis zu San Leonino oder Falesco. Außerdem gibt es italienische Spezialitäten und Weinproben.
Anzahl der Weine: 200
Weitere Angebote: Feinkost, Kaffee, Käse, Gewürze, Olivenöl, Pasta, Salami, Salz, Schinken, Sugos, Weinproben, Weinseminare

Weinlager Timmermann

Bremerstr. 74, PLZ 27749
Tel. 04221-140 42
Mo-Fr 9-12.30 und 14.30-18.30 Uhr, Sa 9-14 Uhr AmEx EC MASTER VISA
Freundliche Beratung wird bei „Timmermann" großgeschrieben, auch wenn jemand nur eine Flasche Cidre kauft und nicht gleich tiefer in die Tasche greift für einen Bordeaux, Riesling, Burgunder oder einen guten Port. Hier sind jedoch nicht nur über 500 Weine vor allem aus Europa, aber auch aus Übersee im Angebot. Brände ergänzen das Sortiment.
Anzahl der Weine: 550
Weitere Angebote: Feinkost, Gebäck, Trüffelprodukte, Weinproben, Weinseminare

Emden

Weinstein

Innenstadt, Große Str. 41, PLZ 26721
Tel. 04921-336 45
www.weinstein-emden.de
Mo-Do 9-13 und 14.30-18.30 Uhr, Fr 9-18.30 Uhr, Sa 9-16 Uhr EC
In dem übersichtlichen Eckladen finden sich hauptsächlich Weine aus Deutschland. Das Angebot wird ergänzt durch eine europäische Auswahl, zu der u. a. Rote und Weiße des sizilianischen Corte dei Mori zählen, und einige Weine aus der Neuen Welt. Weitere Angebote: Brände und Liköre (zum Abfüllen).
Anzahl der Weine: 300
Weitere Angebote: Feinkost, Olivenöl, Weinprobe

Freundliche Genuss-Oase in einem etwas düsteren Businesspark: „WeinStrecke" in Hameln

Göttingen

Weinhandlung Bremer

Innenstadt, Barfüßerstr. 10, PLZ 37073
Tel. 0551-540 17
www.weinhandlung-bremer.de
Mo 13-19 Uhr, Di-Mi, Fr 10-19 Uhr,
Do 10-20 Uhr, Sa 9.30-18 Uhr
AmEx EC MASTER VISA

Verlässlich und gut: Seit 225 Jahren existiert die „Weinhandlung Bremer" und ist heute das etablierteste Geschäft in der Göttinger Innenstadt neben der Tortenburg „Cron & Lanz". Das Ladenlokal, holzgetäfelt und in mediterranen Farben gehalten, birgt viel Weinverstand. Deshalb hat der Kunde nicht nur das „Kenn-ich-Erlebnis", sondern findet auch sehr gute Weine, die der Erfahrung der Familie Bremer zu verdanken sind. Eine gute Auswahl deutscher Weißweine und französischer Roter, mit den Schwerpunkten Bordeaux und Burgund, machen den Weinladen einerseits zu einer sicheren Adresse, andererseits überrascht er aber auch immer wieder mit Erzeugnissen, die von unbekannteren Weingütern stammen.

Anzahl der Weine: 800
Weitere Angebote: Accessoires, Feinkost, Olivenöl, Weinproben, Weinseminare

Hameln

WeinStrecke

OT Hefehofviertel, Hefehof 29, PLZ 31785
Tel. 05151-80 99 59
www.weinstrecke.de
Mo-Mi 15-18.30 Uhr, Do-Fr 12-18.30 Uhr,
Sa 10-15 Uhr EC VISA

Das Geschäft liegt etwas versteckt im Hefehof-Hauptgebäude nahe der Innenstadt. Die stillgelegte und zum Businesspark umfunktionierte Industrieanlage wirkt im Innern sogar tagsüber etwas düster, dafür ist der hell erleuchtete Weinshop umso einladender. In den eng gestellten Vitrinen und hohen Regalen finden sich Weine aus aller Welt, und das in jeder Preislage: darunter günstige Weißweine aus Baden, der Pfalz und Württemberg, aus Österreich kleine Sortimente von Strehn (Mittelburgenland) und Wimberger (Weinviertel). Die teuren Tropfen aus Frankreich und Italien sind in den schwarzen Regalen untergebracht, ältere Jahrgänge und Raritäten lagern gegenüber im Weinkeller. Weinproben auf Anfrage, Weinfeste im Frühjahr und im Herbst.

Anzahl der Weine: 750
Weitere Angebote: Essig, Feinkost, Olivenöl, Spirituosen, Weinproben, Weinseminare

Hannover

Barrique Hannover

OT Mitte, Ernst-August-Platz 2
PLZ 30159, Tel. 0511-169 42 43
www.barrique.de
Mo-Sa 10-20 Uhr AmEx DINERS EC MASTER VISA
Das Großunternehmen aus dem niedersächsischen Groß Lobke hat auch in der Ernst-

Gut beleuchtetes Sortiment in einer Shoppingmall: „Barrique Hannover"

August-Galerie gegenüber vom Hauptbahnhof eine Filiale. Das Geschäft im Untergeschoss der Shoppingmall führt 300 Weine, die meist von kleineren Familienbetrieben in Deutschland, Frankreich und Italien direkt bezogen werden. Die Neue Welt ist mit Argentinien und Chile gut vertreten, ältere Jahrgänge und ein paar Raritäten lagern im Klimaschrank. Außerdem Verkostungsabende zu jahreszeitlich wechselnden Themen wie „Wein & Schokolade" oder „Whisky".
Anzahl der Weine: 300
Weitere Angebote: Essig, Feinkost, Kaffee, Öl, Schokolade, Spirituosen, Tee, Trüffeln, Weinproben, Weinseminare

Esplanade

OT Südstadt, Geibelstr. 39-41, PLZ 30173
Tel. 0511-88 70 36

Mulitfunktionales Geschäft für Mode, Möbel und Wohnaccessoires: „Esplanade"

www.esplanade-hannover.de
Mo-Do 11-19 Uhr, Fr 10-19 Uhr,
Sa 11-15 Uhr EC
Das Geschäft mit der bunten Mosaikfassade offenbart sich erst auf den zweiten Blick als Geheimtipp für Weinfreunde. Dagmar Emmerling und Rolf Drieschner haben ihre Boutique für Damenmode, Möbel und Wohnaccessoires in einem Kino aus den 1950er-Jahren eingerichtet, die Weine sind etwas versteckt in den hinteren Logen-Appartements untergebracht. Bei der Auswahl des Sortiments wird zunehmend Wert gelegt auf ökologischen Anbau. Die rund 300 Weine, meist von kleineren Winzerbetrieben, konzentrieren sich auf Österreich (Burgenland, Steiermark, Wagram) und deutsche Rieslinge. Hinzu kommen preiswerte Top-Weine aus Italien, Spanien und Portugal. Die Beratung ist liebenswürdig und kompetent.
Anzahl der Weine: 300
Weitere Angebote: Feinkost, Gewürze, Kernöl, Schokolade, Weinproben, Weinseminare

Weinhandelshaus Hasselbring

OT Linden-Süd, Laporterstr. 20, PLZ 30449
Tel. 0511-126 08 40
www.hasselbring-wein.de
Mo-Fr 9-13 und 14-18 Uhr, Sa 10-14 Uhr
EC EC
Dietrich Hasselbring führt die im Jahr 1920 gegründete Weinhandlung im Stadtteil Lin-

1000 Weine und 2000 verschiedene Spirituosen: „Weinhandelshaus Hasselbring" in Hannover

den in zweiter Generation. Als Kaufmann der alten Schule pflegt er seit über 50 Jahren eine enge Zusammenarbeit mit seinen Lieferanten und importiert rund 1000 Weine aus aller Welt zum größten Teil direkt von den Erzeugern. In der eigenen Kellerei lagern rund 300 000 Flaschen, u. a. aus Israel, Kanada und Mexiko. Schwerpunkte: Deutschland (Baden, Mosel, Pfalz, Rheinhessen), Frankreich, Italien, Spanien. Eine Filiale („Weingalerie") ist im Stadtteil Buchholz ansässig. Dort werden auch Verkostungen und Weinseminare veranstaltet. Es wird ausführlich beraten.
Anzahl der Weine: 1000
Weitere Angebote: Spirituosen (2000 Sorten), Weinproben, Weinseminare

J.G. Hildebrandt

OT Südstadt, Mendelssohnstr. 1, PLZ 30173
Tel. 0511-88 88 88
www.weinhildebrandt.de
Mo-Fr 10-19 Uhr, Sa 10-14 Uhr
EC MASTER VISA

Hannovers älteste Weinhandlung (gegründet 1877) hat zum 135-jährigen Firmenjubiläum den Standort gewechselt und nur wenige Straßen weiter neue Räume bezogen. Vor fünf Jahren hat die Familie Adam den Traditionsbetrieb übernommen und neben dem Sortiment auch die Präsentation modernisiert. Bemerkenswert unter den rund 500 zum Teil hochwertigen Weinen aus aller Welt sind die Newcomer aus Italien, etwa Li Veli aus Apulien und Boroli aus dem Piemont, sowie junge deutsche Winzer wie Christian Stahl aus Franken und Markus Schneider aus der Pfalz. Darüber hinaus gibt es hier den Hannoverschen Rotspon, eine exklusive Weinspezialität. Von einigen Flaschen sind auch größere Formate vorrätig. Kenntnisreiche Beratung.
Anzahl der Weine: 500
Weitere Angebote: Accessoires, Champagner, Edelobstbrände, Feinkost, Olivenöl, Rum, Spirituosen, Whisky, Weinproben, Weinseminare

Mövenpick Weinkeller

OT List, Podbielskistr. 168, PLZ 30177
Tel. 0511-397 13 40
www.moevenpick-wein.de
Mo-Fr 10-19 Uhr, Sa 10-16 Uhr
AmEx EC MASTER VISA

Nach dem Umbau ist Hannovers größter Weinhandel kundenfreundlicher geworden. Die schlichten Holzregale sind durch gut beschriftete Weinschränke ersetzt worden, auch der Eingangsbereich wurde komplett modernisiert. Insgesamt sieht es nun nicht mehr nach einem Lagerverkauf aus, und die Übersicht über die rund 1200 Weine hat sich enorm verbessert. Deutschland, Frankreich und Italien sind mit allen wichtigen

Anbaugebieten präsent, auch aus Spanien, Österreich und Übersee gibt es eine große Auswahl. Deutlich ausgebaut wurde das Angebot aus der Schweiz und den USA, neu hinzugekommen sind Weine aus Bulgarien und Ungarn. Viele halbe Flaschen, Magnums und noch größere Formate.
Anzahl der Weine: 1200
Weitere Angebote: Accessoires, Feinkost, Olivenöl, Spirituosen, Weinproben, Weinseminare

Weinhaus Rehwinkel

OT List, Lister Meile 65, PLZ 30161
Tel. 0511-31 50 01
Mo-Fr 9.30-19 Uhr, Sa 9-16 Uhr
AmEx DINERS EC EC MASTER VISA
Seit 1897 handelt „Rehwinkel" mit Wein. Beliefert wird das Hauptgeschäft auf der Lister Meile überwiegend von kleineren Winzern aus Baden, der Pfalz und Rheinhessen sowie dem Süden Frankreichs. Aus Italien erreichen das Lager in Ronnenberg südlich von Hannover direkt importierte Weine aus den Marken, der Emilia-Romagna und seit Herbst auch aus Latium. Vereinzelt Magnumflaschen. Deutlich erweitert wurde das Spirituosenangebot: Man findet viele Winzer-Obstbrände aus Franken, Baden und der Pfalz, rund 100 Single Malts sowie zwei Dutzend Trester, Marc und Grappas. Im Frühjahr und Herbst finden Hausmessen statt. Im Stadtteil Linden gibt es eine Filiale mit einem kleineren Sortiment.
Anzahl der Weine: 550
Weitere Angebote: Essig, Obstbrand, Öl, Saucen, Schokolade, Spirituosen, Terrinen, Trüffel, Whisky, Weinproben, Weinseminare

Sapori

Innenstadt, Joachimstr. 8, PLZ 30159
Tel. 0511-807 77 42
www.sapori.net
Mo-Fr 9-19 Uhr, Sa 10-16 Uhr
AmEx EC MASTER VISA
Die beste Adresse der Stadt für das Beste, was Italien kulinarisch zu bieten hat. Auch die Weinregale sind gut bestückt: Mit rund 250 Positionen gibt es eine Auswahl sehr guter, preiswerter Alltagsweine – von Südtirol bis Sizilien ist jede Region vertreten (auch ältere Jahrgänge und große Flaschen). Raritäten wie ein nobler 1955er „Spanna" vom piemontesischen Weingut Vallana lagern wohltemperiert im Klimaschrank. Aus der Sapori Selezione kommen Rosso Piceno und Verdicchio, direkt importiert von einem kleinen Winzer in den Marken. Neu im

„Sapori" versorgt Italienfans aufs Beste mit Weinen und Delikatessen

Programm: rund 20 Rieslinge aus der Pfalz, Rheinhessen und von der Mosel. Gelegentlich Verkostungen mit Gastwinzern.
Anzahl der Weine: 250
Weitere Angebote: Feinkost, Grappa, Likör, Olivenöl, Pasta, Schokolade, Tee

Vinoteca Gallo Nero

OT Groß-Buchholz, Groß-Buchholzer Kirchweg 72 b, PLZ 30655
Tel. 0511-546 34 34
www.gallo-shop.de.de
Mo-Fr 11-14 und 18-20 Uhr, Sa 17-20 Uhr
EC EC
Der Eingang zur kleinen Weingalerie für große italienische Gewächse liegt etwas versteckt unterm mächtigen Blätterdach einer Kastanie direkt neben dem Restaurant „Gallo Nero". Patron und Sommelier Emilio Dettori kennt seine Lieferanten aus Südtirol, dem Piemont, Venetien, der Toskana und

N

der Lombardei sowie aus seiner Heimat Sardinien persönlich und hat jeden der rund 400 Weine selbst verkostet. Auf seine Empfehlungen ist Verlass. Stammkunden dürfen ihm schon mal in den Schatzkeller unter dem Restaurant folgen, wo auch ältere

In der „Vinoteca Gallo Nero" hat Gastronom und Sommelier Emilio Dettori das Sagen

Jahrgänge und limitierte Künstler-Editionen von Jermann aus dem Friaul lagern. Weinproben auf Anfrage, zweimal im Jahr Sortimentsverkostung.
Anzahl der Weine: 400
Weitere Angebote: Olivenöl, Weinproben, Weinseminare

Wede Vini

OT Oststadt, Wedekindplatz 2, PLZ 30161
Tel. 0511-336 06 10
www.wedevini.de
Mo-Fr 10-19 Uhr, Sa 10-15 Uhr EC
Heike Hofmann und Hilmar Zobel haben sich mit ihrer 2006 eröffneten Weinhandlung nahe der Lister Meile gut etabliert. Die beiden sind mit sicherem Gespür stets auf der Suche nach vielversprechenden Neuentdeckungen und noch wenig bekannten Winzern mit Top-Weinen. Ihr respektables Sortiment ist auf über 600 Weine aus Deutschland, Frankreich, Italien, Portugal und Spanien angewachsen, darunter rund 30 Bioweine von kleinen handwerklich arbeitenden Betrieben, einige Flaschen aus Österreich, Rumänien und Übersee sowie ältere Jahrgänge aus dem Bordelais – überwiegend direkt importiert und im Stadtteil Linden gut gelagert. Anfang November gibt es eine große Sortimentsprobe mit Gastwinzern sowie gelegentlich Autorenlesungen und Weinseminare. Außerdem: Degustationsmenüs, Winzersekte und Champagner im Rüttelpult, lose Spirituosen im Glasballon, 30 Single Malts, Weinaccessoires und Weinliteratur.
Anzahl der Weine: 600
Weitere Angebote: Accessoires, Bücher, Essig, Feinkost, Gläser, Olivenöl, Schokolade, Spirituosen, Weinproben, Weinseminare

Wein & Co

OT List, Göbelstr. 2, PLZ 30163
Tel. 0511-62 02 88
www.weinundco.com
Mo-Do 15-20 Uhr, Fr 12-20 Uhr, Sa 10-16 Uhr EC
In seinem kleinen Laden im Stadtteil List verkauft Marc Skodock rund 400 preiswerte Alltagsweine, die er vorzugsweise direkt von kleinen Winzerbetrieben und Genossenschaften bezieht. Im Angebot sind überwiegend süditalienische Weine aus Apulien, Kalabrien und Sizilien. Auch aus Spanien kommen ein paar Flaschen, Deutschland ist mit drei Winzern aus der Pfalz, Rheinhessen und Württemberg vertreten. Bordeaux-/Burgund-Jahrgänge ab 1990, auch größere Formate bis Balthasar. Einmal im Monat gibt es themenbezogene Weinproben.
Anzahl der Weine: 400
Weitere Angebote: Balsamico, Espresso, Olivenöl, Pasta, Weinproben, Weinseminare

Wingert Weinhandel

OT List, Jakobistr. 31, PLZ 30163
Tel. 0511-62 03 88
www.wingertweinhandel.de
Mo-Fr 11-19 Uhr, Sa 9-14 Uhr EC
„Wingert" sagen die Hessen, „Wengert" die Franken und „Wangert" die Rheinländer. Alle anderen sagen einfach „Weinberg". Für Götz Kreikemeier ist jedoch nur von Belang, dass die Reben darauf ökologisch angebaut werden. Seit 21 Jahren

Der Hannoveraner „Wingert" hat Bioweine aus aller Welt im Sortiment

betreibt er im Stadtteil List Hannovers immer noch einziges Fachgeschäft für Bioweine aus aller Welt, die er im kühlen Keller unterm Laden lagert. Schwerpunkte unter den rund 250 Positionen sind die wichtigsten deutschen Anbaugebiete sowie Frankreich mit Languedoc und Rhône, Italien mit Piemont und Sizilien sowie Spanien mit Katalonien und Rioja. Ein paar Flaschen kommen auch aus Österreich, Chile und Südafrika. Fundierte Beratung.
Anzahl der Weine: 250
Weitere Angebote: Feinkost, Weinproben, Weinseminare

Hildesheim

Vino – Ihr Weinmarkt

OT Ost, Herbert-Quandt-Str. 1, PLZ 31135
Tel. 05121-697 19 70
www.vino24.de
Mo-Fr 10-20 Uhr, Sa 10-18 Uhr
AmEx | EC | MASTER | VISA

Der Shop im Gewerbegebiet Bavenstedt ist übersichtlich nach Herkunftsländern aufgeteilt: Entlang der Wände reihen sich passable und preiswerte Alltagsweine aus den wichtigsten deutschen und italienischen Anbaugebieten, Frankreich sowie Spanien. Österreich und das kleine Übersee-Sortiment befinden sich in der Mitte des geräumigen Ladens. Im Klimaschrank warten einige ältere Jahrgänge und Raritäten aus dem Bordeaux und der Toskana auf Interessenten. Rund 20 aktuelle Weine können jederzeit probiert werden. Einmal im Monat findet eine Weinprobe statt (max. 30 Personen, ab 20 Euro).
Anzahl der Weine: 500
Weitere Angebote: Bücher, Feinkost, Olivenöl, Schokolade, Weinaccessoires, Weinproben, Weinseminare

„Vino – Ihr Weinmarkt": übersichtlich nach Herkunftsländern geordnete Auswahl

Höfer

Vino Rosso

Schulstr. 25, PLZ 29361
Tel. 05145-28 48 42
www.rosso-vino.de
Fr 14-19 Uhr, Sa 10-14 Uhr,
Mo-Do abends nach Vereinbarung

Uwe Hoffmann hat den Ausschank eingestellt und widmet sich verstärkt dem Handel mit rund 200 Weinen aus Italien, Spanien und seiner Heimat Österreich. In der Fachwerkkate am Rand der Lüneburger Heide östlich von Celle verkauft er bemerkenswert gute und günstige Tropfen aus Apulien, der Toskana, Sizilien und Venetien sowie aus dem Burgenland und der Steiermark. Im Keller unter der Weinstube lagern noch einige Barolos aus den 1980er-Jahren. Regelmäßig Weinproben mit Winzern, Degustationsmenüs und Martinsgans-Essen.

Anzahl der Weine: 180
Weitere Angebote: Edelbrände, Feinkost, Grappa, Olivenöl, Weinproben, Weinseminare

Isernhagen

Art. Wein-Gourmet

OT Kirchhorst, Tischlerstr. 12, PLZ 30916
Tel. 05136-972 03 33
www.piazza-italiana.org
Mo-Fr 9-18 Uhr, Sa 9-16 Uhr EC
In der zweckmäßigen „Piazza Italiana"-Lagerhalle mit Bistro und Weinbar im Gewerbegebiet stehen fünf Meter hohe Regale mit rund 1000 Weinen aus fast allen Regionen Italiens (Schwerpunkte: Friaul, Piemont, Toskana, Sizilien), die Flasche meist deutlich für unter 10 Euro. Wer das Besondere sucht, sollte nach der kleinen Kammer auf der Galerie fragen. Dort „versteckt" man wahre Schätze: Über 200 italienische Spitzenweine, kostbare Raritäten, Sondereditionen und große Formate. Jeden Samstag von 11 bis 15 Uhr gibt es eine Weinprobe mit jungen Weißweinen, Ende November zweitägiges Weinfestival mit Winzern und Livemusik. Fachkundige Beratung.
Anzahl der Weine: 1000
Weitere Angebote: Essig, Feinkost, Käse, Olivenöl, Wurst, Weinproben, Weinseminare

Christ Weinhandelsgesellschaft

Potsdamer Str. 1, PLZ 30916
Tel. 0511-456 09 00
www.alleswein.com
Di-Fr 10-19 Uhr, Sa 10-14 Uhr EC VISA
Doris und Joachim Christ sind im September 2010 mit ihrer „Weinhandelsgesellschaft" vom Rittergut Remeringhausen bei Stadthagen ins Gewerbegebiet Altwarmbüchen nordöstlich von Hannover gezogen. Die große Lagerhalle mit kleinem Showroom steht im Hinterhof eines Wohnhauses (Einfahrt über die Jacobistraße). Auf 850 Quadratmetern lagern rund 850 Weine, ausschließlich Direktimporte, viele in Bioqualität. Doris und Joachim Christ sind Experten für französische Weine und besitzen einen eigenen Weinberg im Roussillon. Von ihrer Domaine de L'Horizon kommen hochwertige Cuvées, die es auch im Laden zu kaufen gibt. Separater Klimaraum mit älteren Jahrgängen ab 1961, Raritäten und großen Flaschen.
Anzahl der Weine: 850
Weitere Angebote: Balsamico, Öl, Pasta, Schokolade, Weinproben, Weinseminare

Laatzen

Overseas Wines

Mannheimer Str. 3, PLZ 30880
Tel. 0511-260 06 15
www.overseas-wines.de
Mo-Fr 9.30-18 Uhr EC MASTER VISA
Der Fachhandel für rund 300 direkt importierte, außergewöhnliche Weine von kleinen Produzenten und Newcomern aus Australien, Neuseeland und Südafrika hat mittlerweile auch ein ansehnliches Sortiment von guten Tropfen aus Deutschland und Österreich. Ebenfalls zugelegt hat das Angebot mit Premier und Grand Cru Champagnern von namhaften Häusern. Zweimal im Jahr Sortimentsverkostungen, regelmäßige Weinproben mit wechselnden Themen und Degustationsmenüs mit Gastköchen.
Anzahl der Weine: 300
Weitere Angebote: Olivenöl, Weinproben, Weinseminare

Langen

Vinothek Ahlfeld

Ziegeleistr. 45, PLZ 27607
Tel. 04743-67 45
www.karl-lorenzen.de
Mi-Fr 10-13 und 15-18 Uhr,
Sa 10-13.30 Uhr AmEx DINERS EC MASTER VISA
Wäre da nicht das Hinweisschild, würde man den Weinladen neben einer Seniorenresidenz auf dem hinteren Teil des Grundstücks nicht vermuten. Die kleine „Vinothek" wurde 2010 von der Bremerhavener „Weinhandlung Karl Lorenzen" übernommen und hat daher Zugriff auf deren Sortiment an Rot- und Weißweinen aus aller Welt. Es gibt auch viele Rum-, Cognac- und Whiskyspezialitäten.

Anzahl der Weine: 250
Weitere Angebote: Feinkost, Weinproben, Weinseminare

Leer (Ostfriesland)

Wein Wolff

Altstadt, Rathausstr. 16-18
PLZ 26789
Tel. 0491-92 52 30
www.wein-wolff.de
Mo-Fr 9-13 und 15-18 Uhr EC
Der jahrhundertealte Weinkeller bei „Wein Wolff" erzählt ostfriesische Kaufmanns- und Weingeschichte und reicht bis zum Leeraner Hafen. In dem historischen Giebelhaus sind alle Provenienzen versammelt: 1000 Weine für jedes Budget. Da überraschen große Châteaux kaum, etwa Pétrus, Calon Ségur oder Greysac, aber auch Leo Hillingers Zweigelt gefällt oder der Brunello di Montalcino von der Cantina Bonacchi. Mehrfach ausgezeichnet wurde Wolff für die überragende Auswahl deutscher Spitzenwinzer. Wer Gutes tun will, kauft den Rheinhessen-Riesling „Watt'n Wein", davon gehen fünf Cent an die Seehundaufzuchtstation. Filialen in Oldenburg (2), Brake, Jever, Emden, Norderney und Wildeshausen.
Anzahl der Weine: 1000

Auch ein Stück ostfriesischer Kaufmannsgeschichte: „Wein Wolff" in Leer

Lehre

Vin-Nett

Berliner Str. 66, PLZ 38165
Tel. 05308-96 13 97
www.vinnett.de
Mo-Fr 9-18.30 Uhr, Sa 9-16 Uhr
EC MASTER VISA
Erst auf den zweiten Blick entdeckt man im hinteren Teil des Ladens – zwischen Wohnaccessoires und Feinkostprodukten – die Weinabteilung. Sofort fällt die gelungene Zusammenstellung des Sortiments auf: Von Italien bis Israel, von Argentinien bis Australien wechseln sich die Namen bekannter Weingüter mit denen spannender Neulinge ab. Immer größer wird dabei der Anteil deutscher Weine. Regelmäßige Weinproben. Zum Laden gehört außerdem ein Bistrocafé.
Anzahl der Weine: 350
Weitere Angebote: Essig, Feinkost, Kaffee, Olivenöl, Tee, Trüffeln, Weinproben, Weinseminare

Lehrte

Eva Karste – Vins de France

OT Sievershausen, Kantstr. 17, PLZ 31275
Tel. 05175-72 34
www.karste-online.de
Mo-Sa 10-19 Uhr
Von der A 2 bei Lehrte sind es nur wenige Hundert Meter die Abfahrt hinunter zum Wohnhaus von Eva und Günter Karste im Ortsteil Sievershausen. Im kleinen Anbau links daneben, den sie charmant „Caveau" (Weinkeller) nennen, kann man sich mit erstklassigen Weinen, ausgefallenen Spirituosen und Delikatessen aus Frankreich eindecken. Ein Großteil der Weine kommt

N

direkt aus dem Languedoc-Roussillon und von der Rhône. Nicht mehr ganz so üppig ist das Angebot aus Bordeaux und Burgund sowie von älteren Jahrgängen, Raritäten und großen Flaschen. Eva Karste berät charmant und mit großer Sachkenntnis.
Anzahl der Weine: 170
Weitere Angebote: Feinkost, Gewürze, Olivenöl, Salze, Weinproben, Weinseminare

Lingen (Ems)

Willenbrock Weine & Delikatessen
Espenweg 1, PLZ 49808
Tel. 0591-96 33 60
www.willenbrock.com
Mo-Fr 9-18.30 Uhr, Sa 9-18 Uhr

„Willenbrock Weine & Delikatessen": Hier finden Genießer alles, was ihr Herz begehrt

EC MASTER VISA
Geballte Weinkompetenz, mehrere Standorte: Neben seinem Stammhaus in Lingen – 600 Weine aus aller Welt, große Auswahl an Feinkost, Kaffeespezialitäten und Edelspirituosen, Präsentausstellung – führt Hendrick Willenbrock auch ein Geschäft im nordrhein-westfälischen Rheine (Salzbergener Str. 89). Hier gesellen sich in hellem Ambiente zu ausgesuchten Gewächsen schicke Designklassiker für die gehobene Tafelkultur. Des Weiteren wurde im April 2011 in der Euregio-Gemeinde Nordhorn (Alfred-Mozer-Str. 30), nahe der niederländischen Grenze, die „Weinhandlung M. Korgitta" übernommen und qualitativ geliftet.
Anzahl der Weine: 600
Weitere Angebote: Feinkost aus Deutschland, Frankreich, Italien, Spanien, Whisky, Weinproben, Weinseminare

Lohne (Oldenburg)

Dehlwisch – Handelshaus für internationale Getränke
Bahnhofstr. 31, PLZ 49393
Tel. 04442-939 20
www.dehlwisch.de
Mo-Fr 8.30-13 und 14-18.30 Uhr,
Sa 8.30-13.30 Uhr
AmEx DINERS EC MASTER VISA
„Dehlwisch" im Oldenburger Münsterland hat mit über 1000 Gewächsen aus aller Welt nicht nur einen umfangreichen Weinkeller, sondern mit Heinz Meistermann auch einen ambitionierten Weinakademiker an der Spitze, der das Sortiment vom einfachen Landwein bis zum Hochgewächs kenntnisreich auswählt und präsentiert. In dem großzügig angelegten Geschäft erklärt man fachkundig und freundlich die Geschichte eines Pineau des Charentes oder eines Floc de Gascogne. Selbstverständlich darf man probieren. Regelmäßige Themenseminare und Winzervorträge.
Anzahl der Weine: 1100
Weitere Angebote: Cognac, Feinkost, Honig, Konfitüre, Obstbrände, Olivenöl, Pralinen, Spirituosen, Tee (170 lose Sorten), Whisky, Weinproben, Weinseminare

Lüneburg

Weinzeit Brinkmann
Altstadt, Auf der Altstadt 12, PLZ 21335
Tel. 04131-76 14 06
Mo-Fr 10-13 und 14-18 Uhr, Sa 10-14 Uhr
EC
Rund 500 Weine hat Ulrike Brinkmann im hellen und freundlichen Eckladen in der Lüneburger Altstadt in ihren Regalen. Die Weine deutscher Winzer, etwa von Klumpp

Kompetente Beratung durch Ulrike Brinkmann im „Weinzeit Brinkmann"

aus dem Nordbadischen, Studier aus der Pfalz und vom württembergischen Weingut Graf Neipperg ordert sie direkt, weitere Tropfen in Zusammenarbeit mit dem Haupthaus in Bremen. Neben Deutschland sind hier vor allem Franzosen gefragt, überwiegend mit Flaschenpreisen zwischen 5 und 15 Euro. Mehrmals im Monat gibt es Weinproben und andere Veranstaltungen rund um den Wein.
Anzahl der Weine: 500
Weitere Angebote: Balsamico, Grappa, Konfitüre, Oliven, Olivenöl, Portwein, Pralinen, Schokolade, Sherry, Whisky, Weinproben, Weinseminare

Lüner Mühle
Innenstadt, Bei der Lüner Mühle
PLZ 21335, Tel. 04131-30 83 00
www.bergstroem-weine.de
Mo-Fr 15-24 Uhr, Sa-So 11-24 Uhr
AmEx DINERS MASTER VISA
Für die Kundschaft in seinem Weinshop sorgt das repräsentative Tagungshotel „Bergström" im Wasserviertel von Lüneburg fast allein, wenn Seminargruppen bei einer Weinprobe oder dem Genuss der zwei Dutzend offenen Weine auf den Geschmack kommen. Vor allem am Wochenende nutzen auch viele Lüneburger das Angebot, hier zu Ladenpreisen eine Flasche Wein zu erstehen. Die gut geschulten und zuvorkommenden Restaurantmitarbeiter können aus einem Sortiment von 500 mittelpreisigen, aber auch hochwertigen Weinen bedienen. Lagen in Deutschland und Italien überwiegen, man kann aber auch mit einem 2004er „Opus One" aus dem Napa Valley und neben einem Château Mouton Rothschild Premier Grand Cru classé 1999 aus Pauillac mit weiteren renommierten Bordeaux-Weinen aufwarten.
Anzahl der Weine: 500
Weitere Angebote: Weinproben

Neustadt am Rübenberge

Duprès-Kollmeyer
Innenstadt, Marktstr. 1, PLZ 31535
Tel. 05032-33 02
www.dupres-kollmeyer.de
Mo-Fr 8.30-18 Uhr, Sa 10-13 Uhr EC
Die Familie Plinke betreibt in vierter Generation Norddeutschlands einzige Sektkellerei im Neustädter Schloss Landestrost und führt seit 1792 auch eine Weinhandlung in der Fußgängerzone. Dort werden rund 500 Weine angeboten – überwiegend Erzeugerabfüllungen von deutschen Winzergenossenschaften in Rheinland-Pfalz, direkt importierte Spitzenweine und Raritäten aus Bordeaux, der Toskana und dem Piemont sowie einige Newcomer aus Portugal und Spanien. Chile und Argentinien sind seit vertreten. Jeden dritten Samstag von 12 bis 17 Uhr Gratis-Weinprobe im Sektkeller.
Anzahl der Weine: 500
Weitere Angebote: Feinkost, Olivenöl, Weinproben, Weinseminare

La Bottega del Vino
Am Schützenplatz 10, PLZ 31535
Tel. 05032-91 90 77
www.weinscheune-neustadt.de
Mo-Fr 9-13 und 14.30-18.30 Uhr,
Sa 9-14 Uhr EC
Die schmucke Scheune hinterm Amtsgericht ist eine der ältesten und am besten sortierten Weinhandlungen in Niedersachsen.

750 Weine aus aller Welt gibt es in der „La Bottega del Vino " – auch aus Mexiko

2005 hat Giuseppe „Pino" Ciano die Geschäfte übernommen. Der sympathische Italiener war lange Jahre als Betriebsassistent bei der örtlichen Sektkellerei Duprès-Kollmeyer tätig und kennt das Metier von der Pike auf. In seiner historischen Weinscheune lagern rund 750 Weine aus aller Welt – preiswerte italienische Alltagsweine, deutsche Rieslinge und Spätburgunder sowie respektable Tropfen aus dem Bordelais und Burgund. Kleines Überseesortiment, Exoten aus Mexiko, Rumänien und Ungarn, selektionierte Weine aus Deutschland und Italien, Rothschild-Raritäten, trinkfähige Bordeaux-Jahrgänge bis 1954, große Formate bis zwölf Liter.
Anzahl der Weine: 750
Weitere Angebote: Essig, Feinkost, Gewürze, Konfitüre, Olivenöl, Pasta, Pralinen, Saucen, Schokolade, Senf, Spirituosen, Weinaccessoires, Weinproben

Pius' Weinwirtschaft

Ludwig-Enneccerus-Platz 1, PLZ 31535
Tel. 05032-96 77 39
www.pius-weine.de
Di-Sa 17-24 Uhr EC MASTER VISA
Der Weinhandel mit Gastronomie ist in einer kleinen Schule von 1851 untergebracht und ein echtes Schmuckstück. 2006 wurde das Gebäude saniert und stilvoll eingerichtet. Blickfang sind die beiden begehbaren und mit einigen kostbaren Bordeaux gefüllten Klimaschränke im Foyer, dahinter öffnet sich das Bistro mit Terrasse an der alten Stadtmauer, einer Showküche zur Linken und der Weinstube zur Rechten. Die Flaschenweine in den fast vier Meter hohen Holzregalen werden offen ausgeschenkt und außer Haus verkauft. Schwerpunkte: deutsche Weißweine aus Rheinhessen und Rotweine aus Frankreich, Italien und Spanien. Frisch zubereitete mediterrane Snacks und Flammkuchen.
Anzahl der Weine: 250
Weitere Angebote: Essig, Käse, Olivenöl, Schokolade, Weinproben, Weinseminare auf Anfrage

Weinkontor Rothärmel

OT Mariensee, Kötnerweg 15, PLZ 31535
Tel. 05034-921 61
www.web-weinkontor.de
Fr 10-12 und 15-18 Uhr, Sa 10-13 Uhr
EC
Das gut versteckte „Weinkontor" im Anbau eines Wohnhauses ist auch nach 18 Jahren noch immer so etwas wie ein Geheimtipp. Beate Rothärmel nimmt sich viel Zeit für eine persönliche Beratung und kann zu

fast jedem ihrer Weine eine wissenswerte Geschichte erzählen. Das Sortiment wurde etwas erweitert und umfasst nun rund 250 handverlesene Weine: Deutschland ist mit Franken, Nahe und Rheinhessen gut vertreten, Frankreich mit Bordeaux, Burgund und dem Süden, Italien mit Sardinien und der Toskana, Spanien mit Ribera del Duero und Rueda. Neu dabei: Neuseeland, Argentinien und Australien. Beliebt sind die Weinproben mit Vier-Gänge-Menü sowie die „Wein-Lounge"-Abende im April und Oktober.
Anzahl der Weine: 250
Weitere Angebote: Essig, Feinkost, Gebäck, Olivenöl, Schokolade, Sugos, Tapenaden, Trüffelprodukte, Weinproben, Weinseminare

Norden

Das Kontor

Große Neustr. 8/9, PLZ 26506
Tel. 04931-16 87 30
www.das-kontor-norden.de
Mo-Fr 9.30-18 Uhr, Sa 9.30-14 Uhr EC
Weinfreunden und Genießern sei ein Besuch in dem friesischen Giebelhaus (inklusive Restaurant im Wintergarten) von Familie Fuchs empfohlen: international und kenntnisreich angelegtes Sortiment (mehr als 750 Weine) mit Schwerpunkten Deutschland, Frankreich und Italien; hochklassige Gewächse der bekannten Regionen eingeschlossen, etwa die 2005er Mergelweg Spätburgunder Spätlese aus dem Hause Knipser; ein 1993er Chambertin Clos de Bèze Grand Cru von Faiveley oder ein 1997er Castello di Brolio aus der Toskana. Zuvorkommende Beratung.
Anzahl der Weine: 750
Weitere Angebote: Antipasti, Balsamico, Feinkost, Käse, Pasta, Schinken

Weinhandel und Restaurant im friesischen Giebelhaus: „Das Kontor" in Norden

Oldenburg

Weinhaus Kottkamp

OT Donnerschwee, Donnerschweer Str. 54
PLZ 26123, Tel. 0441-880 60
www.weinhaus-kottkamp.de
Mo-Fr 9-13 und 14.30-18.30 Uhr,
Sa 9-14 Uhr EC
In Oldenburgs ältestem Weinhaus finden sich mehr als 800 Weine. Der Einsteiger bekommt Günstiges, der Kenner geht gut begleitet auf Entdeckungsreise durch namhafte Anbaugebiete Deutschlands, Frankreichs, Italiens und Spaniens. Übersee ist mit Chile, Argentinien, Australien und Südafrika vertreten.
Anzahl der Weine: 800
Weitere Angebote: Brände, Feinkost, Olivenöl, Schokolade, Spirituosen, Whisky, Weinproben, Weinseminare

Weinhandlung Ingrid Steden

OT Bloherfelde, Bloherfelder Str. 43
PLZ 26129, Tel. 0441-153 80
www.weinhandlung-steden.de
Mo-Fr 9.30-18.30 Uhr, Sa 9.30-14 Uhr
EC
Seniorchefin Ingrid Steden hat sich zwar 2008 zurückgezogen, berät Sohn Carsten Steden (und die Stammkundschaft) aber weiterhin gern. Persönlich geführter Familienbetrieb mit gut 400 ansprechend präsentierten Sorten, vor allem aus Deutschland, Frankreich, Spanien und Italien, aber auch Besonderheiten wie koscheren Wein von

N

den Golanhöhen im Nahen Osten. Außerdem: Winzersekte, ausgewählte Champagner, Brände, Port und mediterrane Spezialitäten. Alles kann man auf dem Parkplatz vor der Tür bequem in den Pkw einladen.
Anzahl der Weine: 400
Weitere Angebote: Balsamico, Konfitüre, Olivenöl, Pasteten, Senf

Wein Wolff
Scheideweg 100, PLZ 26127
Tel. 0441-925 68 67
www.wein-wolff.de
Mo-Sa 8-21 Uhr EC
In deckenhohen Regalen liegt hier Flasche an Flasche, übersichtlich nach Anbaugebieten sortiert. Die ganze Welt des Weins ist im Angebot: etwa die 2010er Scheurebe aus dem fränkischen Juliusspital, der vergleichsweise junge Riesling „Volratz 1573" von Schloss Vollrads, für Bordeaux-Freunde der 2006er Chasse Spleen aus dem Médoc oder ein kalifornischer Woodhaven Zinfandel aus Monterey. Die Supermarktatmosphäre beim Weinkauf ist etwas gewöhnungsbedürftig.
Anzahl der Weine: 600

Osnabrück

Wein Fohs
Innenstadt, Krahnstr. 7, PLZ 49074
Tel. 0541-266 16
www.wein-fohs.de
Mo-Fr 9.30-19 Uhr, Sa 9.30-17 Uhr
EC MASTER VISA
„Wein Fohs" ist in einem schönen Fachwerkhaus aus dem Jahre 1586 zu finden. Mit den kostbaren Holzschnitzereien zählt das „Haus Willmann" zu den bedeutendsten Renaissancebauten in Niedersachsen. Solch kulturelles Erbe verpflichtet, und so präsentiert Herlinde Fohs ihr anspruchsvolles Sortiment von rund 600 Weinen aus Europa und Übersee. Gutes Angebot an Champagnern, Cavas und Sekten deutscher Spitzenweingüter, etwa von Künstler im Rheingau und Meyer-Näkel an der Ahr; zu entdecken sind Gewächse aus Griechenland, Portugal und Ungarn. Freundliche, kompetente Beratung, regelmäßige Weinproben und Whisky-Tastings.
Anzahl der Weine: 600
Weitere Angebote: Champagner, Whisky, Weinproben, Weinseminare

Moderner Laden in einem bedeutenden Renaissancegebäude: „Wein Fohs"

Wein Krämer
OT Weststadt, Am Kirchenkamp 15
PLZ 49078, Tel. 0541-580 75 91
www.wein-kraemer.de
Do-Fr 15-18.30 Uhr, Sa 10-14 Uhr
EC MASTER VISA
Viel Holz, heimelig, etwas verwinkelt: Das kleine Geschäft von Jürgen Krämer ist ein rechter Ort zum Stöbern. Schildchen an den Regalen, mit Informationen zum Weingut und kurzen Degustationsnotizen, sorgen für erste Orientierung. Auf Wunsch wird sehr kompetent beraten, außerdem darf probiert werden. Das rund 500 Weine umfassende Angebot setzt Schwerpunkte in Deutschland, Frankreich, Italien – mit besonderem Augenmerk auf autochthone Rebsorten – und Spanien. Es lassen sich berühmte und „teure" Namen wie Château Montrose, Corton Charlemagne, „Sassicaia" oder Angelo Gaja finden, aber ebenso auch weniger bekannte Gewächse aufstrebender Jungwinzer sowie Alltagstaugliches zu moderaten Preisen.
Anzahl der Weine: 500
Weitere Angebote: Balsamico, Olivenöl, Weinproben, Weinseminare

Osterholz-Scharmbeck

Weinkontor Allgeier
OT Scharmbeckstotel, Hauptstr. 50
PLZ 27711, Tel. 04791-502 07 82
www.weinallgeier.de
Di-Fr 14-20 Uhr, Sa 10-16 Uhr
Zwei große Fässer markieren den Eingang zum „Weinkontor Allgeier" in der Doppelhaushälfte an der Hauptstraße; im Schaufenster weisen viele Korken und namhafte Etiketten, etwa vom 1997er Crozes-Hermitage, darauf hin, dass sich hier einer auskennt: Inhaber Ingo-Christian Allgeier hat seine Expertise u. a. im „Bremer Ratskeller" erworben. Gut beschriftete Regale erleichtern es, einen Überblick über die 250 Positionen zu bekommen. Besonderer Wert wird auf Weine naturverbundener Winzer gelegt (Weingut von Racknitz, Schlossgut Ebringen). Weinprobe jeden ersten Samstag im Monat.
Anzahl der Weine: 250
Weitere Angebote: Fleur de Sel, Olivenöl, Schokolade, Weinproben, Weinseminare

Der Weinstein
Bahnhofstr. 57, PLZ 27711
Tel. 04791-92 91 96
www.weinstein-osterholz.de
Mo-Fr 9-18.30 Uhr, Sa 9-13 Uhr EC
Helles Ambiente und eine freundliche Bedienung, die sich mit den rund 300 Weinen, vor allem aus Europa, auskennt. Auf Jahreszeiten oder Länder abgestimmte Präsentationen machen Lust aufs Probieren: etwa einen 2010er Gelben Muskateller oder Grünen Veltliner von Hugl. Außerdem: mediterrane Spezialitäten und Weinseminare.
Anzahl der Weine: 300
Weitere Angebote: Brände, Liköre, Schokolade, Weinproben, Weinseminare

Papenburg

Papenburger Weincomptoir Rüther
Hauptkanal rechts 39-41, PLZ 26871
Tel. 04961-919 00
www.ruether.eu
Mo-Fr 9-18.30 Uhr, Sa 9-16 Uhr
AmEx EC MASTER VISA
Direkt am idyllischen Hauptkanal liegt das „Weincomptoir Rüther", das als Reminiszenz an die Hafenstadt-Tradition den vor den Toren Bordeaux' abgefüllten „Papenburger Rotspon" anbietet. Darüber hinaus verfügt der Direktimporteur über ein individuell zusammengestelltes Sortiment an Weinen nicht nur aus Deutschland und Österreich, sondern auch aus anderen europäischen Weinanbaugebieten und Übersee.
Anzahl der Weine: 130
Weitere Angebote: Kaffee, Pralinen, Olivenöl

Schortens

Gembler
OT Heidmühle, Oldenburger Str. 33
PLZ 26419, Tel. 04461-86 20

Schmucker Laden im Herzen der niedersächsischen Heidestadt: „Ratsweinhandlung Uelzen"

www.gembler-getraenke.de
Mo-Fr 8-18.30 Uhr, Sa 8-13 Uhr
EC | MASTER | VISA
Neben dem firmeneigenen Parkplatz für die Bierlaster bietet das dunkelrot verklinkerte Spirituosen- und Weinhaus „Gembler" eine gute Auswahl an Weinen: Die patente Bedienung empfiehlt Tropfen aus der Neuen und der Alten Welt in unterschiedlichen Preissegmenten. Auch kroatische und bulgarische Weine sowie Spirituosen gibt es.
Anzahl der Weine: 300
Weitere Angebote: Spirituosen

Stuhr

Vino – Ihr Weinmarkt

OT Brinkum, Bremer Str. 106, PLZ 28816
Tel. 0421-871 80 46
www.vino24.de
Mo-Fr 10-19 Uhr, Sa 10-18 Uhr
AmEx | EC | MASTER | VISA
Großzügig angelegter Weinsupermarkt im Brinkumer Outlet-Quartier mit nach Ländern und Regionen aufgeteiltem Sortiment von 500 Weinen aus aller Welt, routinierter Beratung, einem Dutzend offener Weine zum Probieren sowie Sonderangeboten: So gab es bei unserem Besuch etwa den aus apulischen Negroamaro gekelterten Apollonio Elfo Apollonio schon für 5,49 Euro oder einen Réserve De Pierre Costière de Nîmes von der Rhône für 3,99 Euro.
Anzahl der Weine: 500
Weitere Angebote: Bücher, Feinkost, Olivenöl, Schokolade, Weinaccessoires, Weinproben, Weinseminare

Uelzen

Ratsweinhandlung Uelzen

Bahnhofstr. 42, PLZ 29525,
Tel. 0581-24 83
www.ratsweinhandlung.de
Mo-Fr 9-18 Uhr, Sa 10-14 Uhr
AmEx | EC | MASTER | VISA
Im über 500 Jahre alten ehemaligen Rathausanbau wird fachkundig mit rund 350 Weinen gehandelt. Der schmucke Laden im Herzen der Heidestadt lässt sich vorzugsweise direkt von kleineren Winzerbetrieben aus Baden, der Pfalz und dem Rheingau sowie aus Süditalien und Spanien beliefern, hat aber auch Top-Weine aus dem Languedoc und vom Neusiedlersee im Sortiment. Im Kellergewölbe lagern die Raritäten, etwa französische Crus classés aus den 1950er-Jahren und spanische 1962er Gran Reserva. Eigenes Weinfest kurz nach Pfingsten.
Anzahl der Weine: 350

Weitere Angebote: Feinkost, Olivenöl, Schokolade, Spirituosen, Weinproben, Weinseminare

Vechta

Wein-Ellendorff

Große Str. 107, PLZ 49377
Tel. 04441-23 33
www.wein-ellendorff.de
Mo-Sa 9.30-18.30 Uhr EC

Klein, aber fein: In den Laden an Vechtas Hauptgeschäftsstraße lockt nicht nur das eine oder andere Tischwein-Sonderangebot von etwa 2 Euro (z. B. Villa Viola Rosso), das in Körben vor der Tür steht, sondern auch die geschmackvolle Präsentation des etwa 400 Weinsorten umfassenden Sortiments. Wer über das helle Parkett an den Fächern entlangflaniert, entdeckt wohlsortierte Flaschen aus den bekannten Anbaugebieten. Die Neue Welt ist auch vertreten, beispielsweise mit der argentinischen Bodega del Fin del Mundo. Fragen nach Besonderem aus Deutschland, Frankreich und Italien werden gern beantwortet.

Anzahl der Weine: 400
Weitere Angebote: Gebäck, Pasta, Saucen, Weinproben, Weinseminare

Werlte

Walter Deitermann

Hauptstr. 76, PLZ 49757, Tel. 05951-840
www.walterdeitermann.de
Mo-Fr 8-18 Uhr, Sa 8-14 Uhr
AmEx EC MASTER VISA

Die Anfänge des traditionsreichen Familienunternehmens gehen zurück auf die 1850 gegründete Kornbrennerei, die heute 40 eigene Brände und Liköre zum Sortiment beiträgt. Das besondere Engagement der Inhaber gehört dem Wein aus aller Welt – und so wird das Geschäft im Emsland regelmäßig ausgezeichnet, zum Beispiel für die mit großer Kenntnis ausgewählten Bordeaux-Jahrgänge, zu denen ein 1995er Château Haut Bailly ebenso zählt wie ein 2006er Château Moulin Haut Laroque. Hier findet man aber auch die „Limited Edition 07" von Dorina Lindemann aus dem Alentejo ebenso wie Günstiges aus Südafrika, etwa Simonsig Chenin blanc oder Welmoed Chenin blanc. Großzügig angelegtes Geschäft mit Probiermöglichkeiten.

Anzahl der Weine: 750
Weitere Angebote: Brände, Chutneys, Essig, Feinkost, Gläser, Liköre, Olivenöl, Weinproben, Weinseminare

Wildeshausen

Wildeshauser Wein-Kontor

Dr.-Klingenberg-Str. 1 a, PLZ 27793
Tel. 04431-946 40
www.weinkontor-wildeshausen.de
Mo-Fr 10-19 Uhr, Sa 10-13 Uhr EC

Im Neubau des „Hotel Lindenau" versteckt sich das „Wildeshauser Wein-Kontor": Allein 200 Sorten aus Deutschland, darunter ein Schwarzriesling von der fränkischen Winzergenossenschaft Divino Nordheim, werden hier präsentiert. Getreu dem Motto „Weine, die nicht jeder hat" wählt man Erlesenes aus Frankreich, Italien, Spanien und Portugal aus.

Anzahl der Weine: 330
Weitere Angebote: Brände, Feinkost, Grappa, Liköre, Zigarren, Weinproben, Weinseminare

Wilhelmshaven

Bismarck-Contor

OT Heppens, Bismarckstr. 57, PLZ 26384
Tel. 04421-319 31
www.bismarck-contor.de
Mo-Mi 9-18.30 Uhr, Do-Fr 9-19 Uhr, Sa 8-14 Uhr EC

Inhaber Andreas Schütz zählt zu den in Österreich diplomierten Weinakademikern. Von der etwas heruntergekommenen Straße tritt man gern in seine Welt des guten Geschmacks und der Delikatessen ein. Sauber beschriftete Regale, in denen Flaschen aus der Neuen und Alten Welt nach Regionen sortiert liegen: Schätze aus dem Médoc, dann aus Italien, beispielsweise mit hervor-

ragendem Vino Nobile von der Fattoria del Cerro. Auf der einen Seite Rieslinge von Balthasar Ress sowie Kerner und Lemberger vom Württemberger Sonnenhof, dort Übersee mit Weingütern wie Hoopenburg (Südafrika) oder Viña Tarapacá (Chile). Auch gute Biowein-Auswahl, zum Beispiel von Krebs-Grode. Weinproben und Whisky-Degustationen.
Anzahl der Weine: 550
Weitere Angebote: Confiserie, Honig, Kaffee, Käse, Konfitüren, Pasta, Pesto, Salami, Schinken, Spirituosen, Tee, Weinproben, Weinseminare

Winsen (Luhe)

Klein's Weindepot

Rathausstr. 46, PLZ 21423
Tel. 04171-60 47 47
Mo-Fr 9-18.30 Uhr, Sa 9-14 Uhr
www.kleins-weindepot.de
EC MASTER VISA

An Platz mangelt es Horst und Thomas Klein in ihrem Ladengeschäft in Winsens Fußgängerzone nicht, da können sie neben ihren Weinregalen mit knapp 350 Gewächsen bequem noch einige Tische unterbringen, an denen Kunden vom Einkaufsstress bei einem Gläschen Wein oder einem Espresso verschnaufen können. Der Schwerpunkt des Angebots liegt eindeutig bei preisgünstigen Weinen, doch Winsener schrecken auch vor teureren Bordeaux aus dem Pomerol oder Pinot noir aus Vosne-Romanée nicht zurück. Ein Dutzend Flaschen stehen immer zum Probieren bereit. Die Rieslinge von Jörg Thanisch aus Bernkastel an der Mosel oder von Toni Jost aus Bacharach am Rhein, die Kaiserstuhl-Weine der Bischoffinger Winzergenossenschaft und andere Tropfen aus Deutschland beziehen die Kleins direkt. Dreimal im Jahr gibt es Weinpräsentationen.
Anzahl der Weine: 350
Weitere Angebote: Feinkost, Gebäck, Öl, Weinproben, Weinseminare

Zeven

Weinhaus Stratmann

OT Aspe, Südring 3, PLZ 27404
Tel. 04281-937 70
www.weinhaus-stratmann.de
Mo-Fr 9-18.30 Uhr, Sa 9-14 Uhr
EC MASTER VISA

Einladende Präsentation von rund 800 Weinen im „Weinhaus Stratmann" in Zeven

Von dem Industriegebiet am Stadtrand Zevens darf man sich nicht abschrecken lassen: Eine Weinpresse und eine riesige Flasche vor dem Eingang markieren die Zentrale vom „Weinhaus Stratmann". 800 Weine aus allen namhaften Anbaugebieten der Welt werden hier großzügig präsentiert, Platz für Weinproben ist im hinteren Bereich. Der Schwerpunkt liegt auf Erzeugnissen aus Deutschland, Südfrankreich sowie der Toskana. Günstiges, etwa ein Candidato Tempranillo Tinto von den Bodegas Martinez Bujanda für 3,95 Euro, fehlt ebenso wenig wie ein 1999er Mouton Rothschild für 199 Euro. Freundliche, kompetente Beratung.
Anzahl der Weine: 800
Weitere Angebote: Cognac, Feinkost, Grappa, Malt Whisky, Obstbrände, Olivenöl, Sherry, Weinaccessoires, Weinproben, Weinseminare

NORDRHEIN-WESTFALEN

Aachen

Aix Vinum

Innenstadt, Kleinmarschierstr. 39
PLZ 52062, Tel. 0241-660 30
www.aixvinum.de
Mo-Fr 10.30-18.30 Uhr,
Sa 10-16 Uhr EC

Ein kleiner Laden nahe dem Aachener Kaiserdom, mit frisch renoviertem Innenleben, der sich seines großen Anteils von Direktimporten rühmt. Die Weinkarte wird von deutschen und italienischen Tropfen dominiert, aber auch die (Süd-)Frankreich-Fraktion kommt auf ihre Kosten. Mit über 100 Positionen gibt es eine bemerkenswerte Australien-Abteilung (vorwiegend Mollydooker). Einen Probeschluck kann man hier nicht nehmen, dafür gibt es lebhafte, sachkundige Beratung sowie mehrmals jährlich Themen-Degustationen in der zugehörigen „Vertical"-Weinbar. Franchise-Ableger in Düren und Geilenkirchen.
Anzahl der Weine: 1000
Weitere Angebote: Feinkost, Olivenöl, Weinproben, Weinseminare

Kleiner Laden mit großem Angebot nahe dem Aachener Kaiserdom: „Aix Vinum"

Caves d'Aix

Innenstadt, Oppenhoffallee 133
PLZ 52066, Tel. 0241-50 70 98
www.cavesdaix.de
Mo-Fr 11-19 Uhr, Sa 10-16 Uhr
AmEx EC MASTER VISA

Ohne gute Ortskenntnis ist dieser Weinkeller im Altbauhinterhof kaum zu finden – trotzdem ist er eine Aachener Institution. Ohne viel Schnickschnack drum herum verkauft Inhaber Maurice Coeuru seit über 30 Jahren vor allem französische Weine – Favoriten zurzeit Languedoc-Roussillon, Bordeaux, Burgund und Côtes du Rhône. Aber auch Italien- und Spanien-Liebhaber werden unter insgesamt rund 600 Positionen fündig. Die Raritätenkammer hält einige Hundert Schätze bereit, zum Beispiel die 1970er Mouton Rothschild Magnum. Monatliche Themen-Weinproben und eine Auswahl an Champagnern und Single Malt Whiskys runden das Angebot ab. Eine Filiale: „Weinladen an der Neupforte", Neupforte 24, 52062 Aachen.
Anzahl der Weine: 600
Weitere Angebote: Essig, Olivenöl, Weinproben, Weinseminare

DiVinum
OT Frankenberg, Bachstr. 70, PLZ 52066
Tel. 0241-50 38 78
www.koehnewein.de
Di-Fr 14-20 Uhr, Sa 11-18 Uhr EC
Wort- und gestenreich führt Patron und Hobbykoch Friedrich Köhne, der seine Vorliebe für französische Tropfen durch die Baskenmütze auf dem Kopf demonstriert, die Kunden durch seine vinophile Welt. Im recht stylishen, aufgeräumt wirkenden Laden reichen die Weinregale mit allein rund 120 Sorten Bordeaux und bis zu 100 Sorten Burgunder bis unter die hohen Altbaudecken. Aber auch Deutschland-Fans kommen mit rund 120 Positionen auf ihre Kosten. Auf der langen Theke steht immer eine Reihe offener Flaschen zum Probieren. Im kleinen Innenhof und im Laden werden regelmäßig Verkostungen veranstaltet. Auf Wunsch werden Geschenkflaschen mit aus Frankreich importierten Strohhüllen verpackt.
Anzahl der Weine: 750
Weitere Angebote: Brände, Grappa, Feinkost, Olivenöl, Portwein, Sherry, Weinproben, Weinseminare

120 Sorten Bordeaux und bis zu 100 Sorten Burgunder gibt es bei „DiVinum"

Weinhaus Lesmeister
Innenstadt, Pontstr. 62, PLZ 52062
Tel. 0241-40 49 32
www.weinhaus-lesmeister.de
Mo-Fr 10-19 Uhr, Sa 10-16 Uhr
EC MASTER VISA
In einem denkmalgeschützten Altstadthaus gelegen, bietet dieser schwerpunktmäßig französisch, deutsch und italienisch sortierte Handel eine erstaunliche Bandbreite an Weinen und Spirituosen. Die Aachener Studentenschaft versorgt sich hier mit preisgünstigen Pfandflaschenweinen, im Raritätenkeller findet sich aber auch ein 1939er Armagnac. Dazu gibt's eine Auswahl an Champagnern, Obstdestillaten und Single Malts sowie Weinzubehör. Am langen Klostertisch in der hübschen Stube im ersten Stock finden alle zwei Wochen Weinseminare statt. Eine Filiale am Marktplatz 20.
Anzahl der Weine: 700
Weitere Angebote: Armagnac, Cognac, Essig, Olivenöl, Schokolade, Spirituosen, Whisky, Weinproben, Weinseminare

Arnsberg

Wein & Geist
OT Neheim, Möhnestr. 5, PLZ 59755
Tel. 02932-89 34 62
www.weinundgeist-neheim.de
Mo-Fr 9.30-13 und 14.30-18.30 Uhr,
Sa 9.30-14 Uhr EC
Dicht an dicht reihen sich die Weine aus Europa und Übersee, Liköre (über 100 Spezialitäten) und die feine Kost (vom Dattel-Balsam-Essig bis zum Buschtomaten-Chutney aus Australien) im 80 Quadratmeter großen Laden. Hier geht der Kunde in jeder Hinsicht gut beraten, zufrieden und voll bepackt von dannen.
Anzahl der Weine: 500
Weitere Angebote: Essig, Feinkost, Olivenöl

Bad Oeynhausen

Westfälisches Weinkontor
Innenstadt, Königstr. 29-31, PLZ 32545
Tel. 05731-281 11
www.biethahn-weinkontor.de
Mo 14.30-18.30 Uhr, Di-Fr 10-13 und 14.30-18.30 Uhr, Sa 9-13 Uhr EC

Die Vermittlung von Weinwissen liegt Maik Biethahn sehr am Herzen. Regelmäßig werden in seinem Weinkontor Proben zu bestimmten Regionen und ausgesuchten Winzern, Verkostungen mit Menü sowie Volkshochschulseminare durchgeführt. Zweimal im Jahr findet eine Hausmesse statt. Ständig im Angebot sind rund 300 Weine aus

Will Weinwissen vermitteln: Maik Biethahn vom „Westfälischen Weinkontor"

den großen Anbauländern Europas, aber auch aus Australien, Chile und Südafrika. Deutsche Gewächse im Sortiment kommen bevorzugt aus Baden, Franken und Rheinhessen. Probieren sollte man aber auch den Trollinger der engagierten Ökowinzerin Ilse Häge aus Württemberg.
Anzahl der Weine: 300
Weitere Angebote: Chutney, Pasta, Pesto, Pralinen, Schokolade, Spirituosen, Trüffelprodukte, Weinproben, Weinseminare

Bergisch Gladbach

Bensberger Weinlädchen

OT Bensberg, Schlossstr. 31 a, PLZ 51429
Tel. 02204-564 34
www.bensberger-weinlaedchen.de
Mo-Fr 9-19 Uhr, Sa 9-15 Uhr
EC MASTER VISA
Direkt unterhalb des Bensberger Schlosses, in dem Joachim Wissler mit seiner Sterneküche glänzt, hat sich vor zehn Jahren Ulrich Zeuge mit seinem kleinen, liebevoll gestalteten Laden eingerichtet. „Wein für alle Tage" bietet das „Weinlädchen", schwerpunktmäßig deutscher, französischer und spanischer Provenienz, zu sympathischen Preisen (5 bis 10 Euro). Aber auch große Namen wie Mouton Rothschild finden sich im rund 800 Positionen umfassenden Angebot. Der Wunsch nach einem Gläschen zur Probe wird gern erfüllt, zweimal im Jahr lädt der Inhaber Stammkunden zu einer Degustation. Wer mag, bekommt aus der Feinkosttheke den passenden Käse oder Schinken zum Wein. Gag am Rande: Es kann in D-Mark bezahlt werden. Filiale: Refrather Weinladen, Im Hilgersfeld 44, 51427 Bergisch Gladbach.
Anzahl der Weine: 800
Weitere Angebote: Accessoires, Cidre, französische Delikatessen, Käse, Schinken, Spirituosen, Weinproben, Weinseminare

Beverungen

Vinothek Schneider

Lange Str. 30, PLZ 37688
Tel. 05273-22 86 29
Di-Fr 10-12.30 und 15-18 Uhr, Sa 10-13 Uhr
EC
Zusätzlich zu ihrem Weinladen in Höxter eröffnete Birgit Schneider vor vier Jahren ihre „Vinothek" in Beverungen. Im Zentrum ihres Angebots stehen Weine aus Italien, Frankreich und Deutschland – insbesondere von kleineren Weinbaubetrieben. Die persönliche Bekanntschaft zu den Winzern sowie die regelmäßigen Besuche der Weingüter gehören zur Geschäftsphilosophie von Birgit Schneider und tragen zur guten Beratung beim Kauf bei. Die Flaschenpreise liegen zwischen 7 Euro und 60 Euro. Angeboten werden außerdem Cognac und Obstbrände. Hin und wieder finden auch Weinproben statt.
Anzahl der Weine: 200
Weitere Angebote: Balsamico, Cognac, Grappa, Liköre, Obstbrände, Olivenöl, Schokolade, Weinproben, Weinseminare

Bielefeld

Götterfunke Wein und Delikatessen

Altstädter Kirchstr. 14, PLZ 33602
Tel. 0521-383 52 22
www.goetterfunke-wein.de
Di-Fr 10-19 Uhr, Sa 10-17 Uhr
AmEx EC MASTER VISA

Mitte September 2009 eröffnet, ist der „Götterfunke" die jüngste unter Bielefelds guten Weinhandlungen. Das Ambiente hat Inhaber Thomas Refardt sehr modern, hell und designorientiert gestaltet. Ein schicker Rahmen für das kleine Feinkostangebot und die rund 250 Weine aus Deutschland, Frankreich, Italien, Österreich und Spanien. Bei der Zusammenstellung des Sortiments wird viel Wert auf ein besonders gutes Preis-Leistungs-Verhältnis gelegt. Was speziell bei „teuren" Regionen nicht immer einfach ist, aber hier bleibt selbst Bordeaux nicht nur spannend, sondern auch bezahlbar. Es finden auch Weinproben, Weinseminare sowie Weinabende mit Menü statt.

Anzahl der Weine: 250
Weitere Angebote: Essig, Gebäck, Olivenöl, Schokolade, Weinproben, Weinseminare

Weinparadies Hess

Innenstadt, Siechenmarschstr. 24
PLZ 33615, Tel. 0521-13 23 03
www.weinparadies-hess.de
Mo 15-18.30 Uhr, Di-Fr 9.30-18.30 Uhr, Sa 9.30-13.30 Uhr EC

Das mit 400 Quadratmetern nicht gerade kleine Weinfachgeschäft liegt, etwas versteckt in einem Hinterhof, in einer ruhigen Wohnstraße. Das Sortiment umfasst rund 700 Gewächse aus den großen Weinanbauländern Europas und aus Übersee. Schwerpunkte sind Deutschland, Frankreich und Italien. Sehr gut aufgestellt ist auch die Spanien-Abteilung. Hier finden sich die Varietäten des traditionsreichen Sherry-Hauses Emilio Hidalgo ebenso wie die zu entdeckenden Tropfen des jungen, aufstrebenden Weingutes Comenge in der Spitzenregion Ribera del Duero. Probiert wird an einer Degustationstheke, zweimal im Jahr werden Hausmessen veranstaltet.

Anzahl der Weine: 700
Weitere Angebote: Feinkost, Grappa, Obstbrände, Olivenöl, Whisky, Weinproben, Weinseminare

Klötzer Delikatessen

Innenstadt, Niedernstr. 41, PLZ 33602
Tel. 0521-96 77 50
www.kloetzer-delikatessen.de
Mo-Do 10-18.30 Uhr, Fr 9.30-18.30 Uhr, Sa 9.30-16 Uhr EC

Klein, aber fein ist die Weinabteilung in einem der schönsten Feinkostläden von Nordrhein-Westfalen. Gewächse aus Europa und Übersee werden angeboten, vorwiegend im mittleren bis höheren Preisbereich. Besondere Beachtung verdienen die Grands Crus im Bordeaux-Eckchen sowie weitere Raritäten aus Frankreich und Italien, die in einer abgeschlossenen Vitrine lagern. Der Kunde kann in aller Ruhe schauen, wird aber auf Wunsch auch sehr freundlich und fachkundig beraten.

Anzahl der Weine: 200
Weitere Angebote: Essig, Feinkost, Käse, Öl, Pralinen, Schinken, Spirituosen, Wurst, Weinproben, Weinseminare

Maison du Vin

Innenstadt, Niederwall 46, PLZ 33602
Tel. 0521-17 80 28
www.weinversand.de
Jan.-Okt. Mo-Fr 15-18.30 Uhr, Sa 10-16 Uhr, Nov.-Dez. Mo-Fr 10-19 Uhr, Sa 10-16.30 Uhr EC

In seinem kleinen, mit Kronleuchter und viel dunklem Holz gediegen eingerichteten Laden konzentriert sich der Elsässer Michel Fischer auf die großen europäischen Weinanbauländer Deutschland, Frankreich, Italien, Österreich, Portugal und Spanien. Unter seinen rund 400 Weinen lassen sich viele prominente Namen finden. Aber auch Geheimtipps wie der 2005er Conte des Floris „Lune Blanche" des ehemaligen Weinjournalisten Daniel Conte des Floris, ein reinsortiger Carignan blanc aus dem Languedoc mit

„Maison du Vin": Hier sind Weine aus allen großen europäischen Anbauländern zu finden

komplexer Aromenfülle. Sehr kompetente Beratung. Alljährlich findet im November eine große Degustationsveranstaltung statt.
Anzahl der Weine: 400
Weitere Angebote: Cognac, Likör, Obstbrände, Olivenöl, Rillettes, Schokolade, Tapenade, Weinproben, Weinseminare auf Anfrage

Vinophil
OT Senne, Windelsbleicher Str. 237,
PLZ 33659, Tel. 0521-383 67 48
www.vino-phil.de
Di-Fr 11-19 Uhr, Sa 10-14 Uhr
EC MASTER VISA
Seit 2008 bietet Norman Thal in seinem schlicht-elegant gestalteten Laden rund 450 Weine an: Die klassischen Anbauländer Europas sind gut vertreten, dazu kommen Erzeugnisse aus Argentinien, Australien, Chile, Südafrika und den USA sowie – sonst sehr selten zu finden – Kanada. Viele Gewächse werden direkt bei kleinen Weingütern eingekauft, von der Rhône sowie aus Südfrankreich, aus dem Piemont und aus Katalonien importiert man selbst. Alle 14 Tage finden Weinproben statt, des Weiteren werden Seminare zu ausgewählten Ländern, Regionen oder Winzern veranstaltet. Darüber hinaus gibt es gelegentlich auch Whisky-Tastings.
Anzahl der Weine: 450
Weitere Angebote: Essig, Kaffee, Olivenöl, Pralinen, Schokolade, Spirituosen, Whisky, Weinproben, Weinseminare

Wein-Anton
Innenstadt, Stapenhorststr. 37
PLZ 33615, Tel. 0521-12 32 63
www.wein-anton.de
Di-Fr 10-13 und 15-18.30 Uhr,
Sa 10-13 Uhr EC
Seit nunmehr 60 Jahren verkauft Familie Anton in einem kleinen Souterrainladen nebst angrenzendem Kellergewölbe hochwertige Weine. Klaus und Sabine Anton, Inhaber in zweiter Generation, offerieren rund 800 Gewächse aus Europa und Übersee – mit besten Verbindungen zu deutschen Spitzenwinzern und zahlreichen Direktimporten von kleineren Weingütern in Frankreich, Italien, Österreich und Spanien. Sehr persönliche und nette Beratung. Regelmäßig werden zur Freude der Kunden Weinproben und Weinseminare sowie Menüabende mit befreundeten Spitzenköchen aus der Region veranstaltet. Eine schöne Filiale gibt es in Werther (Venghaussplatz 1, Tel. 05203/8 88 31).

„Vinophil": Auch Seltenes bekommt seinen Platz – etwa Wein aus Kanada

Anzahl der Weine: 800
Weitere Angebote: Balsamico, Olivenöl, Schokolade, Weinproben, Weinseminare

Bocholt

Haus der Weine

Wesemannstr. 1, PLZ 46397
Tel. 02871-82 82, www.haus-der-weine.de
Mo-Fr 10-19 Uhr, Sa 9-16 Uhr EC
Was in den späten 1980er-Jahren als Hobby einer Vorbesitzerin begonnen hat, präsentiert sich heute als ein anerkanntes Fachgeschäft. Seit September 2007 führt der

Kathrin Manz, Heiko und Annette Mätzig, Ute Mertens, Heinz Korobczuk (v. l.) aus Bocholt

Önologe Heiko Mätzig den Weinhandel. Sein Angebot umfasst rund 400 Weine aus den klassischen Anbauländern Europas sowie aus Übersee. Aus Frankreich, Italien und Spanien wird direkt importiert. Regelmäßig finden Weinproben und -seminare statt, deren Bandbreite vom Basiswissen bis zur Degustation von Kultweinen wie „Opus One" oder „Vega Sicilia" reicht.
Anzahl der Weine: 400
Weitere Angebote: Balsamico, Feinkost, Gläser, Olivenöl, Schokolade, Weinaccessoires, Weinproben, Weinseminare

Bochum

Bodegas Rioja

OT Querenburg, Lennershofstr. 156
PLZ 44801, Tel. 0234-978 95 67
www.bodegas-rioja.de
Mo-Fr 11-18.30 Uhr, Sa 10-15 Uhr
EC MASTER VISA
Obwohl schon seit Langem auch Weine aus Deutschland, Frankreich, Italien und Österreich verkauft werden, gilt dieser Weinhandel als *die* Spanien-Adresse im Ruhrgebiet, und das seit nunmehr drei Jahrzehnten. Über 30 spanische Anbaugebiete sind hier mit ihren Gewächsen versammelt. Die Angebotspalette reicht vom einfachen, aber ehrlichen Landwein über herausragende Weißweine der Region Rueda – Blanco Nieva Pie Franco von uralten Rebstöcken! – bis zu Pago-Weinen von klassifizierten Einzellagen. Umfangreiche Degustationsmöglichkeiten.
Anzahl der Weine: 400
Weitere Angebote: Feinkost, Olivenöl, Weinproben, Weinseminare

Meyerhof

Innenstadt, Westring 33, PLZ 44787
Tel. 0234-96 12 10
www.meyerhof.de
Mo-Fr 10-19 Uhr, Sa 10-16 Uhr
EC MASTER VISA
Das Ambiente ist elegant, die Beratung sehr qualifiziert und freundlich: hervorragende Rahmenbedingungen für rund 800 Weine aus den klassischen Anbauländern Europas und aus Übersee. Die Deutschland-Abteilung ist sehr ansehnlich. Hier finden sich bekannte Namen wie Carl Loewen, S.A. Prüm, von Bassermann-Jordan oder das auf Rotweine spezialisierte Weingut Jean Stodden, aber auch bemerkenswerte Gewächse von Winzergenossenschaften. Prominent aufgestellt sind Italien und Österreich. Hohe Kompetenz besitzt das seit 1908 bestehende Traditionsunternehmen ebenfalls bei Whisky, Obstbränden etc.
Anzahl der Weine: 800
Weitere Angebote: Feinkost, Spirituosen, Weinproben, Weinseminare

Vinaglobo Weine von Welt

OT Langendreer, Langendreerstr. 26
PLZ 44892, Tel. 0234-324 59 86

www.vinaglobo.de
Di-Do 14-19 Uhr, Fr 11-19 Uhr,
Sa 11-16 Uhr
Unter den 400 Weinen, die Olaf Vorberg anbietet, finden sich viele schöne, aber zugleich alltagstaugliche Tropfen in der Preisklasse von 5 bis 10 Euro. Auf den zweiten Blick fällt der hohe Anteil an Bioweinen auf. Diese kommen nicht nur aus Deutschland,

Olaf Vorberg bietet in seinem Laden „Vinaglobo Weine von Welt" viele Bioweine an

sondern aus allen großen Anbauländern Europas und aus Übersee, etwa die fair gehandelten Gewächse der Stellar Winery, Südafrikas größtem Produzenten von „organic wines". Zum Familienunternehmen gehört auch eine Spirituosen-Manufaktur, die nach überlieferten Rezepten feine Kräuterliköre herstellt.
Anzahl der Weine: 400
Weitere Angebote: Olivenöl, Pasta, Schokolade, Sirup, Spirituosen aus eigener Herstellung, Weinproben, Weinseminare

Vinery
Innenstadt, Luisenstr. 10, PLZ 44787
Tel. 0234-640 84 89
www.vinery-arndt.de
Jan.-Nov. Mo 14-19 Uhr, Di-Fr 10-19 Uhr, Sa 10-18 Uhr, Dez. Mo-Sa 10-20 Uhr
AmEx EC MASTER VISA
In bester Citylage und auf engstem Raum präsentiert Tobias Arndt rund 1000 Weine aus aller Welt. Neben Italien und Spanien liegen deutliche Schwerpunkte des Sortiments auf Südfrankreich, Burgund und Bordeaux – von unkomplizierten Landweinen bis zu Grands Crus in umfangreicher Auswahl. Sehr gutes Champagner-Angebot. Aus heimischen Anbauregionen finden sich die wunderbaren Rotweine von Markus Schneider aus der Pfalz oder auch Gewächse des badischen Shootingstars Alexander Laible. Es gibt auch Edelspirituosen, darunter Obstbrände von Rochelt und Grappas von Levi. Für Einsteiger wie Fortgeschrittene werden Weinseminare veranstaltet.
Anzahl der Weine: 1000
Weitere Angebote: Essig, Feinkost, Gebäck, Honig, Marmelade, Olivenöl, Pasta, Pasteten, Schokolade, Senf, Spirituosen, Weinproben, Weinseminare

Bonn

Wein Cabinet
OT Bad Godesberg, Wurzerstr. 51
PLZ 53175, Tel. 0228-37 52 32
www.weincabinet-briem.de
Mo-Fr 10-19 Uhr, Sa 10-15 Uhr
AmEx DINERS EC MASTER VISA
Ein großräumiger Flachbau, im hellen Fliesenboden sind vier Glasschaufenster einge-

Die Brüder Mario und Jürgen Briem vom Bonner „Wein Cabinet"

Bei „Feinkost Reifferscheid" in Bonn kommen Genießer auf ihre Kosten

lassen, rund herum stehen Holzregale. Familie Briem betreibt außerdem ein Weingut am Kaiserstuhl. Den selbst produzierten badischen Weinen haben die Brüder Briem moderne Gewächse aus Italien ebenso zur Seite gestellt wie französische Klassiker, beispielsweise Bordeaux und Champagner. Gern öffnen die beiden, die ausführlich beraten, auch Flaschen zum Probieren.
Anzahl der Weine: 500
Weitere Angebote: Essig, Feinkost, Gebäck, Nudeln, Olivenöl, Pasteten, Schokolade, Terrinen, Weinproben, Weinseminare

Capewineland
Innenstadt, Ellerstr. 67, PLZ 53119
Tel. 0228-55 52 59 50
www.capewineland.de
Do-Fr 16-20 Uhr, Sa 10-16 Uhr EC
Am nördlichen Stadtrand versteckt sich eine schlichte Lagerhalle in zweiter Reihe. Drinnen in Kisten gestapelt: ausschließlich Weine aus Südafrika. Sie reichen von Klassikern wie Pinotage von Kanonkop bis zu exzellenten Newcomern wie dem Chenin blanc Springfontein, von Spitzenproduzenten wie Hamilton Russell bis zur guten Basis von Kleine Zalze. Am Ende der Halle kann man viele Weine an einer kleinen Bar probieren. Wermutstropfen: nur sehr eingeschränkte Öffnungszeiten.
Anzahl der Weine: 500
Weitere Angebote: Brandy, Bücher, Port, Saucen, Trester, Weinproben, Weinseminare

P + M Getränke
OT Friesdorf, Elsässer Str. 33, PLZ 53175
Tel. 0228-31 34 66
www.pm-getraenke.de
Mo-Fr 9-18.30 Uhr, Sa 9-14 Uhr EC
Sieht auf den ersten Blick wie ein Kiosk um die Ecke aus, entpuppt sich im Inneren aber als wahre Schatzkammer mit Kisten und Regalen, deren Ordnungssystem sich jedoch nicht auf Anhieb erschließt. Mehr als 150 Weingüter sind jeweils mit mehrere Weinen vertreten. Alles, was populär ist, aber auch Entdeckungen wie Aumann. Nebenan kommt der Bierfreund auf seine Kosten: Sortenvielfalt von Abbot Ale bis zum Zischke Kellerbier.
Anzahl der Weine: 500
Weitere Angebote: Bier, Essig, Feinkost, Öl, Spirituosen, Whisky

Feinkost Reifferscheid – Wein & Whisky
OT Mehlem, Mainzer Str. 186, PLZ 53179
Tel. 0228-953 80 70

www.whisky-bonn.de
Mo 14.30-18.30 Uhr, Di-Fr 9.30-13 und 14.30-18.30 Uhr, Sa 9-13.30 Uhr
EC MASTER VISA
Gleich hinterm Eingang befindet sich die Whisky-Schatzkammer mit dem Besten aus aller Welt. Wein gibt es erst ein paar Stufen höher, das Sortiment ist ebenfalls beachtlich. Der Schwerpunkt liegt auf Deutschland und Österreich, flankiert von Spanien, Frankreich, Italien und einigen Vertretern aus der Neuen Welt. Bärbel und Lutz Reifferscheid helfen kompetent bei der Auswahl.
Anzahl der Weine: 600
Weitere Angebote: Accessoires, Cognac, Essig, Fachbücher, Feinkost, Gewürze, Gin, Grappa, Likör, Obstbrände, Olivenöl, Pralinen, Rum, Schokolade, Tequila, Whisky, Wodka, Zigarren, Weinproben, Weinseminare

Vinothek Bernd Hundhausen

OT Südstadt, Bonner Talweg 86 a
PLZ 53113, Tel. 0228-22 51 48
www.bonnwein.de
Di-Do 15-19.30 Uhr, Fr 11-19.30 Uhr, Sa 10-14 Uhr EC
Die „Vinothek" ist umgezogen – und zwar gleich um die Ecke an den Bonner Talweg. Größer ist der neue Laden und heller; mitgekommen sind die rustikalen Weinregale, die an gestapelte alte Weinkisten erinnern. Vertraut ist auch das ausgewählte Weinsortiment, das immer wieder Entdeckungen mit gutem Preis-Leistungs-Verhältnis birgt, etwa den roten Vinho Verde oder den biodynamischen weißen Mâcon. Daneben gibt es auch eine kleine Auswahl an Weinen aus der Neuen Welt. Jetzt ist auch ausreichend Platz für regelmäßige Weinproben.
Anzahl der Weine: 1000
Weitere Angebote: Essig, Oliven, Pralinen, Rillettes, Schokolade, Weinproben, Weinseminare

Weinkommissar

Innenstadt, Friedrichstr. 20, PLZ 53111
Tel. 0228-965 00 65
www.weinkommissar.de
Mo-Fr 12-23 Uhr, Sa 10-23 Uhr EC VISA
Die Wände grün wie Weinlaub und rot wie Trauben, mittendrin braunes Holzmobiliar: Die ebenso attraktive wie gemütliche Atmosphäre beim „Weinkommissar" zitiert Farben aus den Weinbergen. In den Regalen stehen vor allem italienische Gewächse, aber auch solche aus Slowenien und Österreich sind achtbar vertreten. Allesamt Eigenimporte, vom einfachen Trebbiano bis zum Brunello. An der Bar und im Lokal im hinteren Bereich kann man einiges aus dem Sortiment probieren – dazu gibt's Snacks (Schinken, Käse, Oliven).
Anzahl der Weine: 220
Weitere Angebote: Weinproben, Weinseminare

WIB Weinimport Bonn

OT Poppelsdorf, Clemens-August-Str. 28-32
PLZ 53115
Tel. 0228-725 01 80
www.wein-import-bonn.de
Mo-Do 10-19 Uhr, Fr 10-21 Uhr, Sa 10-15 Uhr EC
Jeden Freitagabend mutiert das kleine Weingeschäft an der Poppelsdorfer Meile zur beliebten Weinbar. Im Sommer an Stehtischchen draußen, im Winter drinnen. Die Gäste probieren dort ein kleines, aber abwechslungsreiches Programm, vor allem Weißwein aus Deutschland und Rotwein aus Frankreich. Für zwischendurch finden sich immer wieder reife Klassiker aus Kellerauflösungen. Engagierte Beratung, regelmäßige Weinproben.
Anzahl der Weine: 250
Weitere Angebote: Cognac, Grappa, Obstbrände, Spirituosen, Weinproben, Weinseminare

Borgholzhausen

Vinsecco

Nienkamp 17, PLZ 33829
Tel. 05425-954 60
www.weinkontor-freund.de
Mo-Fr 9-17 Uhr EC
Das Lädchen gehört zum Firmensitz des renommierten Großhandelsunternehmens

N

„Weinmarkt Kirchhellen": Norbert Hegmann und Ulrike Willert helfen gern bei der Auswahl

„Weinkontor Freund", das Weinfachgeschäfte sowie die Gastronomie beliefert. Entsprechend gut bestückt ist das Sortiment mit rund 750 Weinen aus Frankreich, Italien, Portugal und Spanien. Schwerpunkte liegen bei den Anbauregionen Languedoc, Toskana, Rioja und Somontano.
Anzahl der Weine: 750
Weitere Angebote: Antipasti, Balsamico, Feinkost, Gebäck, Gewürze, Kaffee, Konfitüre, Olivenöl, Salz, Senf, Weinproben, Weinseminare

Bornheim

Der Mallorquiner

Johann-Philipp-Reis-Str. 11a, PLZ 53332
Tel. 02222-927 36 11
www.mallorquiner.com
Mo-Fr 10-16 Uhr EC MASTER VISA
Der Bonner Georg Weimert ist „Der Mallorquiner" und Spezialist für Delikatessen sowie Wein von der liebsten Urlaubsinsel der Deutschen: darunter die renommierten Güter wie Àn Negra, Son Prim, Ribas oder Miquel Gelabert; einige davon kann man in der großräumigen Lagerhalle im Bornheimer Industriegebiet an der lang gestreckten Theke oder den Weinfässer-Stehtischen im Eingangsbereich verkosten. Wer sich näher informieren möchte: Weimert gibt mit „Mallorca Wein" einen Weinführer heraus – und organisiert als „Weinbotschafter" auch Weinreisen, Proben vor Ort inklusive.
Anzahl der Weine: 400
Weitere Angebote: mallorquinische Feinkost, Weinproben, Weinseminare

Bottrop

Weinmarkt Kirchhellen

OT Kirchhellen, Burgstr. 21, PLZ 46244
Tel. 02045-40 14 84
www.vindoro.de
Mo-Fr 10-12.30 und 14-19 Uhr,
Sa 10-15 Uhr AmEx EC MASTER VISA
Neue Adresse im nördlichen Ruhrgebiet. Im hellen, freundlichen Ambiente offeriert Norbert Hegmann rund 400 Weine, die zum überwiegenden Teil aus den großen Anbauländern Frankreich, Deutschland, Italien und Spanien stammen. Gewächse aus Österreich und Portugal sowie aus Übersee runden das Angebot ab, bei dessen Zusammenstellung besonderer Wert auf die für die jeweiligen Regionen terroirtypischen Rebsorten gelegt wird. Freundliche Beratung, umfangreiches Feinkostsortiment.

Stöbern in der „WeinMühle", einer 500 Jahre alten Kornmühle in Datteln, lohnt sich immer

Anzahl der Weine: 400
Weitere Angebote: Antipasti, Balsamico, Feinkost, Gebäck, Olivenöl, Pasta, Pasteten, Pesto, Schokolade, Sugos, Weinseminare

Datteln

WeinMühle

Castroper Str. 57, PLZ 45711
Tel. 02363-55 93 94
www.weinmuehle.de
Mo-Do 14-19 Uhr, Fr 12-19 Uhr, Sa 10-15 Uhr EC

Rund 500 Weine aus Europa und Übersee umfasst das Angebot von Dietmar Weiss, vieles wird direkt importiert. Speziell aus dem Bordelais finden sich große Namen, aber auch bemerkenswerte, dabei moderat kalkulierte Gewächse aus Deutschland und Spanien harren ihrer Entdeckung. Alle Weine im Preisbereich bis 12 Euro können verkostet werden. Stöbern und Probieren lohnt sich, dafür bietet die urgemütliche, über 500 Jahre alte Kornmühle genau den richtigen Rahmen.

Anzahl der Weine: 500
Weitere Angebote: Brände, Feinkost, Grappa, Olivenöl, Whisky, Weinproben, Weinseminare

Dortmund

Cabernet & Co

OT Mitte, Essenerstr. 13, PLZ 44139
Tel. 0231-120 64 20
www.cabernet-und-co.de
Mo-Fr 12-20 Uhr, Sa 10-16 Uhr EC

Eine neue Adresse in Dortmund! Hier kauft vor allem das hippe Publikum aus dem szenigen Kreuzviertel. Der Weinhandel von Arnd D. Schulz ist eher schlicht eingerichtet, ein altes Rüttelpult dient als Blickfang. In den einfachen Holzregalen lagern rund 350 ausschließlich europäische Weine. Besondere Beachtung verdient die portugiesische Ecke. Dort reicht das Spektrum von unkomplizierten, sehr preiswerten Weißweinen aus dem Alentejo bis zum großen „Pintas Red" aus dem Douro-Tal, den die Önologin Sandra Tavares aus verschiedenen autochthonen Rebsorten gewinnt und 20 Monate lang im Barrique reifen lässt. Von Mai bis September wird auf der schönen kleinen Terrasse allerlei Köstliches offen ausgeschenkt.

Anzahl der Weine: 350
Weitere Angebote: Accessoires, Essig, Gläser, Olivenöl, Olivenprodukte, Weinproben, Weinseminare

Schicker Laden: Im Dortmunder „VinoVin" bekommt man Alltagsweine und Grands Crus

Weinhaus H. Hilgering

Innenstadt, Westenhellweg 114 (Anfahrt über Grafenhofstraße), PLZ 44137
Tel. 0231-14 90 27
www.weinhaus-hilgering.de
Mo-Fr 10-19 Uhr, Sa 10-17 Uhr EC
Seit dem Jahre 1891 steht der Name „Hilgering" in der Westfalenmetropole für Weinkultur. Heute präsentieren Heino Hilgering und Sohn Matthias in ihrem schmucken Laden an der Haupteinkaufsmeile über 750 Weine aus Europa und Übersee. In der umfangreichen Bordeaux-Abteilung ist der Bogen weit gespannt: Vom preiswerten „Dortmunder Rotspon" als Eigenmarke bis zu Rarem wie Palmer, Cheval blanc und Mouton Rothschild aus den späten 1980er-Jahren. Die hoch qualifizierte Beratung nimmt sich viel Zeit für die Kunden. Sehr gute Malt-Whisky-Auswahl.
Anzahl der Weine: 800
Weitere Angebote: Armagnac, Calvados, Cognac, Feinkost, Whisky (350 Sorten), Weinproben, Weinseminare

Mövenpick Wein

OT Marten, Brennaborstr. 5, PLZ 44149
Tel. 0231-618 57 20
www.moevenpick-wein.de
Mo-Fr 10-19 Uhr, Sa 9.30-16 Uhr
AmEx EC MASTER VISA
Die langen Jahre der schmucklosen Lagerhalle sind vorbei. Seit 2010 erstrahlt die Filiale des Schweizer Gastro -und Weinkonzerns in neuem Glanz: elegante Rottöne, schicke Regale mit sanfter Hintergrundbeleuchtung und eine lange Degustationstheke. Zu besonderen Events lädt das „Winehouse" ein. Hier ruhen in einer „Schatzkammer" die prestigeträchtigen Gewächse aus Bordeaux und Burgund. Umfangreiches Sortiment von über 1000 Weinen aus aller Welt – gut aufgestellt auch im höheren Qualitäts- und Preisbereich – und sehr fachkundige Beratung.
Anzahl der Weine: 1000
Weitere Angebote: Essig, Feinkost, Olivenöl, Spirituosen, Weinproben, Weinseminare

VinoVin

OT Mitte, Kaiserstr. 77, PLZ 44135
Tel. 0231-176 38 35
www.vinovin-dortmund.de
Mo-Fr 11-19 Uhr, Sa 10-16 Uhr EC
Rund 400 Weine bieten Uwe Caspary und Nicole Laubert in ihrem eleganten Laden an: Vorwiegend aus dem klassischen Europa, aber auch Argentinien, Chile, Australien und Südafrika sind gut vertreten. Schwerpunkte liegen im Bordelais und im Languedoc, in Piemont, in der Toskana und bei Gewächsen vom Gardasee. Ob sich der

Kunde nun für einen nicht alltäglichen Alltagswein – etwa den 2004er „Toscar" Reserva aus der Region Alicante – interessiert oder für ein kostspieliges Grand-Cru-Label, stets überzeugt die hervorragende und charmante Beratung. Umfangreiche Degustationsmöglichkeit. Filiale „Winery" im Ortsteil Brechten (Evinger Str. 549).
Anzahl der Weine: 400
Weitere Angebote: Essig, Foie gras, Gebäck, Käse, Olivenöl, Pasta, Pesto, Schokolade, Weinproben, Weinseminare

Duisburg

Weinhandel Hauschild

OT Duissern, Moltkestr. 36, PLZ 47058
Tel. 0203-34 23 28
www.weinhandel-hauschild.de
Mo-Fr 11-18.30 Uhr, Sa 9-14 Uhr EC
Über 800 Weine aus Europa, einschließlich Griechenland und der Schweiz, sowie aus Übersee, inklusive solcher aus Uruguay und Neuseeland, lagern in den Regalen. Gut lesbare Schildchen weisen den Weg zu Ländern und Regionen, detaillierten Rat weiß die freundliche Bedienung. Besonders breit aufgestellt ist die Italien-Abteilung mit den Schwerpunkten Toskana, Piemont und Apulien. Unter rund 40 verschiedenen Schaumweinen finden sich die Spitzenchampagner von Gosset, aus den USA die Gewächse aus der *winery* von Starregisseur Francis Ford Coppola. Probiert wird an einer eleganten, ganz in Rot gehaltenen Degustationstheke mit integriertem Klimaschrank. Außerdem: Winzerabende und Weinseminare.
Anzahl der Weine: 800
Weitere Angebote: Feinkost, Olivenöl, Spirituosen, Weinproben, Weinseminare

Düren

Weinhaus Schnoor

Weierstr. 37, PLZ 52349
Tel. 02421-95 90 87
www.weinhaus-schnoor.de
Mo n.V., Di-Fr 10-13.30 und 15-18 Uhr, Sa 10-14 Uhr EC
Eine helle, moderne und liebevoll eingerichtete Weinhandlung mit umfassendem Angebot am Rande der Dürener City. Die Inhaberin Yvonne Schnoor berät freundlich und legt Wert auf die Verbindung von Gaumenfreuden und flüssigen Genüssen, deshalb umfasst das Angebot neben Obstbränden auch Essig und Öl sowie Schokolade. Einmal jährlich gibt es eine Hausmesse, regelmäßig werden Kochkurse mit namhaften Köchen veranstaltet.
Anzahl der Weine: 450
Weitere Angebote: Essig, Gewürze, Öl, Schokolade, Pasta, Sugos, Terrinen, Weinproben, Weinseminare

Düsseldorf

Peter Busch Weine & Spirituosen

Altstadt, Heinrich-Heine-Platz 1 (Carsch-Haus), PLZ 40213, Tel. 0211-864 44 66
www.killepitsch.de
Mo-Sa 9.30-20 Uhr
AmEx DINERS EC MASTER VISA
Das kleine „Busch"-Imperium umfasst insgesamt drei Filialen, eine davon im Carsch-Haus, wo man gemütlich an einer Weinbar sitzen kann, die andere im Untergeschoss der Einkaufshallen Schadow Arkaden. Die dichteste Atmosphäre bietet aber zweifelsohne das urige Geschäft „Et Kabüffke" an der Flinger Straße. Nach einem Altstadtbummel kann man bei „Peter Busch" das wohlsortierte Weinangebot studieren und einiges in der angeschlossenen Probierstube testen – und sich in eben diesem „Et Kabüffke" den hausgemachten Kräuterlikör „Killepitsch" genehmigen. Die in Tongefäßen gereifte, aus 98 Kräutern, Beeren und Früchten hergestellte bitter-süße Düsseldorfer Spezialität sollte man allerdings als Digestif genießen. Sonst sind die Geschmacksknospen nicht mehr allzu offen für die internationale Weinauswahl mit den Schwerpunkten Frankreich und Deutschland.
Anzahl der Weine: 150
Weitere Angebote: Edelbrände, Kräuterlikör, Spirituosen

Die Weinquelle
OT Unterbach, Gerresheimer Landstr. 82
PLZ 40627
Tel. 0211-20 25 04
www.die-weinquelle.com
Mo-Fr 15-19 Uhr, Sa 10-14 Uhr
EC

Peter Dicks „Weinquelle" sprudelt in Form eines großzügigen Angebots erschwinglicher Weine, vor allem aus dem Languedoc-Roussillon, aus Rheinhessen, Pfalz, Argentinien und Spanien. Etwas höher kalkuliert sind die Rot- und Weißweine aus Australien und Kalifornien. Der heimelig eingerichtete Laden wird regelmäßig für Weinseminare und kulinarische Weinevents genutzt.
Bei Weinproben und dem mittlerweile zur Institution gewordenen „Weinpalaver" berät der Direktimporteur kompetent. Günstige Fünf-Liter-Bag-in-Boxes, Probierpakete, Jahrgangsraritäten und Spirituosen vervollständigen das Portfolio.
Anzahl der Weine: 300
Weitere Angebote: Balsamico, Feinkost, Gewürze, Olivenöl, Pasta, Pasteten, Saucen, Weinproben, Weinseminare

Gérards Wein-Markt
OT Hubbelrath, Bergische Landstr. 618
PLZ 40629, Tel. 0211-29 86 86
www.gerards-weinmarkt.de
Mo-Do 15-19 Uhr, Fr 14-19 Uhr, Sa 10-14 Uhr
EC

„Gérards Wein-Markt": Gerhard Füchsle, Kristin Füchsle, Dieter Füchsle (v. l.)

Alle vier Monate fährt Dieter Füchsle von seinem Hubbelrather Weinladen zu seinem Weingut Château Fauchey im Bordelais. Die Liebe zu Frankreichs Vorzeigeregion schlägt sich auch in seinem Angebot nieder: Die Hälfte der 500 ausschließlich französischen Weine ist von Gewächsen aus dem Bordelais belegt, gefolgt von solchen aus Burgund und der Champagne. Viele der Grands Crus sind Jahrgangsraritäten, deren Etiketten große Namen wie Mouton Rothschild, Tour Figeac oder d'Yquem tragen, die bis 1962 zurückreichen und sich in einer Preisspanne von 20 bis 1400 Euro bewegen.
Dass „Gérards Wein-Markt" in den 1930er-Jahren als Tanzsaal genutzt wurde, merkt man noch heute an der nostalgischen Atmosphäre des langgezogenen Raums mit Fischgrätparkett. Die Beratung des direkt importierenden Weinmarketing-Fachmanns ist fundiert und unaufdringlich.
Anzahl der Weine: 500
Weitere Angebote: Foie gras, Käse, Olivenöl, Pâté

Jacques' Wein-Depot
OT Oberkassel, Brend'amourstr. 4
PLZ 40545, Tel. 0211-955 95 09
www.jacques.de
Mo-Do 11-13 und 15-19 Uhr, Fr 11-20 Uhr, Sa 10-16 Uhr EC

Quasi eine Mini-Ausgabe der üblichen „Jacques'"-Filialen erwartet den Weinkäufer in der Oberkasseler Dependance. Hinter Rundbögen und Jugendstilfassade wirkt das Fabrikambiente mit Paletten und Kartonagen umso reizvoller. Das abgespeckte Sortiment ist intelligent zusammengestellt: 300 Weine aus der Alten und Neuen Welt, in der Alten hat Frankreich die Nase traditionell vorn, allerdings wächst der deutsche Anteil spürbar und dringt auch in das Angebot der „Großen Gewächse" ein. Dazu kommt eine gute Auswahl an Bag-in-Boxes vom Vin de Pays d'Oc über chilenische Rotwein-Cuvées bis zum „Bordeaux für jeden Tag". Man kann vom Alltagswein bis zum Premiumtropfen probieren und wird dabei kompetent beraten.

Anzahl der Weine: 300
Weitere Angebote: Antipasti, Essig, Feinkost, Honig, Öl, Oliven, Pasteten, Schokolade, Sugos, Tapenade, Weinproben, Weinseminare

Rolf Kaspar

OT Wersten/Reisholz, Ohligser Str. 37
PLZ 40591, Tel. 0211-77 92 96 92
www.kaspar-spirituosen.de
Di-Fr 10-13 und 15-18.30 Uhr, Sa 10-14 Uhr
EC MASTER VISA

Aus der früheren Biobäckerei in einem historischen Gebäude haben Thilo und Sylke Marquaß Anfang September 2011 ein schmuckes Weingeschäft gemacht. Spezialisiert hat man sich in dem zweigeteilten Verkaufsraum auf edle Whiskys. Alle namhaften schottischen Destillate von Ardmore bis Tormore oder im Sherry-Fass gereifte, 25 Jahre alte Malts aus Japan verteilen sich über die Regale. Den Spagat zwischen Whisky und Wein schafft das beratungskompetente Paar durch ein ausgereiftes Still- und Schaumweinsortiment, das vor allem von kleinen Familienweingütern bekannter französischer, italienischer und spanischer Weinbauregionen bespielt wird. Die deutsche Ecke ist mit je einem Winzer aus Rheinhessen, Baden, Nahe und Ahr vertreten. Als Tasting-Plattform nutzen die Marquaß die nahe gelegene Eventhalle Classic Remise.
Anzahl der Weine: 400
Weitere Angebote: Olivenöl, Schokolade, Spirituosen (1000 Sorten), Weinproben, Weinseminare

Mövenpick Wein

OT Friedrichstadt, Herzogstr. 29-31
PLZ 40215, Tel. 0211-994 48 77
www.moevenpick-weinland.de
Mo-Fr 10-19 Uhr, Sa 10-16 Uhr
AmEx EC MASTER VISA

Keine Länder-Schwerpunkte setzt man in der Düsseldorfer „Mövenpick"-Filiale. So verteilen sich rund 1000 verschiedene Weine aus renommierten Anbaugebieten der Alten und Neuen Welt in der 470 Quadratmeter großen Halle, der die Atmosphäre

Leitet die Düsseldorfer „Mövenpick Wein"-Filiale: Sebastian Klöppel

eines überdimensionalen Fachhandels anhaftet. Geschickt durchbrochen wird die große Fläche mit alten Paletten, auf denen Holzkisten ruhen, einer langen Verkostungstheke oder einem dunkelrot gestalteten Shop-in-Shop für Liebhaber kostspieliger Riedel-Accessoires wie Grand-Cru-Gläser oder Dekantiergefäße. Wer die Wandregale abschreitet, staunt über das pfiffige, breit gefächerte Sortiment deutscher Tropfen.
Anzahl der Weine: 1000
Weitere Angebote: Essig, Feinkost, Olivenöl, Spirituosen, Weinzubehör, Weinproben, Weinseminare

Thomas Nies – Wein & Mehr

OT Oberkassel, Quirinstr. 10, PLZ 40545
Tel. 0211-55 28 51
www.thomas-nies.de
Di-Fr 11-19 Uhr, Sa 10-15 Uhr
AmEx EC MASTER VISA

Der ehemalige Sommelier bietet in seiner behaglichen Souterrain-Weinhandlung 300 verschiedene Labels aus Frankreich, Deutschland, Italien, Spanien und Südafrika. Dass Thomas Nies ein gutes Händchen beim Austarieren von Preis und Leistung besitzt, zeigt sich gleich beim probierten Tempranillo der Bodegas Altanza aus der Rioja – ein ausgewogener Tropfen mit breit gefächerten Aro-

Gutes Händchen beim Austarieren von Preis und Leistung: Thomas Nies von „Wein & Mehr"

men für moderate 6,50 Euro. Seine Jahrgangsraritäten, etwa in Form eines Garnachas aus Tarragona von 1926 oder eines 1966er Spätburgunder Assmannshäuser Höllenberg aus dem Rheingau, warten hinter Glas und in einem eisernen Verschlag auf ihre Liebhaber. Zwischen 40 und 50 Events finden jährlich in der Weinoase statt, bespielsweise Whisky-Tastings, bei denen Thomas Nies schottische gegen nichtschottische Whiskys antreten lässt.
Anzahl der Weine: 300
Weitere Angebote: Feinkost, Olivenöl, Portwein, Raritäten, Sherry, Weinproben, Weinseminare

rotweiss – wein für alle

OT Pempelfort, Woringer Str. 16
(Nähe S-Bahnhof Wehrhahn), PLZ 40211
Tel. 0211-586 77 60
www.rotweiss.de
Mo-Fr 9-20 Uhr, Sa 10-16 Uhr
AmEx DINERS EC MASTER VISA
In der ehemaligen Speditionshalle am Düsseldorfer S-Bahnhof Wehrhahn zielt man auf eine jüngere, unkomplizierte Klientel. So umspannt das Angebot viele günstige Alltagsweine sowie partykompatible Rote und Weiße aus aller Herren Länder. Ihrem Slogan „Wein für alle" wird das „rotweiss"-Team, das sich gern als *„royal wine force"* bezeichnet, vor allem preispolitisch gerecht. Der Grüne Veltliner aus dem österreichischen Weinviertel für rund 5 Euro hat ebenso Platz in den Hochregalen wie die 1996er Magnumflasche Tinto Pesquera Reserva „Millennium Edition" im Platin-Card-Bereich. Auch bei den Rebsorten deckt man hier vom Albarino bis Zweigelt fast alles ab.
Anzahl der Weine: 300
Weitere Angebote: Weinproben

Saittavini

OT Oberkassel, Luegallee 79, PLZ 40545
Tel. 0211-577 97 18
www.saittavini.de
Mo-Sa 9-20 Uhr AmEx EC MASTER VISA
Michelangelo Saitta hat sein vornehmlich italienisches Sortiment längst mit internationalen Weinen aufgestockt – wobei der Italien-Anteil der 800 verschiedenen Weine immer noch bei 80 Prozent liegt. In dem ehemaligen Bankgebäude kann man unter Stuck und Kronleuchtern die ausschließlich direkt importierten Tropfen, von der prickelnden „Gran Cuvée" der Franciacorta bis zum Spätburgunder von der Nahe, zu Antipasti oder Piemonteser Bistecca goutieren. Im integrierten Restaurant der 300 Quadratmeter großen Enoteca finden auch regelmäßige Weinevents mit Spitzenwinzern statt. Aus dem einstigen Tresorraum hat Saitta einen Weinkeller gemacht, der Sonderformate bis zu neun Litern hütet, etwa eine Doppelmagnum Merlot vom toskanischen Weingut Castello di Ama. Sowohl die Auswahl an 40 Super-Toskanern als auch das Angebot aus dem Burgund soll in naher Zukunft erweitert werden.
Anzahl der Weine: 800
Weitere Angebote: Balsamico, Olivenöl aus Italien (10 Sorten), Weinprobe, Weinseminare

SommeLerie

Bürgerstr. 28, PLZ 40219
Tel. 0211-39 39 99
www.sommelerie.de
Di 15-19 Uhr, Mi-Fr 12-19 Uhr, Sa 11-19 Uhr
DINERS EC MASTER VISA
Sternegekrönte gastronomische Stationen als Commis-Sommelière im Kaiserswerther „Im Schiffchen" oder als Chef-Sommelière

„Saittavini" logiert in einem ehemaligen Bankgebäude – und hortet vinologische Schätze

im Düsseldorfer „Hummer-Stübchen" haben Susanne Fischer jede Menge Potenzial an die Hand gegeben. In ihrem unlängst eröffneten, gemütlichen Weinladen auf einem Bilker Hinterhof weiß sie das in kompetente Beratung und professionelle Weinevents umzusetzen. Auch das Weinangebot aus Deutschland, Österreich, Frankreich, Spanien und Portugal zeugt von großem Sachverstand. Der Spagat zwischen hochpreisigen Premiumtropfen und exzellenten Alltagsweinen unter 10 Euro ist ihr durchweg gelungen.
Anzahl der Weine: 250
Weitere Angebote: Essig, Honig, Konfitüre, Öl, Oliven, Salz, Tapenade, Weingelee, Weinproben, Weinseminare

Spanischer Garten

OT Flingern Nord, Neumannstr. 2
PLZ 40235, Tel. 0211-23 20 61
www.spanischer-garten.de
Mo-Fr 11-18 Uhr, Sa 9-14 Uhr EC

Ein Weinkauferlebnis unkonventioneller Art bietet die 2000 Quadratmeter große Lagerhalle. Ausrangierte Einkaufswagen flankieren den „Spanischen Garten", den Iberien-Spezialisten, der neben einer beachtlichen Feinkostauswahl rund 300 spanische Weine und 70 Spirituosen bereithält. Kaum navigiert man den Wagen über den Betonboden, gerät man in den Sog der zahllosen Artikel in den meterhohen Stahlregalen. Um die Übersicht zu erleichtern, hat Geschäftsführer Angel Borreguero die Produkte in einem Shop-in-Shop hübsch zusammengestellt. Nach Weinbauregionen unterteilt, in denen auch unbekanntere wie D.O. Bierzo oder D.O. Toro vertreten sind, findet man alle Qualitätsstufen bis zum Gran Reserva. Extravaganzen wie weißen Tempranillo oder Flaschen-Sonderformate bis zu 27 Litern runden das Sortiment ebenso ab wie zahlreiche Cavas, Brandys und Sherrys.
Anzahl der Weine: 300
Weitere Angebote: Essig, Käse, Konfitüre, Oliven, Olivenöl, Spriritusen, Wurstwaren

Vinique – Vins fins du monde

OT Derendorf, Tannenstr. 49, PLZ 40476
Tel. 0211-168 48 81
www.vinique.de
Mi-Fr 12-18.30 Uhr, Sa 11-18 Uhr
EC MASTER VISA

„Vins fins du monde" – die feine Welt der Weine. Man könnte auch sagen „die kleine Welt der Weine", denn der Weinshop im hübschen Stadtteil Derendorf hat in etwa die Ausmaße eines Kinderkaufmannsladens. Entsprechend pointiert ist das Sortiment,

das Frédéric Guelton auf die Alte Welt (Frankreich, Spanien, Italien, Deutschland) abgestellt hat. Bei den Weinen selbst liegt der Fokus auf Terroir-Tropfen und autochthonen Rebsorten. Als Hommage an seine Heimat hat Guelton viele Grands Crus und Jahrgangsraritäten zu stolzen Preisen *en réserve*. Jeden Samstag finden in der Weinbar im kleinen Hinterhof Weinproben statt.
Anzahl der Weine: 200
Weitere Angebote: Weinproben, Weinseminare

Vinothek Michael Dohr

OT Urdenbach, Am alten Rhein 10
PLZ 40593, Tel. 0211-710 36 75
www.vinothek-dohr.de
Di-Fr 11-18.30 Uhr, Sa 10-13.30 Uhr
AmEx EC MASTER VISA

Wer auf der Suche nach Alltagsweinen oder Partytropfen ist, sollte seine Wünschelrute hier gleich wieder einstecken. Aber das kann man sich angesichts des Lädchens im denkmalgeschützten Fachwerkhaus aus dem 18. Jahrhundert ohnehin denken. Der Großteil der Klientel aus dem Nobelviertel Urdenbach fühlt sich mit dem Sortiment von Geschäftsführer Michael Dohr auch ganz wohl: Über wenige Regalmeter verteilen sich Tropfen der Alten Welt, genauer gesagt aus Deutschland, Italien, Spanien, Portugal und Frankreich. Ein spezielles Augenmerk hat Dohr hierbei auf Weingüter jenseits des Mainstreams gelegt. Neben Weißburgunder, Chardonnay und Riesling von Weingütern wie Tesch oder Russbach finden sich Schätze der portugiesischen „Douro Boys" oder der lombardischen Azienda Agricola Provenza Maiolo Chiaretto.
Anzahl der Weine: 280
Weitere Angebote: Accessoires, Feinkost, Weinproben, Weinseminare

Wein Weuste

OT Oberkassel, Cheruskerstr. 13
PLZ 40545, Tel. 0211-57 02 70
www.wein-weuste.de
Mo-Fr 11-18.30 Uhr, Sa 10-14 Uhr
AmEx DINERS EC MASTER VISA

Vor 30 Jahren diente der Eckladen im hübschen Oberkassel einer selbst abfüllenden Einkaufsgemeinschaft als Wein-Umschlag-Stätte. Heute erinnern nur noch die alten Weinregale an die Pionierzeiten, und dank des neuen Besitzers Wolfgang Weuste ist ein schön sortierter Fachhandel entstanden: 350 Weine mit Fokus auf Frankreich, Deutschland, Spanien und Italien, darunter viele gute, aber bezahlbare Land- und Alltagsweine zwischen 6 und 8 Euro warten auf ihre Abnehmer. Vor allem bei den deutschen Weinen sucht der Direktimporteur nicht nach den großen Namen, sondern vertraut zum Beispiel auf Rieslinge des Nahe-Winzers Theo Enk oder solche vom Rheingauer Weingut Spreitzer. Abgerundet wird das Portfolio durch eine kleine Schaumweinauswahl, einige Single Malts und Portweine. Auf Anfrage organisiert Weuste Weinproben in der gegenüberliegenden Villa Flora.
Anzahl der Weine: 350
Weitere Angebote: Balsamico, Antipasti, Olivenöl, Pasta, Pasteten

Essen

Banneke Feinkost flüssig

Innenstadt, Kreuzeskirchstr. 37, PLZ 45127
Tel. 0201-24 77 10
www.banneke.de
Mo-Fr 9.30-19 Uhr, Sa 9.30-18 und 10-17 Uhr EC MASTER

Wie eine Ruhrpott-Novelle liest sich die Geschichte dieses Essener Weinfachhandels. Ein Nachkriegskiosk wurde in den 1960er-Jahren zu einem Lebensmittelladen, aus dem die Bannekes im Laufe der Jahre ein Unternehmen machten, in dem sich heute 3000 Edelspirituosen und 800 Weine über die Regalmeter verteilen. Dass die derzeitigen Geschäftsführer Werner und Fabian Faber ihr Metier sicher beherrschen, zeigt die gelungene Auswahl an Obstbränden, Grappas, Single Malts, Brandys etc. ebenso wie die Weinkollektion. Hier stößt der Interessent auf fast alle namhaften Anbaugebiete der Alten Welt sowie aus Übersee, auf

„Banneke Feinkost flüssig": aus einem Nachkriegskiosk entstandener Weinfachhandel

Erzeugnisse etablierter Weingüter und Geheimtipps, auf einen Bordeaux-Fundus, der aufmerken lässt, und sogar auf Exoten aus Ungarn und Israel.
Anzahl der Weine: 800
Weitere Angebote: Spirituosen, Weinproben, Weinseminare

Der Weinhandel Bürgerheim
OT Südviertel, Hohenzollernstr. 40
PLZ 45128, Tel. 0201-72 00 36
www.derweinhandel.de
Mo-Fr 10-18 Uhr, Sa 10-14 Uhr EC
Ein Alleinstellungsmerkmal der 1867 gegründeten Weinhandlung ist das große Angebot deutscher Gewächse mit erfreulicher Akzentuierung auf Lagenweinen und die Sorten Riesling und Spätburgunder. Der lichte, holzdominierte Verkaufsraum lässt aber auch noch genügend Platz für italienische, spanische und französische Preziosen. Super-Toskaner und spanische Reserva, Rosé-Champagner und Sancerre von der Loire finden sich gleichfalls unter den rund 1000 Weinen. Die Bordeaux-Auswahl erstreckt sich vom 20-Euro-Château-Tropfen bis zur 750 Euro schweren Magnum.
Anzahl der Weine: 1000
Weitere Angebote: Essig, Olivenöl, Weinpräsente, Weinproben, Weinseminare

Rolf Kaspar Spirituosen
OT Huttrop, Ruhrallee 59, PLZ 45138
Tel. 0201-27 34 18
www.spaetburgunder.com
Mo-Fr 9.30-14 und 15-18.30 Uhr,
Sa 9.30-14 Uhr AmEx EC MASTER VISA
„Scharlachberg Meisterbrand" grüßt in großen, leuchtenden Lettern über dem Schaufenster. Das witzige Understatement des Essener Wein-und Spirituosenfachhandels (siehe auch unter Düsseldorf) setzt sich in Form einer riesigen Urkorn-Flasche im Innern fort. 50 Jahre alte Weinregale und gebrauchte Barriquefässer verströmen zusätzlichen Charme. Die Angebotspalette setzt sich aus 400 Gewächsen mit deutlichem Akzent auf Deutschland und Italien sowie 1000 Spirituosensorten zusammen. Inhaber Thilo Marquaß wird nicht müde, die meist selbst importierten Produkte via Weinseminaren, Hausmessen oder Whisky-Tastings zu kommunizieren.
Anzahl der Weine: 400
Weitere Angebote: Olivenöl, Schokolade, Spirituosen (1000 Sorten), Weinproben, Weinseminare

Vino Grande Kierdorf
OT Rüttenscheid, Von-Schmoller-Str. 8
PLZ 45128, Tel. 0201-79 66 98

www.vino-grande.de
Di-Mi 14.30-19 Uhr, Do-Fr 14.30-19.30 Uhr, Sa 10-16 Uhr EC
Übersee-Weine sind Thomas Kierdorfs Sache nicht. Stattdessen konzentriert der Inhaber des Weinhandels im hübschen Stadtteil Bredeney seine Auswahl auf deutsche Weingüter aus insgesamt acht Anbaugebieten. Hier finden sich neben Newcomern viele Vorzeigewinzer wie Heymann-Löwenstein, Molitor, Dönnhoff, Bassermann-Jordan oder Knipser. Weitere Schwerpunkte des Ladens, der gleichzeitig eine kleine Vinothek ist, sind Österreich und Italien. Jenseits der großen Namen können gegen eine moderate Probengebühr allwöchentlich innovative Nischenweine verkostet werden. Dass Kierdorf den Bioweinmarkt seit Jahren intensiv beobachtet, zeigt sich an seiner Produktpalette – so gibt es einige spontanvergorene und biodynamische Weine im Sortiment.
Anzahl der Weine: 1500
Weitere Angebote: Weinproben, Weinseminare

WeinGalerie am Schloss

OT Rellinghausen, Renteilichtung 2
PLZ 45134, Tel. 0201-430 88 20
www.weingalerie-essen.de
Mo-Do 14-19 Uhr, Fr 12-19 Uhr, Sa 10-15 Uhr
EC
Einen ersten Bonus heimst sich diese Weinhandlung wegen ihres Standorts ein: In der einstigen Scheune von Schloss Schellenberg wird die Suche nach dem richtigen Tropfen mit einer Portion Kunst und Historie versüßt. Auch bei der Wahl der rund 500 verschiedenen Weine, vorwiegend aus namhaften Anbaugebieten Europas, hat Geschäftsführer Christoph Heitkämper Kennerschaft bewiesen. Unter hochpreisige, seltene Gewächse mischen sich jede Menge Neuentdeckungen aus der 10-Euro-Liga. Die angebotenen Weine überwiegend direkt zu importieren und die enge Kontaktpflege zu den Winzern gehören zur Geschäftsphilosophie. Auf zweimal jährlich stattfindenden Weinmessen hat man die Gelegenheit, 100 verschiedene, teils seltene Gewächse zu verkosten.

Anzahl der Weine: 500
Weitere Angebote: Feinkost, Weinproben, Weinseminare

Weinzeche

OT Kray, Rotthauser Str. 44, PLZ 45309
Tel. 0201-55 00 24
www.weinzeche.de
Mo-Fr 10-18 Uhr, Sa 10-15 Uhr
AmEx DINERS EC MASTER VISA
Geschäftsführerin Klara Babel hat im denkmalgeschützten Zechengebäude eine einzigartige Kulisse für ihren Weinhandel. Auf atmosphärisch dichten 800 Quadratmetern bietet die Essener Zeche Bonifacius eine Auswahl sowohl namhafter als auch unbekannterer Weingüter der Alten und Neuen Welt. Der Weinkäufer findet hier innerhalb des 1000 Sorten umfassenden Angebots Erzeugnisse von Argentinien bis Österreich von vielen jungen aufstrebenden Weingü-

Die Essener „Weinzeche" ist in einem Industriedenkmal untergebracht

tern, darunter kleine, ökologisch arbeitende Betriebe. Auch Anhänger von fachkundig ausgewählten Edelspirituosen und Schaumweinen werden in der „Weinzeche" fündig.
Anzahl der Weine: 1000
Weitere Angebote: Essig, Feinkost, Olivenöl, Schokolade, Weinzubehör, Weinproben, Weinseminare

Gevelsberg

Weinzirkel-Vinothek Löbbe

Mühlenstr. 45 a, PLZ 58285
Tel. 02332-135 92
www.wein-loebbe.de
Mo-Do 9-13 und 15-19 Uhr, Fr 9-19 Uhr, Sa 9-16 Uhr EC MASTER VISA

Klaus Löbbe hat sein urgemütliches Lädchen im schmucken bergischen Fachwerkhaus an Thomas Christ verkauft. Der neue Inhaber setzt Altbewährtes fort, hat aber – ohne Qualitätseinbußen! – eine Verschlankung des Sortiments in Angriff genommen. Deutschland und das klassische Europa sind nach wie vor breit vertreten, dazu kommen Weine aus Australien, Neuseeland, Südafrika und Südamerika sowie „ein Hauch von Exotik" aus England und Kanada. Die Beratung ist sehr kompetent, und zu fast jedem Gewächs gibt es eine selbst erstellte schriftliche Expertise. Individuelle Weinproben nach Absprache, Themenabende, Wein- und Kulturreisen.
Anzahl der Weine: 600
Weitere Angebote: Antipasti, Essig, Feinkost, Gewürze, Olivenöl, Pasta, Saucen, Schokolade, Weinproben, Weinseminare

Greven

Weinhaus Kurt Fallnit

Martinistr. 61, PLZ 48268
Tel. 02571-62 81
www.fallnit.de
Mo-Fr 9.45-13 und 14.30-18.30 Uhr, Sa 9.30-13.30 Uhr EC

Hier stimmt das Drumherum! Der Weinakademiker Kurt Fallnit berät seine Kunden mit höchster Fachkompetenz und österreichischem Charme. Ein stattliches Jugendstilhaus bietet den Rahmen für die Präsentation von rund 400 sorgfältig ausgewählten Weinen aus Europa und Übersee. Besonders gut aufgestellt ist die Weinhandlung natürlich bei Gewächsen aus der Heimat des Inhabers. In der Spirituosenabteilung finden sich die in Deutschland noch wenig bekannten Destillate der kleinen ungarischen Edelbrand-Manufaktur Zimek vom Balaton. Unbedingt probieren sollte man die Brände aus Wildpfirsich oder Maulbeere. Degustationsabende und literarische Veranstaltungen zur Kultur des Weins.
Anzahl der Weine: 400
Weitere Angebote: Feinkost, Weinproben, Weinseminare

Gütersloh

Schenke Delikatessen

Innenstadt, Rhedaer Str. 43, PLZ 33330
Tel. 05241-95 13 55
www.schenke.de
Mo-Sa 8-21 Uhr
EC MASTER VISA

Die auf zwei Etagen großzügig angelegte Weinabteilung in einem Supermarkt braucht den Vergleich mit einem sehr gut sortierten Fachgeschäft nicht zu scheuen. Rund 500 Weine aus Europa und Übersee werden angeboten. Die Bandbreite reicht vom preiswerten Alltagswein bis zu den Grands Crus aus Bordeaux und Burgund. Sehr viele Weine werden direkt beim Winzer eingekauft, und zwar nicht nur bei deutschen Spitzenweingütern, sondern auch in Frankreich, Italien, Spanien und Österreich. Die ebenso nette wie kompetente Beratung nimmt sich viel Zeit für die Beantwortung von Fragen.
Anzahl der Weine: 500
Weitere Angebote: Feinkost, Olivenöl, Weinproben, Weinseminare

Hagen

Enotria Vino

OT Mittelstadt, Emilienplatz 9, PLZ 58097
Tel. 02331-204 33 96

www.enotria-vino.de
Mo-Fr 10-19 Uhr, Sa 10-16 Uhr
AmEx DINERS EC MASTER VISA
Schlichte Eleganz bestimmt die Einrichtung in der großzügig angelegten Enoteca, herrschaftlich wirkt der 100 Jahre alte Weinkeller im einstigen „Weinhaus Bettermann": Steinbögen zieren die Decke, Barrique- und Tonneau-Fässer liegen in Reih und Glied, ein Degustationsbereich lädt zum Verweilen ein. Domenico Di Paolo gebietet über 800 Weine aus allen Regionen seiner italienischen Heimat, dazu kommen ausgesuchte Gewächse aus Deutschland und Österreich. Besonderer Wert wird auf die Präsentation autochthoner Rebsorten gelegt. Weinseminare, Raritätenproben, Feinkosthandel. Zum Geschäft gehören auch eine Wein- und Kaffeebar sowie ein Ristorante. Besonderheit: der 400 Quadratmeter große historische Weinkeller. Einen weiteren Laden gibt es in der Eckeseyer Straße 56.
Anzahl der Weine: 800
Weitere Angebote: Balsamico, Olivenöl, Pasta, Weinproben, Weinseminare

Hamm

Weingalerie Wöhrle
Münsterstr. 167, PLZ 59065
Tel. 02381-69 22
www.weingalerie-woehrle.de
Mo-Fr 9-18 Uhr, Sa 9-14 Uhr EC
Dass die „Weingalerie" direkt neben der familieneigenen Steinmetzwerkstatt mit Grabmalausstellung liegt, mag etwas irritieren. Doch darüber sollten Kunden hinwegsehen. Hilfreich dabei sind die 800 Weine aus Europa (Schwerpunkte: Deutschland, Italien) sowie aus Übersee, die Vater Rainer und Tochter Verena Wöhrle anbieten. Freude macht auch die iberische Abteilung: Hier findet sich Bekanntes wie Enate aus der D.O. Somontano oder die Gewächse des Pagos-Pioniers Carlos Falcó ebenso wie Nichtalltägliches zum Alltagspreis, etwa die Emergente-Weine der Bodegas Marqués de Montecierzo aus Navarra.
Anzahl der Weine: 800
Weitere Angebote: Balsamico, Feinkost, Grappa, Olivenöl, Port, Sherry, Weinproben, Weinseminare

Hattingen

Rémy's Weinhaus
OT Welper, Am Büchsenschütz 7
PLZ 45527
Tel. 02324-69 59
www.remysweinhaus.de
Mo-Fr 10-13 und 14-19.30 Uhr, Sa 9-15 Uhr
EC
Umfangreich ist das Angebot, das Rémy Ernenwein bereithält. Neben Weinen aus Europas klassischen Anbaugebieten gibt es Tropfen aus Übersee, eine gute Sekt-, Champagner- und Spirituosenauswahl sowie allerlei Accessoires und Feinkost aus diversen Ländern. Auch das Online-Angebot wächst stetig: Hier kann man nach „Art und Stil" stöbern: von „lieblich und süß" über „kräftig und vollmundig" bis zu „würzig und intensiv".
Anzahl der Weine: 1500
Weitere Angebote: Calvados, Cognac, Feinkost, Spirituosen, Whisky, Weinproben, Weinseminare

Hennef (Sieg)

wirtz wein & kulinarisches im kloster
OT Geistingen, Waldstr. 21, PLZ 53773
Tel. 02242-73 65
www.langer-schluck.de
Di-Fr 10-12 und 15-18.30 Uhr, Sa 10-13 Uhr
EC VISA
Das Geschäft befindet sich in den neu umgebauten Stallungen eines ehemaligen Klosters. Warmes Burgunderrot bildet den farblichen Hintergrund für die Flaschen – die stammen aus Deutschland und Italien, beispielsweise von Theo Minges aus der Pfalz oder von Markus Berres von der Mosel sowie Bruno Giacosa aus dem Piemont oder Gulfi aus Sizilien. Es gibt ein ansprechendes Rahmenprogramm mit Wein- und Kochseminaren sowie der Veranstaltungsserie

„Vino und Kino": Film und Weinprobe im Hennefer Kurtheater.
Anzahl der Weine: 200
Weitere Angebote: Feinkost, Gewürze, Olivenöl, Saucen, Weinproben, Weinseminare

Herford

In Vino

OT Elverdissen, Lockhauser Str. 145
PLZ 32052, Tel. 05221-737 06
www.invino.de
Di-Fr 11-19 Uhr, Sa 11-16 Uhr EC
In hochmoderner, preisgekrönter Architektur finden sich der Verkaufsraum und die Weinlagerhalle des „In Vino". Das außergewöhnliche Ambiente bietet den passenden Rahmen für rund 350 Gewächse, die sehr übersichtlich präsentiert werden und zum größten Teil aus Italien stammen. Alle bedeutenden Anbauregionen von Südtirol bis Sizilien sind mit bekannten Namen wie Alois Lageder, Elisabetta Foradori, Anselmi, Ca' Del Bosco, Umani Ronchi oder Morgante vertreten. Hervorragende Beratung durch die Inhaber. Weine aus Deutschland, Frankreich und Österreich. Grappa und andere Edelspirituosen sowie Feinkost runden das Angebot ab.
Anzahl der Weine: 350
Weitere Angebote: Feinkost, Kaffee, Olivenöl, Pasta, Weinproben, Weinseminare

„In Vino" in Herford residiert in hochmoderner, preisgekrönter Architektur

Herne

Julius Meimberg

Innenstadt, Bahnhofstr. 62, PLZ 44623
Tel. 02323-509 00
www.julius-meimberg.de
Mo-Fr 10-19 Uhr, Sa 10-16 Uhr EC
Ein Freund des Mainstreams in Sachen Wein ist Hartmut Julius Meimberg nicht. Guter Wein wird im Weinberg gemacht, am besten mit bewusstem Blick auf Ökologie und Nachhaltigkeit! Dieses Denken spiegelt sich bei der Auswahl des Sortiments wider, das rund 800 Weine aus Europa und Übersee umfasst. Erzeugnisse aus Frankreich, Italien, Österreich und Spanien werden selbst importiert. Umfangreiches Angebot an hochwertigen Spirituosen. Monatlich finden Weinproben statt, des Weiteren Menüabende im hauseigenen Veranstaltungsrestaurant „Julius".
Anzahl der Weine: 800
Weitere Angebote: Essig, Öl, Pasta, Weinproben, Weinseminare

Kaarst

Kaarster Weinladen

OT Holzbüttgen, Bismarckstr. 30
PLZ 41564, Tel. 02131-624 67
www.kaarster-weinladen.de
Di-Fr 15-18.30 Uhr, Sa 9.30-14 Uhr EC
Außen hübscher Klinkerbau, innen rustikales Ambiente mit Balken an der Decke, vielen Holzkisten auf dem Boden und Regalen rundherum. Das Sortiment umfasst die besten Repräsentanten ihrer Region, etwa die Weine von Braida aus dem Piemont oder von Vega Sicilia aus dem spanischen Ribera del Duero wie auch die deutschen Weingüter von Markus Schneider, Martin Tesch bis Werner Näkel. Mehr als 30 Jahre Erfah-

rung bilden die Grundlage für eine äußerst kompetente Beratung.
Anzahl der Weine: 400
Weitere Angebote: Armagnac, Calvados, Cognac, Edelobstbranntweine, Essig, Olivenöl, Spirituosen, Weinproben

Kempen

in Vino Die Weingalerie

Innenstadt, Kuhstr. 14, PLZ 47906
Tel. 02152-91 19 50
Mo-Fr 10-13 und 15-18.30 Uhr, Sa 10-14 Uhr
EC

An die 380 Whiskys liegen im Kempener Weinladen an der historischen Kuhstraße. Das Angebot geht weit über die Klassiker, etwa Talisker oder Bowmore, hinaus. So finden sich auch japanische Single Malts und nordirische Whiskeys unter den überwiegend schottischen Destillaten. Bei den Weinen hat sich das Ehepaar Conrades auf die Alte Welt, vor allem auf Frankreich, konzentriert und bietet Raritäten wie einen 1998er Chardonnay von Georges Désiré aus dem Burgund oder lang gereifte Preziosen aus dem Haut-Médoc und dem St-Émilion. Die Port-Abteilung ist von beachtlichem Ausmaß, mit einem Angebot vom Tawny bis zum Late Bottled Vintage. Fachkundige Beratung, hauptsächlich in Sachen Whisk(e)y.
Anzahl der Weine: 500
Weitere Angebote: Whisky (400 Sorten), Weinproben, Weinseminare

Weinhaus Straeten

Innenstadt, Studentenacker 17, PLZ 47906
Tel. 02152-537 33
www.weinhaus-straeten.de
Mo-Do 9-13 und 14.30-18.30 Uhr,
Fr 9-18.30 Uhr, Sa 10-14 Uhr
EC MASTER VISA

Vom 4-Euro-Landwein aus Sizilien bis zum 70-Euro-Barolo reicht das Angebot für italophile Weintrinker im „Weinhaus Straeten". Aber auch Liebhaber spanischer, französischer, deutscher und österreichischer Tropfen müssen nicht darben. Das 135 Jahre alte Traditionshaus ist auch hier mit allen namhaften Regionen variantenreich und nach Preisklassen gestaffelt vertreten. 650 verschiedene Etiketten mit etwa 15-prozentigem Übersee-Anteil sind im lichten Verkaufsraum verteilt. Trotz des Whisk(e)y-Fachhandels um die Ecke hat man es sich nicht nehmen lassen, 25 namhafte Single Malts ins Sortiment zu heben und die Nische mit Aperol, Cognac, Obstedelbränden und Genever anzureichern. Die Schaumwein-Abteilung birgt eine feine Auswahl an Champagner, Crémant und deutschem Sekt.
Anzahl der Weine: 650
Weitere Angebote: Essig, Feinkost, Olivenöl, Weinproben, Weinseminare

Kleve

Schlossbergkellerei Peters

Wasserstr. 10-12, PLZ 47533
Tel. 02821-247 93
www.wein-peters.de
Mo-Fr 9-18.30 Uhr, Sa 9.30-16 Uhr
EC MASTER VISA

Seit 1887 besteht diese Traditionsadresse am Niederrhein. Durfte sich Firmengründer Heinrich Peters mit dem Titel eines Hoflieferanten des Fürstenhauses von Hohenzollern schmücken, so verkauft sein Urenkel Franz Peters heute, ganz demokratisch, an alle Weinfreunde. Die Auswahl ist beeindruckend. Rund 800 Weine aus Deutschland, Frankreich, Italien, Österreich, Portugal, Spanien sowie aus Übersee umfasst das Sortiment, das mit schönen Whiskys, mediterraner Feinkost und italienischem Kaffee abgerundet wird. Kompetente Beratung.
Anzahl der Weine: 800
Weitere Angebote: Feinkost, Kaffee, Pralinen, Whisky, Weinproben, Weinseminare

Köln

Bordeaux-Wein-Direkt Hauptgeschäft

OT Hahnwald, Wankelstr. 6, PLZ 50996
Tel. 02236-38 12 45

www.bordeaux-wein-direkt.de
Do-Fr 15-20 Uhr, Sa 11-18 Uhr
EC MASTER VISA
Ein Lagerhaus im Industriepark südlich von Köln. Innen vollgestopft mit Weinkisten, hauptsächlich aus allen Regionen Frankreichs. Ganz hinten, in der Weißwein-Abteilung, ist auch eine Ecke den deutschen Winzern aus der zweiten Reihe vorbehalten. Daneben gibt es eine große Verkostungstheke für Weißweine; das wöchentliche Angebot bei den Roten wird in einem separaten Raum hinter der Kasse ausgeschenkt. Die Qualitäten reichen von der Basis bis zu den Crus aus dem Bordelais (zum Beispiel Pontet-Canet), die Preise sind kundenfreundlich kalkuliert, und der Service ist mit einer Begeisterung und Freundlichkeit dabei, die geradezu mitreißend ist.
Anzahl der Weine: 300
Weitere Angebote: Zubehör, Weinproben

Dellbrücker Weinhaus
OT Dellbrück, Dellbrücker Hauptstr. 143
PLZ 51069, Tel. 0221-68 44 66
www.dellbruecker-weinhaus.com
Mo-Fr 15-19 und 9.30-19 Uhr,
Sa 9-14.30 Uhr EC MASTER VISA
Ein kleiner behaglicher Weinladen mit Fliesenboden und hellen Holzregalen. Der vordere Teil ist vor allem bekannten Weinen aus Deutschland vorbehalten sowie einer kleinen Feinkostauswahl. Im zweiten Raum wird die gesamte Weinwelt (mit entsprechender Auswahl) präsentiert. Hier werden viele Erzeugnisse bis zur guten Mittelklasse geboten, vor allem bei Bordeaux und Burgundern streift man aber auch die Spitze. Allerdings muss der Chef persönlich anwesend sein, damit die Beratung entsprechend fachkundig ausfällt.
Anzahl der Weine: 900
Weitere Angebote: Feinkost, Olivenöl, Schokolade, Spirituosen, Zigarren, Weinproben, Weinseminare

Dieckmann's Wein
OT Klettenberg, Stenzelbergstr. 17
PLZ 50939
Tel. 0221-44 49 09
www.dieckmannswein.de
Mo-Mi, Fr 14-18.30 Uhr, Do 14-20 Uhr,
Sa 10-14 Uhr EC
Hübscher Altbau, in dem die schwarzen Regale bis unter die hohe Decke reichen – sie sind vor allem mit französischen Gewächsen gefüllt. Da steht die gute Basis an Weinen neben einem großen Angebot der Mittelklasse und einigen Spitzen, beispielsweise Comte de Vogüe aus Burgund. Außer französischen Weinen gibt es ein kleines, überaus achtbares Sortiment aus Österreich. Das Preis-Leistungs-Verhältnis ist erfreulich. Der Chef berät kompetent und persönlich.
Anzahl der Weine: 200
Weitere Angebote: Weinproben

„Dieckmann's Wein": Vor allem französische Weine lagern in den deckenhohen Regalen

Über dem „Kölner-Wein-Depot" befindet sich ein Weinmuseum

Weinlädchen – Monika Drews

OT Porz-Eil, Frankfurter Str. 629, PLZ 51145
Tel. 02203-325 85
www.weinlaedchen-drews.de
Mo 15-18.30 Uhr, Di-Do 9-13 und 15-18.30 Uhr, Fr 9-18.30 Uhr, Sa 9-13 Uhr
EC

Mit Verve berät die Chefin, packt Präsente ein, kümmert sich um den Direkteinkauf, sucht nach Entdeckungen – und dekoriert liebevoll ihr attraktives Lädchen. Bei so viel Eigenarbeit halten sich die Preise in achtbaren Grenzen – bei dem soliden Basisprogramm wie bei den ausgesuchten Gewächsen aus Bordeaux oder Italien oder auch dem kleinen Sortiment aus Kalifornien, Südafrika und Chile. In einem Klimaschrank stehen einige offene Flaschen zum Probieren.
Anzahl der Weine: 500
Weitere Angebote: Gewürze, Konfitüren, Pasta, Pasteten, Pesto, Pralinen, Salz, Schokolade, Weinzubehör, Weinproben, Weinseminare

Hoffmann & Horstmann

OT Belgisches Viertel, Antwerpener Str. 9-11
PLZ 50672, Tel. 0221-976 21 66
www.wein-punkt.de
Mo-Fr 11-19 Uhr, Sa 11-16 Uhr EC

Bei Ronnie Hoffmann und Carsten Horstmann macht das Einkaufen Spaß, denn sie kennen sogar bei 450 Positionen zu jeder Flasche eine Geschichte. Vor allem Eigenimporte aus der Alten Welt stehen in den hübschen Holzregalen des Ladenlokals im Belgischen Viertel. Auf Wunsch werden Weinproben und -dinner organisiert.
Anzahl der Weine: 450
Weitere Angebote: Weinproben, Weinseminare

Kölner-Wein-Depot

OT Neustadt-Nord, Amsterdamer Str. 1
PLZ 50668, Tel. 0221-72 75 70
www.koelnerweindepot.de
Di-Fr 8-19 Uhr, Sa 8-14 Uhr EC

Ein schräger Bau gleich neben der Zoobrücke. Auf dem Dach Reben, im oberen Stock ein Weinmuseum, darunter eine große Halle mit zahllosen Weinkisten – und jedes Mal, wenn man glaubt, es gäbe auf der Weinwelt nur Genossenschaften, beginnt das Regal mit dem hochwertigen Winzersortiment. Im vorderen Bereich gibt es eine Weinbar, an der jede Woche Erzeugnisse andere Winzer ausgeschenkt werden. Im begehbaren Klimaschrank lagern allerbeste Gewächse. Freundlich geführter Familienbetrieb.
Anzahl der Weine: 1700
Weitere Angebote: Gläser, Olivenöl, Weinproben, Weinseminare

SIEGER NORDRHEIN-WESTFALEN

Kölner Weinkeller

OT Braunsfeld
Stolberger Str. 92
PLZ 50933
Tel. 0221-139 72 80
www.koelner-weinkeller.de

Mo-Fr 12-20 Uhr, Sa 10-16 Uhr
AmEx EC MASTER VISA
Der Name ist Understatement – „Wein-Unterwelt" wäre wohl passender, um das 3000 Quadratmeter große Gewölbe tief unter der Erde zu beschreiben. Das ehemalige Weinlager – die alten Tanks dienen heute zur Dekoration –, ist seit einiger Zeit gefüllt mit einem umfassenden Angebot aus der gesamten Weinwelt. Das reicht von der Einstiegsklasse in Literflaschen bis zu den Besten der Besten aus Piemont, Burgund oder

Die Schätze des „Kölner Weinkellers" lagern in einem Gewölbe tief unter der Erde

Bordeaux – die wertvollsten Weine werden in einer „Schatzkammer" am Ende des Gewölbes sicher verwahrt. Verkostungstheke. Veranstaltungsprogramm mit Verkostungen, Winzerbesuchen oder Weindinner.
Anzahl der Weine: 3500
Weitere Angebote: Feinkost, Weinproben, Weinseminare

les amis du vin
OT Ehrenfeld, Oskar-Jäger-Str. 143 F
PLZ 50825, Tel. 0221-50 06 09 21
www.ladv-wein.de
Mo-Fr 10-19 Uhr, Sa 10-15 Uhr
EC MASTER VISA
Eine rustikale Halle, gefüllt mit Kisten aus der ersten Liga: Weine aus aller Welt, von der erfreulichen deutschen Basis bis zu ausgereiften Spitzenweinen aus dem Bordelais, aus Burgund oder auch Raritäten aus Kalifornien. Im riesigen Ladenlokal gibt es einige attraktive Ecken, in denen Tische für Verkostungen stehen. Die Beratung könnte besser kaum sein, dank Inhaber Frank Schillings, der die Vita jedes seiner Weinprachtstücke bestens kennt.
Anzahl der Weine: 1200
Weitere Angebote: Weinproben, Weinseminare

Weinhaus Lindenthal
OT Lindenthal, Geibelstr. 33, PLZ 50931
Tel. 0221-406 15 23
Mo-Fr 8-18.30 Uhr EC
Vor dem Laden Körbe mit Nüssen und Trockenfrüchten, drinnen Flaschen, wohin man blickt und geht. Rundum in den Regalen, in der Mitte aufgetürmt, am Rand in Kisten gestapelt. Reife Bordeaux, junge deutsche und gefällige italienische Weine ebenso wie Raritäten (Madeira Rainwater). Ein wunderbar altmodischer Laden mit herzlicher Beratung, wie geschaffen für die Stammkundschaft, die regelmäßig vorbeischaut.
Anzahl der Weine: 500
Weitere Angebote: Essig, Nüsse, Öl, Trockenfrüchte

Feinkost Ortsiefer
OT Weidenpesch, Derfflingerstr. 2
PLZ 50737, Tel. 0221-74 15 92
www.feinkost-ortsiefer.de
Mo-Do 8.30-13 und 15-18.30 Uhr,
Fr 8-18.30 Uhr, Sa 8.30-14 Uhr
Ein Familienbetrieb in der zweiten Generation – und selbst diese ist schon seit rund 50 Jahren mit dabei. Nach wie vor wird das Geschäft mit viel Liebe geführt, was vor allem an der engagierten und persönlichen Beratung zu spüren ist. Aber auch „Ortsiefer" geht mit der Zeit, hat die Südafrikaner wie Laibach in den hinteren Bereich verbannt und räumt den großen Auftritt heute lieber deutschen Weingütern wie Tesch oder Oliver Zeter ein. Immer noch prominent

vertreten: d'Arenberg, dessen Besitzer der Chef noch aus Studienzeiten kennt und schätzt. Außerdem Feinkost und eine aparte Käse-Auswahl.
Anzahl der Weine: 1100
Weitere Angebote: Feinkost, Käse, Schinken, Schokolade, Malt Whisky, Weinproben

Weinhandelshaus Scholzen
OT Ehrenfeld, Venloer Str. 234, PLZ 50823
Tel. 0221-594 92 45
www.weinpalais.de
Mo-Fr 10-19 Uhr, Sa 10-16 Uhr EC
Der Laden hat es in sich: Klein, aber vom Feinsten ist das, was bei „Scholzen" in den Regalen steht – und das zu überaus kundenfreundlichen Preisen, auch wenn mancher Konkurrent darüber stöhnt. Flaschen aus Deutschland, Frankreich, Italien und Spanien werden flankiert von einem kleinen Sortiment aus der Neuen Welt. Vorn an der Theke mit den Bordeaux-Kisten stehen einige Weine zum Verkosten bereit. Die Beratung ist ebenso kenntnisreich wie hilfsbereit.
Anzahl der Weine: 1800

Weinhaus Sued
OT Südstadt, Marktstr. 27, PLZ 50968
Tel. 0221-379 75 16
www.weinhaus-sued.de
Mo-Fr 10-19.30 Uhr, Sa 10-18 Uhr
EC MASTER VISA
Eine bordeauxfarbene Halle in der Nähe des Großmarkts. Darin finden auf rund 600 Quadratmetern gut 2500 Weinpositionen Platz, die meisten auf Kisten gestapelt. Das Angebot reicht vom einfachen Gutsriesling bis zum Coulée de Serrant von Nicolas Joly. Auch Erzeugnisse aus Übersee sind, wenngleich in kleinem Rahmen, solide vertreten. Außerdem stehen auf dem Programm eine gut sortierte Spirituosenabteilung und ein kleines Sortiment an Feinkost. Darüber hinaus gibt es eine Verkostungstheke. Regelmäßige finden Veranstaltungen wie Weindinner oder der „Tag der offenen Flasche" statt.
Anzahl der Weine: 2500

Weitere Angebote: Essig, Foie gras, Öl, Pesto, Rillettes, Schokolade, Senf, Terrinen, Weinproben, Weinseminare

Vintage
Innenstadt, Hahnenstr. 37, PLZ 50667
Tel. 0221-92 07 10
www.vintage.info
Mo-Sa 11.30-23 Uhr AmEx EC MASTER VISA
Der Stehtisch im Eingangsbereich signalisiert: Hier kann man auch nur ein Glas Wein probieren – und, bei Gefallen, die Flasche hinterher mit nach Hause nehmen. Das „Vintage" ist ein attraktiver Mix aus Weinshop, Weinbar und Restaurant; dazu kommen die Weinseminare, die im Eventbereich stattfinden. Die Weinauswahl in den Regalen der kleinen Rotunde ist breit gefächert: Newcomer stehen neben dem Establishment, Klassiker neben Fundstücken aus der Neuen Welt – alles von Chefin Claudia Stern mit Fachkenntnis ausgesucht, aber auch mit Mut zu Ungewöhnlichem. Wer Weingeschenke sucht, wird gut beraten und bekommt sein Präsent hübsch verpackt.
Anzahl der Weine: 800
Weitere Angebote: Feinkost, Olivenöl, Schokolade, Weinproben, Weinseminare

Frischmarkt Zickuhr
OT Lindenthal, Dürener Str. 199-203
PLZ 50931, Tel. 0221-940 21 06
Mo-Sa 8-21 Uhr

Attraktiver Mix aus Weinshop, Weinbar und Restaurant: „Vintage" in Köln

Von außen ein ganz normaler Supermarkt, drinnen unterscheidet ihn jedoch die Weinabteilung von anderen Märkten. Unerfahrene Kunden wissen allerdings nicht, wo sie zugreifen sollen. Kenner stutzen angesichts angesagter Gewächse, etwa beim Riesling Grainhübel aus dem Pfälzer Weingut Von Winning oder den reifen Schätzchen, etwa dem 1995er Volnay, der neben dem gleichaltrigen Pommard im obersten Regal steht. Doch wie rankommen? Nirgendwo ist eine Trittleiter in Sicht, aber auch kein Personal, das den Kunden helfen oder sie gar beraten würde.
Anzahl der Weine: 2000
Weitere Angebote: Essig, Feinkost, Olivenöl, Weinproben, Weinseminare

Zwölfgrad Sekt & Wein
OT Südstadt, Martin-Luther-Platz 1
PLZ 50677
Tel. 0221-38 15 91
www.zwoelfgrad.de
Mo-Fr 10-18.30 Uhr, Sa 9-17 Uhr
EC MASTER VISA
Achtung: Schwindelgefahr: In diesem Laden sind alle Regale schief, und zwar genau zwölf Grad im Winkel. Zwölf Prozent war einmal, als der Laden eröffnete, der durchschnittliche Alkoholgehalt beim Wein – heute wären sie also noch erheblich steiler. Ganz hinten gibt es eine flotte Bar, die allerdings vor allem als Schreibtisch dient. Im vorderen Bereich steht Gutes aus Deutschland, im schmaleren Mittelteil sind vor allem Weine aus Italien, Frankreich und Österreich vertreten. Freundlich kalkulierte Preise aufgrund vieler Eigenimporte, sehr nette und fachkundige Beratung.
Anzahl der Weine: 1000
Weitere Angebote: Gläser, Olivenöl, Schokolade, Weinproben, Weinseminare

Krefeld

Ausgesuchte Weine
OT Cracau, Am Hohen Haus 2
PLZ 47799
Tel. 02151-256 56
www.ausgesuchte-weine.de
Di-Fr 10-18.30 Uhr, Sa 10-14 Uhr
AmEx EC MASTER VISA
Mit großem Sachverstand betreibt Weinbauingenieur Norbert Pohl auf den Grundfesten des ehemaligen Schlosses Cracau seinen Weinhandel. Eine durchdachte Sortimentszusammenstellung ist auch nötig, denn dem Angebot mit dem Schwerpunkt Europa stehen nur 60 Quadratmeter zur Verfügung. So ruhen ausgewählte Tropfen, vornehmlich aus dem Süden Frankreichs und den Qualitäts-Hochburgen Italiens, in speziell ausgeformten Bimssteinregalfächern, die jeweils etwa 30 Flaschen fassen. Sein Augenmerk legt Pohl, der ausschließlich direkt importiert, auf Familienweingüter, die er bei Messen wie Vinisud oder Vinitaly aufstöbert. Pfalz, Rheingau, Mosel und Nahe sind mit Literweinen bis zu „Großen Gewächsen" vertreten. Experimentierfreude beweist er nicht nur mit alten Rumspezialitäten und Süßweinraritäten, sondern auch mit Extravaganzen wie einem Rosé-Frizzante aus der Lambrusco-Rebe.
Anzahl der Weine: 500
Weitere Angebote: Balsamico, Feinkost, Grappa, Olivenöl, Pasta, Schokolade, Weinproben, Weinseminare

Leverkusen

Leverkusener Weinhaus
OT Steinbüchel, Berliner Str. 94-96
PLZ 51377
Tel. 0241-20 65 70
www.leverkusener-weinhaus.de
Di-Fr 10-19 Uhr, Sa 9-14 Uhr EC
Auch bei Fragen zur Harmonie von Wein und Speisen werden Kunden hier ausgiebig beraten. Inhaber Klaus Klein – seines Zeichens gelernter Koch, Restaurantfachmann und ehemals Chef-Sommelier auf Johann Lafers „Stromburg" – weiß Rat. Seine Empfehlungen schöpft er aus einem klug strukturierten Fundus von rund 400 Weinen aus Europa und Übersee. Frankreich und Italien sind mit allen wichtigen Anbaugebieten vertreten, aus heimischen Regionen gehören

Spitzenweingüter wie Dr. Heger in Baden oder Gunderloch in Rheinhessen zum Sortiment.
Anzahl der Weine: 400
Weitere Angebote: Brände, Feinkost, Likör, Olivenöl, Weinproben, Weinseminare

Lüdenscheid

Eichelhardt's Weinkontor
Südstr. 70, PLZ 58509
Tel. 02351-33 86
www.eichelhardt.com
Mo-Fr 9.30-19 Uhr, Sa 9.30-16 Uhr EC
Am Rand des sauerländischen Städtchens findet sich dieser traditionsreiche, großzügige und helle Weinladen im Familienbesitz. Angesichts des mit über 1000 Positionen umfangreichen Angebots ist gute Beratung gefragt, die die Inhaber Jutta und Thomas Beger freundlich, ausführlich und anlassbezogen bieten. Der Schwerpunkt ihres Sortiments liegt auf deutschen Anbaugebieten, Bordeaux- oder Barolo-Freunde finden hier aber auch den Tropfen ihrer Wahl. Einmal im Jahr lädt „Eichelhardt's" zur Weinmesse mit Verkostung. Gleichfalls bedient werden Liebhaber von Single Malt und Edelbränden. Rund 200 Sorten stehen zur Auswahl, viele können vor Ort probiert werden. Daneben bietet der Laden eine kleine Delikatessenabteilung sowie Zubehör vom Korkenzieher bis zum passenden Glas.
Anzahl der Weine: 1100
Weitere Angebote: Cognac, Feinkost, Gewürze, Grappa, Malt Whisky, Obstbrände, Olivenöl, Rum, Schokolade, Weinproben, Weinseminare

Lüdinghausen

Wein Stork
Nottengartenweg 18, PLZ 59348
Tel. 02591-68 74
www.wein-stork.de
Mo-Mi 9.30-18.30 Uhr, Do-Fr 9.30-19 Uhr, Sa 9-14 Uhr EC
Eine der führenden Weinhandelsadressen im Münsterland, und das seit nunmehr 30

Thomas und Jutta Beger, die Inhaber von „Eichelhardt's Weinkontor"

Jahren! In hellem, freundlichem Ambiente werden über 600 Weine aus den großen Anbauländern Europas und aus Übersee übersichtlich präsentiert. Eine gute Auswahl an Sekt und Champagner, Feinkost und hochwertige Spirituosen – darunter Regionales wie der vielfach prämierte Lagerkorn V.S.O.P. der „Feinbrennerei Sasse" – runden das Sortiment ab. Hervorragende Beratung durch Juniorchef Jan Stork. Die Familie betreibt in Marl (Imenkampstr. 7) als Zweitgeschäft den „Weinhof" mit Depots der Winzergenossenschaften Bischoffingen am Kaiserstuhl und Vier Jahreszeiten in der Pfalz.
Anzahl der Weine: 600
Weitere Angebote: Essig, Feinkost, Grappa, Obstbrände,Säfte, Öl, Whisky, Weinproben, Weinseminare

Meckenheim

Der Weinhof
Wormesdorfer Str. 36, PLZ 53340
Tel. 02225-95 36 36
www.weinhof.de
Di-Fr 10-18.30 Uhr, Sa 9.30-15 Uhr EC
Der „Weinhof" liegt an der sogenannten Meckenheimer Obstmeile und zeigt sich von außen im Romantik-Look mit viel Weinlaub und dicken Fässern vor der Tür. Drinnen ist das Sortiment übersichtlich nach Ländern geordnet; für exklusive Weine aus Bordeaux und Burgund gibt's einen begehbaren Klimaraum. Laut Eigenwerbung im rheinischen Stil sind „1500 leckere Weine" im Angebot. Eine Probierstube und viele Geschenkideen

gibt es im ersten Stock. Spezialität neben dem Wein sind Fruchtbrände, Grappa, Whisky und Likör zum Selbstabfüllen.
Anzahl der Weine: 1500
Weitere Angebote: Präsentkörbe, Weinpräsente, Weinproben, Weinseminare

Minden

Catalano Vinothek – Weine aus Italien

OT Dützen, Lübbecker Str. 203, PLZ 32429
Tel. 0571-59 65
www.vinothek-catalano.de
Mo-Fr 9.30-13.30 und 15-18.30 Uhr, Sa 9.30-14 Uhr EC MASTER

„Catalano Vinothek": bietet nicht nur Weine aus Italien

Rund 300 Weine, ausschließlich aus seiner italienischen Heimat, bietet Massimo Catalano an. Die Schwerpunkte des Sortiments liegen bei Erzeugnissen aus Apulien, Piemont und der Toskana. Gerne empfiehlt die freundliche Bedienung Gewächse, die sich durch ein besonders gutes Preis-Leistungs-Verhältnis auszeichnen: etwa der 2009er Sauvignon dei Colli Orientali del Friuli DOC von Volpe Pasini für unter 10 Euro. Degustationsmöglichkeit. Außerdem gibt es ein Restaurant und eine Weinstube.
Anzahl der Weine: 300
Weitere Angebote: Antipasti, Feinkost, Olivenöl, Weinproben, Weinseminare

Mönchengladbach

La Petite Cave

OT Sasserath, Kölner Str. 345, PLZ 41199
Tel. 02166-60 17 96
www.la-petite-cave.de
Mo 14-19 Uhr, Di-Fr 10-19 Uhr, Sa 9-14 Uhr
EC

Was 1993 vom Ehepaar Kuck als Lädchen mit gerade mal 13 französischen Weinen gegründet wurde, hat sich mit den Jahren zu einer anerkannten Adresse am Niederrhein entwickelt. 2007 hat Elena Scharf das Geschäft übernommen und baut den „kleinen Keller" mit viel Engagement weiter aus. Über 400 Weine werden angeboten – längst nicht mehr nur aus Frankreich, sondern auch aus Deutschland, Italien und Spanien. Ausgesuchte Gewächse aus Südafrika runden das Sortiment ab. Nette Beratung.
Anzahl der Weine: 400
Weitere Angebote: Armagnac, Brände, Cognac, Feinkost, Gewürze, Grappa, Konfitüre, Likör, Olivenöl, Pasta, Salz, Spirituosen, Weinproben, Weinseminare

La Tienda

OT Rheydt, Urftstr. 99-101, PLZ 41239
Tel. 02166-931 50
www.la-tienda.de
Mo 9-17 Uhr, Di-Fr 9-19 Uhr, Sa 10-15 Uhr
EC

Das Beste aus Spanien gibt es in dem schönen Laden von Siddika Michiels. Neben edlen Tropfen wie der aus dem Wein alter Reben gekelterte Cabrida überzeugt die Weinhandlung mit landestypischen Spezialitäten wie Oliven, Thunfischdelikatessen, Meersalz, Senf und Honig. Protektionismus kann man der Inhaberin allerdings nicht vorwerfen: Sie verkauft auch Spitzenprodukte aus Portugal, Italien, Österreich, Frankreich und Deutschland. Das Sortiment an deutschen Weinen verrät ihr Gespür für exzellente Tropfen. Regelmäßige Veranstaltungen und Ausstellungen.
Anzahl der Weine: 400
Weitere Angebote: Olivenöl, Weinproben, Weinseminare

In fünfter Generation führt Ludger Hassenkamp das traditionsreiche „Hassenkamp" in Münster

Straeten's Weingalerie
Innenstadt, Abteistr. 11, PLZ 41061
Tel. 02161-160 13
www.weinhaus-straeten.de
Mo-Fr 10-13 und 14.30-18.30 Uhr,
Sa 10-14 Uhr EC MASTER VISA
Eine Filiale des traditionsreichen Geschäfts „Weinhaus Straeten" in Kempen (Hülser Str. 1 und Studentenacker 17). Hier gibt's romantisch-vinophile Atmosphäre pur: Der Laden ist im Ziegelgewölbekeller von 1843 untergebracht, unter dem klassizistischen Haus „Erholung" der gleichnamigen Bürgergesellschaft. In gemauerten Regalen liegen, fein säuberlich sortiert und gut gekennzeichnet, Weine aus Europa und Übersee. Deutschland, Frankreich und Italien sind mit Erzeugnissen aus allen wichtigen Anbaugebieten breit vertreten. Wie im Stammhaus wird auch hier besonderer Wert auf eine umfassende und individuelle Beratung gelegt.
Anzahl der Weine: 650
Weitere Angebote: Essig, Feinkost, Olivenöl, Weinproben, Weinseminare

Mülheim an der Ruhr

Mülheimer WeinContor
OT Saarn, Düsseldorfer Str. 4, PLZ 45481
Tel. 0208-626 26 51
www.weincontor.net
Mo-Fr 10-18.30 Uhr, Sa 10-16 Uhr,
im Dez. Sa 10-18 Uhr EC
Mit einer kleinen *enoteca* auf der Düsseldorfer Straße fing 1990 alles an. Inzwischen sind Susanne und Stefan Marxen in das 200 Quadratmeter große Ladenlokal am anderen Ende der Hauptstraße umgezogen. Regelmäßig werden Events veranstaltet, vom Kochkurs mit Sterneköchen bis zur „Zigarrenlounge" (Verkostung von Wein und Zigarren). Die Verknüpfung von Essen und Wein setzt sich bei der Auswahl des Sortiments fort. Ergänzt werden die Gewächse aus klassischen Anbaugebieten Europas durch zahlreiche Feinkostartikel.
Anzahl der Weine: 750
Weitere Angebote: Essig, Grappa, Obstbrände, Olivenöl, Pasta, Saucen, Süßwaren, Weinproben, Weinseminare

Münster

Hassenkamp

Innenstadt, Ludgeristr. 58, PLZ 48143
Tel. 0251-438 43
www.hassenkamp.de
Mo-Fr 10-13 und 14-18.30 Uhr,
Sa 10-16 Uhr EC
Das im Jahr 1840 gegründete Geschäft am Marienplatz ist nicht einfach nur eine Weinhandlung, es ist eine Institution und Sehenswürdigkeit zugleich. Die Einrichtung des Hauses, das 1911 neu errichtet wurde, hat mit seinen deckenhohen Regalen und schönen Bodenfliesen nostalgischen Charme. Ludger Hassenkamp führt den Laden bereits in fünfter Generation. Schwerpunkte liegen bei Erzeugnissen aus der Toskana, aus Piemont, Bordeaux und Burgund, vor allem aber bei deutschen Weinen. Sehr gute, kompetente Beratung, täglich Weinprobe.
Anzahl der Weine: 350
Weitere Angebote: Weinproben, Weinseminare

Weinhandlung Peter Nientiedt

Innenstadt, Steinfurter Str. 57-59
PLZ 48149, Tel. 0251-27 91 54
www.weinhandlung-nientiedt.de
Mo-Do 9-13 und 14-19 Uhr, Fr 9-19 Uhr,
Sa 8.30-14 Uhr EC MASTER VISA
Das Angebot ist in Fülle und Tiefe beeindruckend: rund 800 Weine aus 14 Anbauländern Europas und aus Übersee. Viel Bewährtes aus Baden, der Pfalz, Frankreich, Italien und Spanien. Hervorragende Tropfen aus Griechenland, Ungarn und der Schweiz. Österreich-Freunde freuen sich über eine breite Auswahl zu moderaten Preisen sowie über Spitzenqualitäten wie „Sacra" – eine über 18 Monate im Barrique gereifte Cuvée aus Cabernet Sauvignon, Merlot und Zweigelt vom Weingut Josef Dockner im Kremstal. „Nientiedt" ist auch als Top-Adresse für Malt Whisky bekannt. Gute Beratung.
Anzahl der Weine: 800
Weitere Angebote: Essig, Gläser, Oliven, Olivenöl, Süßwaren, Weinproben, Weinseminare

Weinhandlung Reblaus und Weinwerkstatt

OT Mauritz, Warendorfer Str. 41
PLZ 48145, Tel. 0251-37 58 18
www.muensterswarendorferstrasse.de
Mo-Fr 11-19 Uhr, Sa 10-14 Uhr EC
Der studierte Betriebswirt Dietmar Wiesner ist ein Individualist mit Sinn für Stil. Das merkt man seinem kleinen Geschäft an: bei der liebevollen Dekoration, der sehr sachkundigen, zurückhaltenden Beratung und der Zusammenstellung des Sortiments mit über 300 Weinen. Diese kommen zum überwiegenden Teil aus den großen Anbauländern Europas. Viele Gewächse stammen aus kontrolliert biologischem Anbau, ein besonderes Auswahlkriterium sind autochthone Rebsorten. In der angeschlossenen „Weinwerkstatt" finden Weinproben, -seminare und Winzerabende statt.
Anzahl der Weine: 325
Weitere Angebote: Grappa, Obstbrände, Schokolade, Trester, Weinproben, Weinseminare

Pulheim

Weinhaus Peter Wolf

Venloer Str. 93, PLZ 50259
Tel. 02238-546 16
www.weinhauspeterwolf.de
Mo-Do 9-13 und 14.30-19 Uhr, Fr 9-19 Uhr,
Sa 9-14 Uhr AmEx DINERS EC MASTER VISA
Das familiengeführte Geschäft ist für seinen persönlichen, herzlichen Service bekannt. Der Laden erstreckt sich über zwei Räume, birgt Wein, Käse und Feinkost. Ein Ordnungssystem lässt sich allerdings nicht sofort ausmachen: Es mischen sich Alte und Neue Weinwelt, Spitzenqualitäten und Erzeugnisse mit solider Basis. Man findet sowohl gereifte Schätze, fast achtlos in Kisten auf dem Boden, als auch gängige Marken im Regal darüber.
Anzahl der Weine: 850
Weitere Angebote: Brandy, Cognac, Essig, Gebäck, Grappa, Honig, Käse, Konfitüre, Likör, Olivenöl, Pasta, Schinken, Wurst, Weinproben, Weinseminare

Hübsches Geschäft mit gutem Angebot in Recklinghausen: „Molitor Weinhandlung"

Recklinghausen

Molitor Weinhandlung

Innenstadt, Hertener Str. 59, PLZ 45657
Tel. 02361-234 87
www.wein-molitor.de
Mo-Fr 9.30-19 Uhr, Sa 9-15 Uhr
AmEx EC MASTER VISA

Rund 800 Weine aus allen bedeutenden Anbauländern Europas und der Neuen Welt bietet Ingeborg Molitor in ihrem hübschen Laden an. Dazu kommen einige wenig bekannte Gewächse aus Georgien, Slowenien, Israel und Mexiko. Deutsche Rieslinge sind mit 50 Sorten gut aufgestellt. Als Geheimtipps werden Barbera, Brachetto und Moscato des deutschen Winzerpaars Rolf und Ilona Busch aus Piemont importiert. Zur „Molitor Weinhandlung" gehört die einzige Sektkellerei des Ruhrgebiets. Nur knapp 2000 Flaschen werden pro Jahr nach der Champagnermethode hergestellt. Kunden werden in dem Laden hochqualifiziert und freundlich beraten, auch wenn es um Edelspirituosen und Feinkost geht.

Anzahl der Weine: 800

Weitere Angebote: Destillate, Feinkost, Olivenöl, Spirituosen, Weinaccessoires, Weinproben, Weinseminare

Rheda-Wiedenbrück

Wiedenbrücker Weinhaus

OT Wiedenbrück, Ringstr. 128, PLZ 33378
Tel. 05242-40 64 85
www.wiedenbruecker-weinhaus.de
Mo-Fr 9.30-13 und 14.30-18.30 Uhr, Sa 9-14 Uhr EC

Auf 600 Quadratmetern großzügig angelegt, gefällt dieses Weinfachgeschäft durch seine lichte, elegante Gestaltung. Für Weinproben steht eine „Degustationsinsel" mit eigener Küche zur Verfügung. Einen Blick in die Fachliteratur kann der Kunde auf der Sitzgruppe vor dem Kaminofen werfen. Karl-Heinz Niestadtkötter bietet rund 600 Weine aus allen wichtigen europäischen Anbauländern – darunter Hochkarätiges aus Italien und Frankreich sowie ein gutes Portwein-Sortiment –, aber auch aus Übersee an. In der gut bestückten Spirituosenabteilung finden sich die Obstbrände der Tiroler Kultdestillerie Rochelt ebenso wie die feinen westfälischen Kornbranntweine von Clüsener aus dem nahen Gütersloh.

Anzahl der Weine: 600

Weitere Angebote: Essig, Feinkost, Öl, Spirituosen, Süßwaren, Weinproben, Weinseminare

Rietberg

Rietberger Weinhaus Korkenzieher
OT Neuenkirchen, Platzstr. 16, PLZ 33397
Tel. 05244-92 89 16
www.weinhaus-korkenzieher.de
Mo-Mi 15-18.30 Uhr, Do-Fr 15-20 Uhr, Sa 10-14 Uhr AmEx DINERS EC MASTER VISA
Gemütlich wirkt der kleine Laden, den Michael Vollmer seit nunmehr fast zwei Jahrzehnten in tiefster ostwestfälischer Provinz erfolgreich führt. Rund 500 europäische Weine werden übersichtlich präsentiert. Alle deutschen Gewächse kauft der Inhaber beim Winzer ein, aus Frankreich, Italien, Österreich, Portugal und Spanien importiert er direkt. Sehr kompetente Beratung in angenehmer Atmosphäre. Zum Weinhandel gehört die „1. Rietberger Strausswirtschaft" (Am Bahnhof 8), ein uriges Weinlokal in dem der hausgemachte Flammkuchen und das selbst gebackene Brot schmecken.
Anzahl der Weine: 500
Weitere Angebote: Armagnac, Balsamico, Cognac, Feinkost, Grappa, Olivenöl, Portwein, Whisky, Weinproben, Weinseminare

Schwerte

Vinum Wein & Mehr
OT Wandhofen, Am Markt 11
PLZ 58239, Tel. 02304-250 31 60
www.vinum-schwerte.de
Mo-Fr 9-19 Uhr, Sa 8.30-15 Uhr EC
Im Bruchsteingemäuer einer alten Schankwirtschaft, mit knorrigem Eichengebälk, Kachelöfen und gläsernem Degustationstisch einladend gestaltet, ist diese Weinhandlung für eine Überraschung gut. Unter den rund 550 Weinen aus Europa und Übersee finden sich in außerordentlichem Maße Gewächse aus Südafrika. Allein das Anbaugebiet Stellenbosch ist mit 70 Positionen vertreten, die Bandbreite reicht vom preiswerten Alltagswein bis zum „Vergelegen V" des Starwinzers Andre van Rensburg für knapp unter 100 Euro. Nette Beratung in entspannter Atmosphäre. Weinproben und Hausmessen finden im Weinbistro statt, das auch für private Feiern gemietet werden kann.
Anzahl der Weine: 550
Weitere Angebote: Brände, Cognac, Feinkost, Grappa, Rum, Whisky, Weinproben, Weinseminare

Siegburg

Weinhandelshaus Siegburg
Haufeld 2 a, PLZ 53721, Tel. 02241-965 10
www.weinhandelshaus-siegburg.de
Di-Sa 10-19 Uhr EC MASTER VISA

„Weinhandelshaus Siegburg": gutes Angebot in der einstigen Kornbrennerei und Likörfabrik

Schöne Location in einer denkmalgeschützten ehemaligen Kornbrennerei und Likörfabrik. Das Angebot an europäischen Weinen ist groß, die Beratung freundlich und kompetent. Bei den Spirituosen finden sich auch alte Armagnacs, darunter ein Baron de Sigognac aus dem Jahre 1915.
Anzahl der Weine: 1600
Weitere Angebote: Essig, Olivenöl, Pasteten, Weinproben, Weinseminare

Siegen

Vinum Käse- und Weinhandlung
OT Oberstadt, Marburger Str. 4-6
PLZ 57072, Tel. 0271-239 04 00
Di-Fr 9.30-18.30 Uhr, Sa 9.30-15 Uhr EC

N

In Frank Lowags gemütlichem Laden dreht sich alles um Wein und Käse. In der Theke liegen Käsespezialitäten von Kuh, Schaf und Ziege, dazu stehen in den Regalen die passenden Weine, vorwiegend aus französischen und deutschen Anbaugebieten. Über die geschmackliche Harmonie des klassischen Duos gibt Lowag gern Auskunft und stellt passende Kombinationen zusammen. Regelmäßige Weinproben mit Winzern.
Anzahl der Weine: 450
Weitere Angebote: Essig, Feinkost, Käse, Olivenöl, Weinproben, Weinseminare

Soest

Feinkost Scholz

Potsdamer Platz 3, PLZ 59494
Tel. 02921-27 39
www.wein-direktimport.de
Mo-Fr 8-18 Uhr, Sa 8-15 Uhr EC
Im Schatten des mächtigen romanischen Turms von St. Patrokli findet sich dieses traditionsreiche Delikatessengeschäft. In seiner Weinabteilung konzentriert sich Michael Scholz, der als gelernter Koch auf einige Jahre in Spitzenrestaurants zurückblicken kann, auf das klassische Europa. Allergrößten Wert legt er auf den direkten Einkauf beim Winzer. So füllen ausgesuchte Gewächse aus Frankreich, Italien, Österreich, aus der Schweiz und Spanien die Regale. Die Deutschland-Abteilung ist gut aufgestellt, einschließlich großer Namen wie Johner, Heymann-Löwenstein, Van Volxem oder Emrich-Schönleber.
Anzahl der Weine: 550
Weitere Angebote: Espresso, Essig, Gebäck, Honig, Käse, Olivenöl, Salami, Schinken, Weinproben, Weinseminare

Solingen

Weinhaus Idelberger

Innenstadt, Kirchstr. 5, PLZ 42651
Tel. 0212-20 49 65
Mo-Fr 9-18.30 Uhr, Sa 8.30-15 Uhr EC
In vierter Generation führt Andreas Idelberger diese bergische Traditionsadresse. Sein Angebot umfasst rund 800 Weine aus aller Welt – vom respektablen Alltagstropfen bis zu Spitzengewächsen aus den Anbauländern Deutschland und Frankreich. Außerdem lagert Rares aus Israel, Uruguay und Brasilien in den fein säuberlich sortierten Regalen. In der Raritätenabteilung beeindrucken Jahrgänge bis 1898. Umfangreich ist die Auswahl an Edelspirituosen, darunter auch über 120 verschiedene Whiskys sowie mehr als 170 Kräuter- und Fruchtliköre. Zweimal im Jahr findet als große Probe die „Solinger Weinkost" statt. Filiale und Abhollager (Am Neumarkt 45).
Anzahl der Weine: 800
Weitere Angebote: Essig, Feinkost, Konfitüre, Olivenöl, Pasteten, Süßwaren, internationale Spirituosen, Malt Whisky

Sprockhövel

Destillerie & Brennerei – Heinrich Habbel

OT Haßlinghausen, Gevelsberger Str. 127
PLZ 45549, Tel. 02339-914 30
www.brennerei-habbel.de
Mo-Fr 8-18.30 Uhr, Sa 10-13 Uhr
EC MASTER VISA
Das Weinfachgeschäft ist Teil eines kulinarischen Ensembles! Die gewölbeartige, wunderbar nostalgische Weinhandlung gehört zu der traditionsreichen westfälischen „Destillerie & Brennerei Heinrich Habbel" nebst Likörherstellung. Diese betreibt ebenfalls das Restaurant „Habbel's essen & trinken" und das sehr modern gestylte Bistro „Manufactur". Unter dem Bistro liegt der Weinkeller, in dem auch kostbare Raritäten angeboten werden. Insgesamt hat Familie Habbel über 1000 Weine aus Europa und Übersee im Sortiment. Im Fokus stehen dabei Gewächse aus dem Bordelais sowie von der Loire und der Rhône. Freundliche und sehr fachkundige Beratung.
Anzahl der Weine: 1000
Weitere Angebote: Gewürze, Honig, Olivenöl, Saucen, Terrinen, Weinzubehör, Weinproben, Weinseminare

Unna

Wein Bukett

Bahnhofstr. 47 b, PLZ 59423
Tel. 02303-224 09
www.weinbukett.de
Di-Fr 10-12.30 und 15-18.30 Uhr,
Sa 10-13 Uhr EC
Im Rathaus von Unna findet man diese engagiert geführte Weinhandlung, in der man großen Wert auf ein angemessenes Preis-Leistungs-Verhältnis legt. Rund 300 verschiedene Positionen aus Europa, Übersee und Südafrika stehen in den Regalen. Darüber hinaus gibt es auch eine gute Spirituosenauswahl sowie Feinkostartikel als „Weinbegleiter".
Anzahl der Weine: 300
Weitere Angebote: Essig, Feinkost, Öl, Pralinen, Schokolade, Spirituosen, Weinproben, Weinseminare

Velbert

Silkes Weinkeller

OT Tönisheide, Neustr. 56-60, PLZ 42533
Tel. 02053-42 43 10
www.internetoase.de
Mi-Fr 11-19 Uhr EC

Die Spanien-Spezialisten: Silke und Wolfgang Spruch in „Silkes Weinkeller"

Angefangen hat alles mit dem Verkauf von Rheingau-Rieslingen im Schuppen ihres Hausgartens. Heute haben Silke und Wolfgang Spruch vorwiegend spanische Weine aus 32 Anbaugebieten, von Aragon bis Yecla, auf 300 Quadratmetern im Angebot. Für die beiden Fachhändler bietet Spanien das beste Preis-Leistungs-Verhältnis innerhalb der Alten Welt. Die Nachfrage nach iberischen Weinen ist so enorm, dass das alte Gewölbe unter dem Verkaufsraum zu einem riesigen Lager ausgebaut wurde. Trotz der Affinität zu Spanien bieten die Spruchs auch Weine aus Portugal, Italien, Frankreich, Australien oder Deutschland an. Mit Veranstaltungen wie „Spanische Spitzenwinzer" oder „Die großen Weine Spaniens" führen die beiden Direktimporteure Interessierte regelmäßig in die Oberliga der spanischen Weinwelt ein.
Anzahl der Weine: 1000
Weitere Angebote: Feinkost, Olivenöl, Weinzubehör, Weinprobe bei Hausmesse mit spanischen Winzern

Verl

Herzog & Wittenstein

Sender Str. 28, PLZ 33415
Tel. 05246-30 15
www.oleastrum.eu
Mo-Fr 10-13 und 15-18.30 Uhr,
Sa 10-14 Uhr EC
Rund 300 Weine aus Deutschland, Frankreich, Italien, Österreich, Portugal und Spanien werden angeboten. Darunter finden sich zahlreiche schöne, alltagstaugliche Gewächse unter 10 Euro finden. So etwa ein 2009er Colombard Sauvignon von der Domaine de Ménard im französischen Südwesten, der durch mineralische Frische und pikante Stachelbeeraromen gefällt. Schicke, elegante Regalsysteme prägen die Optik des Ladens, die leider durch aufgestapelte Kartongebirge beeinträchtigt wird. Sehr freundliche Beratung.
Anzahl der Weine: 300
Weitere Angebote: Essig, Öl, Schokolade, Weinproben, Weinseminare

Vlotho

Wein Schmidt

Salzuflener Str. 4, PLZ 32602
Tel. 05733-26 00
www.schmidt-vlotho.de
Di-Do 9-13 und 15-18.30 Uhr,
Fr 9-18.30 Uhr, Sa 9-13 Uhr EC MASTER VISA

Auf zwei Etagen bietet Uwe Schmidt in stimmungsvollem Ambiente mit alten Weinfässern und Kaminofen rund 800 verschiedene Weine an. Der Schwerpunkt liegt auf den klassischen Anbauländern Europas, aber auch Argentinien, Australien, Chile und Südafrika sind gut vertreten. Edelspirituosen und Feinkost runden das Sortiment ab. Platz für Weinproben und kleinere Veranstaltungen bietet der gemütliche alte Kornspeicher.

Anzahl der Weine: 800

Weitere Angebote: Balsamico, Grappa, Kaffee, Käse, Obstbrände, Olivenöl, Konfitüre, Pasta, Pasteten, Pralinen, Schokolade, Sugos, Whisky, Weinproben, Weinseminare

Westerkappeln

Fartmann – Das Weinhaus

Gartenkamp 16, PLZ 49492
Tel. 05404-30 44
www.fartmann.com
Mo-Fr 10-12.30 Uhr, Sa 9-13 Uhr EC

Von der etwas schlichten Anmutung des hellen Klinkerhauses im Gewerbegebiet sollte man sich nicht täuschen lassen. Karl-Heinz Wahlbrink bietet hier auch für Kenner ein ausgesprochen umfangreiches Sortiment aus allen namhaften Anbaugebieten. Da sind die Weine der „jungen Wilden" aus Rheinhessen, etwa dem Winzerpaar Spanier-Gillot, die ausgezeichneten Kaiserstühler Spätburgunder von Königschaffhausen, Schnäppchen wie Lambrusco di Sorbara, aber auch die etablierten Namen in Jahrgängen bis zurück in die 80er: ein Chablis Grand Cru „Les Clos" oder ein Château Gloria aus St-Julien. Ergänzt wird all das durch viele und günstige Bioweine, etwa von Sander aus Mettenheim, Grüne Veltliner, Rieslinge und Zweigelt von Soellner.

Anzahl der Weine: 850

Weitere Angebote: Essig, Gebäck, Kaffee, Oliven, Olivenöl, Pasta, Pesto, Risotto, Reis, Schokolade, Senf

Wuppertal

Weine & Feinkost Christian Fenske

OT Unterbarmen, Friedrich-Engels-Allee 58
PLZ 42285, Tel. 0202-879 66
www.weine-feinkost.de
Di-Fr 12-18.30 Uhr, Sa 10-14 Uhr EC

Ein wenig vollgestellt wirkt er schon, der kleine, mit viel dunklem Holz eingerichtete Weinladen, aber dabei ist er heimelig und charmant und ein rechter Ort zum Stöbern und zum fachkundigen Smalltalk mit dem Inhaber. Christian Fenske bietet Weine aus Europa und Übersee an. Darunter finden sich viele große Namen, aber auch Neuentdeckungen kleiner, individuell arbeitender Familienbetriebe. Außerdem gibt es Raritäten wie den 2008er „Antica Terra" Pinot noir Botanica von Maggie Harrison aus Oregon oder einen kanadischen Eiswein aus der Rebsorte Vidal vom Weingut The Ice House in Ontario, klassisch empfohlen zu Gänseleberpastete und Dessert.

Bei „Weine & Feinkost Christian Fenske" schenkt Doru Sieczka gern zum Probieren ein

Üppiges Sortiment an Weinen und Edelspirituosen: „Orthmann Weine" in Wuppertal

Anzahl der Weine: 2000
Weitere Angebote: Feinkost, Olivenöl, Schokolade, Weinproben

Orthmann Weine

OT Elberfeld, Friedrichstr. 48-50, PLZ 42105
Tel. 0202-45 39 91
www.orthmann-weine.de
Mo-Mi 9-18.30 Uhr,
Do-Fr 9-19 Uhr, Sa 9.30-16 Uhr

Seit dem Jahre 1701 ist die Familie Orthmann im Weinbau sowie im Weinhandel tätig. Heute gebietet Andreas Orthmann, gelernter Winzer und Diplom-Ingenieur der Getränketechnologie, in seinem großzügig angelegten, vollklimatisierten Fachgeschäft über mehr als 1000 Weißweine und rund 800 Rotweine aus aller Welt. Vom guten Alltagstropfen bis zum kostspieligen Spitzengewächs ist bei ihm alles zu finden. Beeindruckend ist vor allem die Raritätenabteilung mit Jahrgängen zurück bis 1915. Außerdem gibt es hier mehr als 1000 Edelspirituosen, mit besonderem Schwerpunkt bei Malt Whisky, Cognac und Armagnac. Hervorragende Beratung. Weinproben finden im schicken Wintergarten statt.
Anzahl der Weine: 1800
Weitere Angebote: Feinkost, Schokolade, Spirituosen (800 Sorten), Whisky (400 Sorten), Weinproben, Weinseminare

Zülpich

Chile Wein Contor

Innenstadt, Bergheimer Str. 1 c, PLZ 53909
Tel. 02252-40 73
www.cwc.de
Mo-Fr 10-18 Uhr, Sa 10-14 Uhr
AmEx DINERS EC MASTER VISA

Zwar verkaufen Maria Helena und Johannes Wattler Weine aus aller Welt, trotzdem ist der Firmenname Programm: Das schmucke Geschäftsgebäude erinnert an ein südamerikanisches Gutshaus, und das Unternehmen ist Mitglied der Deutsch-Chilenischen Industrie- und Handelskammer. Hier stehen Weine aus Chile im Mittelpunkt. Das Spektrum reicht von zahlreichen guten Basisqualitäten unter 10 Euro über die extravagante Bio-Cuvée „Tarapacá Plus" aus sechs verschiedenen Rebsorten bis zu Gewächsen von internationalem Ruf wie dem 2006er „El Principal Premium" mit 18 Monaten Barrique-Reife und einer Lagerfähigkeit bis 2031. Tipp: Bei den Spirituosen lohnt es, einen Pisco Capel, den Brandy der Chilenen aus der Muskateller-Traube, in der Premiumklasse zu probieren!
Anzahl der Weine: 270
Weitere Angebote: Bier, Brände, Feinkost, Grappa, Honig, Öl, Pasta, Portwein, Senf, Whisky, Weinproben, Weinseminare

Gute Auswahl und faire Preise in der „Weingalerie Barthelmeh" in Andernach

RHEINLAND-PFALZ

Andernach

Weingalerie Barthelmeh

Hochstr. 61, PLZ 56626, Tel. 02632-434 23
Mo-Fr 10-12.30 und 14.30-18 Uhr,
Sa 10-13.30 Uhr EC MASTER VISA
Die Vinothek gibt sich traditionell, doch das Weinsortiment ist auf dem neuesten Stand. Vor allem aktuelle deutsche Gewächse aus allen Anbaugebieten und aus verschiedenen Jahrgängen von Gütern mit Rang und Namen werden hier zu fairen Preisen angeboten. Dazu umfasst das Sortiment eine gute Auswahl an Weinen aus Frankreich, Italien und Spanien. Freundliche, sehr persönliche Beratung, Weinproben für Anfänger und Fortgeschrittene werden im alten Fasskeller veranstaltet. Außerdem: großes Angebot an Bränden und Schnäpsen.
Anzahl der Weine: 550
Weitere Angebote: Chutney, Essig, Feinkost, Grappa, Konfitüren, Likör, Obstbrände, Olivenöl, Pasteten, Pralinen, Schokolade, Trüffelspezialitäten, Weinaccessoires, Weinproben, Weinseminare

Hit 47 – Mosen & Löhndorf

Erfurter Str. 4-6, PLZ 56626
Tel. 02632-440 41
www.hit-andernach.de
Mo-Sa 8-20 Uhr AmEx EC MASTER VISA
Die bestens sortierte Weinabteilung des Shoppingcenters bietet vor allem ein breit gefächertes Sortiment an deutschen Weinen in allen Preislagen, vom einfachen Gutswein bis zum Spitzengewächs. Die Weinberater helfen freundlich und kompetent weiter, allerdings muss man sich zunächst auf die Suche nach ihnen machen. Für Bordeaux-Fans ist der geschmackvoll dekorierte Laden eine wahre Fundgrube, neben den großen Châteaux und erstklassigen Jahrgängen werden hier auch günstige Weine aus dem Bordelais angeboten.
Anzahl der Weine: 1200
Weitere Angebote: Balsamico, Gebäck, Konfitüre, Olivenöl, Senf, Schokoladen, Weinproben, Weinseminare

Bad Dürkheim

Michlers Haus der guten Weine

Römerplatz 13, PLZ 67098
Tel. 06322-95 53 31
www.weinsensorik.de
Di-Do 10-18 Uhr, Fr 10-19 Uhr, Sa 10-14 Uhr
EC MASTER VISA
Im malerischen Bad Dürkheim liegt an zentraler Stelle „Michlers Haus der guten Weine". Zwar gibt es hier auch Gutes und

Edles aus dem europäischen Ausland und aus Übersee, der Schwerpunkt liegt jedoch auf Erzeugnissen aus der Pfalz, als deren Botschafter sich Inhaber Steffen Michler versteht. Dementsprechend findet sich eine beachtliche Auswahl pfälzischer VDP-Weingüter. Die Weine aus Dürkheim werden ohne Aufschlag zu Winzerpreisen verkauft. Im benachbarten Bistro kann probiert werden, Käse und Antipasti gibt's dazu.
Anzahl der Weine: 250
Weitere Angebote: Essig, Gläser, Öl, Pasta, Pesto, Rohmilchkäse, Salz, Spirituosen, Whisky, Weinproben, Weinseminare

Flonheim

Engels Weinwelt
Marktplatz 3, PLZ 55237
Tel. 06134-91 39 30
www.engels-weinwelt.de
Mo-Di, Do-Sa 12-18 Uhr
Gut sortierte Vinothek, die an ein Restaurant angeschlossen ist. Rund 500 Positionen umfasst das Angebot in dem historischen, herausgeputzten Haus. Alle Weine können gegen einen geringen Aufpreis im Restaurant getrunken werden. Der Schwerpunkt des Sortiments liegt auf Rheinhessen, auch ältere Jahrgänge stehen zum Verkauf. Dazu gibt es interessante Bordeaux-Weine zu fairen Preisen und relativ seltene Bioweine aus Südfrankreich. Weinproben auf Anfrage.
Anzahl der Weine: 500
Weitere Angebote: Kaffee, Olivenöl, Terrinen, Weinproben, Weinseminare

Frankenthal

Weinlaube Mühl & Müller
Innenstadt, Schmiedgasse 28, PLZ 67227
Tel. 06233-272 00
www.weinlaube.com
Mo-Fr 10-18.30 Uhr, Sa 10-14 Uhr
EC MASTER VISA
Die „Weinlaube" liegt mitten in der Frankenthaler Innenstadt. Vom Tafelwein bis zum Grand Cru ist ein repräsentatives Sortiment vorhanden, das auch Überseeregionen nicht ausspart. Die besondere Vorliebe von Thomas Mühl und Joachim Müller gilt aber ganz offensichtlich den Roten. Allein die Region Bordeaux ist mit über 80 Positionen vertreten, außerordentlich ist auch das Repertoire an Landweinen sowie an italienischen Weinen, wobei hier auch Regionen abgedeckt sind, die andernorts nicht unbedingt in den Regalen stehen. Großes Sortiment an Pfälzer Weinen, die auch im Top-Segment über die Jahrgänge hinweg vorrätig gehalten werden.
Anzahl der Weine: 800
Weitere Angebote: Essig, Fleur de Sel, Foie gras, Fonds, Gebäck, Konfitüre, Olivenöl, Pasta, Pesto, Pralinen, Rillettes, Schokolade, Senf, Sugos, Weinproben

Kaisersesch

Vinothek Nick
Alte Mayener Str. 15, PLZ 56759
Tel. 02653-91 37 78
www.vinothek-nick.de
Mo-Fr 10-18 Uhr, Sa 10-14 Uhr EC
Berthold Nicks Leidenschaft für Wein garantiert nicht nur eine erstklassige Beratung, sein Angebot ist auch durchdacht und bietet eine gute Auswahl im mittleren bis gehobenen Preissegment. Weine aus allen deutschen Anbauregionen sind hier genauso zu haben wie ausgesuchte Gewächse aus Österreich, jedoch vorwiegend aus aktuellen Jahrgängen. Wer etwas ältere Weine sucht, wird im französischen und italienischen Sortiment fündig. Dazu gibt es bei „Nick" auch Weine aus Spanien, Portugal und Übersee.
Anzahl der Weine: 390
Weitere Angebote: Balsamico, Büffelmozzarella, Honig, Pasta, Olivenöl, Salz, Saucen, Schokolade, Terrinen, Weinproben, Weinseminare

Ludwigshafen am Rhein

Kellerei der BASF
OT Friesenheim, Anilinstr. 14, PLZ 67063
Tel. 0621-604 27 44
www.wirtschaftsbetriebe.basf.de

Mo-Fr 10-18.30 Uhr
AmEx DINERS EC MASTER VISA

In unmittelbarer Nähe zum Chemiewerk befindet sich die „Kellerei der BASF", die zu den zehn größten Weinhändlern der Republik zählt. Allein das Bordeaux-Sortiment (Kerngebiet und Randlagen), das seinen Ruf geprägt hat, übertrifft quantitativ wie qualitativ jede Erwartung. Aber auch andere klassische Regionen der Alten Welt sind in erstaunlicher Stückzahl vertreten, Gleiches trifft auf alle (!) deutschen Anbaugebiete zu. Die Kellerei ist ein Anlaufpunkt für Sammler und Kenner aus aller Welt, bietet aber auch Hunderte Weine unter fünf Euro an. Regelmäßig Weinproben und Veranstaltungen.

Anzahl der Weine: 3000

Weitere Angebote: Essig, Feinkost, Olivenöl, Weinproben, Weinseminare

Mainz

Bodegas Ibericas

Altstadt, Gaustr. 37, PLZ 55116
Tel. 06131-250 06 97
www.bodegasibericas.com
Mo-Fr 10-13.30 und 14-18.30 Uhr,
Sa 10-15 Uhr EC

Wer spanische und portugiesische Weine sucht, wird in der kleinen Vinothek gut und kompetent beraten und kann manche Entdeckung machen. Denn neben den bekannten Klassikern und Gewächsen renommierter Bodegas stehen auch Weine aus unbekannten Gütern in den Regalen, teils zu sehr günstigen Preisen und obendrein aus ökologischem Weinbau. Brandys, Liköre, Sherrys und eine große Auswahl spanischer Delikatessen ergänzen das Sortiment.

Anzahl der Weine: 100

Weitere Angebote: Brände, Feinkost, Liköre, Olivenöl, Schokolade, Weinaccessoires, Weinproben, Weinseminare

Weinkontor Keßler

Heiliggrabgasse 9, PLZ 55116
Tel. 06131-143 11 43
www.weinkontor-kessler.de
Mo-Fr 10-19 Uhr, Sa 10-16 Uhr
EC MASTER VISA

Etwas versteckt in der Altstadt gelegen, bietet die geschmackvoll eingerichtete Vinothek ein durchdachtes Sortiment, das vor allem bei deutschen Weinen sehr empfehlenswert ist. Ein Schwerpunkt liegt auf Rheinhessen – alles, was hier Rang und Namen hat, steht in den Regalen, inklusive der „Großen Gewächse" aus verschiedenen Jahrgängen. Außerdem lohnt ein Blick in das Programm italienischer Weine: Von Südtirol bis Sizilien werden aus allen wichtigen Anbauregionen gute und günstige Weine angeboten.

Anzahl der Weine: 350

Weitere Angebote: Accessoires, Feinkost, Öl, Spirituosen, Weinproben, Weinseminare

In der „Villa Vinum" stimmt beides: das Angebot und die Beratung von Ulrich Lorenz

SIEGER RHEINLAND-PFALZ

Villa Vinum

Altstadt, Große Bleiche 44
PLZ 55116
Tel. 06131-21 12 07
www.villavinum.de
Mo-Do 10-18.30 Uhr, Fr 10-19 Uhr,
Sa 10-16 Uhr EC MASTER VISA

Weine aus aller Welt, darunter auch Gewächse aus Israel und der Slowakei, stehen übersichtlich geordnet in den Regalen unseres Siegers in Rheinland-Pfalz. Die Beratung ist hier der entscheidende Pluspunkt. Das freundliche Personal kennt sich bestens mit

dem Sortiment aus und vermittelt dazu Basiswissen und gibt Fakten über die einzelnen Weine und Weingüter weiter. Besonders breit gefächert ist das deutsche Sortiment. Aus allen wichtigen Anbaugebieten finden sich renommierte Weingüter ebenso wie Neuentdeckungen. An der „KostBar" können die Weine probiert werden, dazu gibt's kleine Leckereien. Neu im Sortiment: spanische Feinkost. Regelmäßig werden Weinproben und Special-Weinevents veranstaltet.
Anzahl der Weine: 350
Weitere Angebote: Balsamico, Gelee, Oliven, Olivenöl, Pasta, Pastasaucen, Risotto, Schokolade, Weinproben, Weinseminare

Weinkiste Mainz

Hintere Bleiche 24-26, PLZ 55116
Tel. 06131-214 03 18
www.weinkiste-mainz.de
Mo-Fr 10-19 Uhr, Sa 9-14 Uhr
EC MASTER VISA
Bei Michael Loidl ist man in Sachen Wein in den besten Händen. Der engagierte Weinkenner hat für fast jeden Anlass und Geschmack das passende Gewächs parat. Das muss nicht immer aus einem renommierten Weingut kommen, der Weinhändler

Hat Schönes zu schleppen: „Weinkiste Mainz"-Inhaber Michael Loidl

hat auch Weine aus weitgehend unbekannten Betrieben im Angebot, die allemal ihren Preis wert sind. Schwerpunkte seines Sortiments sind Frankreich, Italien und Österreich, dazu kommen Weine aus Deutschland und Übersee. Besonders empfehlenswert sind Loidls unterhaltsame Weinproben, die auch für zu Hause gebucht werden können.
Anzahl der Weine: 300
Weitere Angebote: Essig, Konfekt, Olivenöl, Portwein, Sherry, Spirituosen, Weinproben, Weinseminare

Neuhofen

Italgastro

Daimlerstr. 1, PLZ 67141
Tel. 06236-41 55 07
www.italgastro.de
Mo-Fr 9.30-12.30 und 15-18 Uhr,
Sa 9-12.30 Uhr AmEx DINERS EC MASTER VISA
„Italgastro" feiert 2012 sein 25-jähriges Firmenjubiläum als Import-Großhändler. 600 Weine hat man auf Lager, die samt und sonders aus Italien importiert werden. Diese Treue zum Konzept hat den Vorteil, dass auch Weine aus Regionen, die anderorts nur schwer zu bekommen sind, hier ihren Platz haben. Einmal im Jahr wird eine große „Hausmesse" gefeiert, mit bis zu 400 geladenen Gästen. Proben nach Vereinbarung.
Anzahl der Weine: 600
Weitere Angebote: Balsamico, Feinkost, Olivenöl, Pasta, Weinproben, Weinseminare

Schwabenheim an der Selz

Vinothek Immerheiser

Markt 8, PLZ 55270, Tel. 06130-92 93 90
www.immerheiser-wein.de
tgl. 14-23 Uhr AmEx EC MASTER VISA
Das kleine Genussimperium der Familie Immerheiser umfasst neben einem Landgasthof mit Gartenwirtschaft und schicken Veranstaltungsräumen auch eine Vinothek. Zu den Gewächsen aus eigenem Weinbau bietet der sehenswerte Laden eine durchdachte Auswahl an deutschen Spitzenweinen von renommierten Betrieben aller Anbau-

regionen, dazu hochwertige Weine aus dem Bordelais und Italien sowie ein interessantes Weinprogramm aus Mallorca. Gute Alltagsweine. Begleitet von kleinen Leckereien, können die Weine gleich vor Ort genossen werden.
Anzahl der Weine: 400
Weitere Angebote: Brände, Essig, Gelee, Likör, Olivenöl, Pralinen, Senf, Weinproben, Weinseminare

Speyer

Weinkontor Schwarz

Mühlturmstr. 22, PLZ 67346
Tel. 06232-775 66,
www.weinkontor-schwarz.de
Mo-Fr 10-12.30 und 14-18.30 Uhr,
Sa 10-14 Uhr EC
In der malerischen Altstadt, direkt hinter dem Stadttor Altpörtel, steht das „Weinkontor Schwarz", im Volksmund einfach „WKS" genannt. Stefan Schwarz und Jürgen Kemmerer verfolgen ein ebenso simples wie überzeugendes Konzept: volle Konzentration auf die eigenen Stärken und eine freundliche, fachkundige Beratung. Die Auswahl an Pfälzer Weinen ist beachtlich, von den Top-Gütern rechts und links der Weinstraße haben die meisten den Weg nach Speyer gefunden, wobei sich neben Erzeugnissen aus den besten Lagen auch Literweine in den Regalen finden. Breit gefächerte Auswahl an Italienern und Franzosen – vom Spitzen-Chianti bis zum Zehn-Liter-Tank mit französischem Landwein. Zweimal jährlich Hausmesse (im Lager, Alter Postweg).
Anzahl der Weine: 400
Weitere Angebote: Gläser, Olivenöl, Spirituosen, Weinproben, Weinseminare

Trier

Rotweinkeller

Innenstadt, Wilhelm-Rautenstrauch-Str. 3
PLZ 54290, Tel. 0651-719 61 96
www.rotweinkeller-trier.de
Do-Fr 15-19 Uhr, Sa 10-13 Uhr
MASTER VISA

Keine Angst, im „Rotweinkeller" in Trier werden auch gute Weißweine angeboten

Nicht nur Rotweine kann der Weinkenner im entspannten und stilvollen Ambiente der Vinothek in aller Ruhe probieren. Das Sortiment in den Gewölben der Sektkellerei Bernard Massard ist breit gefächert, sodass sich auch Weine aus Europa und Übersee finden, vom preisgünstigen Alltagswein bis zum raren Spitzengewächse aus dem Bordelais. Fachkundige Beratung gibt es auf Wunsch. Empfehlenswert sind die regelmäßigen Weinproben.
Anzahl der Weine: 800
Weitere Angebote: Weinproben, Weinseminare auf Anfrage

SAARLAND

Bous

Domenico's

Saarbrücker Str. 76 a, PLZ 66359
Tel. 06834-92 25 33
www.domenico-s.de
Mo-Fr 10.30-13 und 15-18.30 Uhr,
Sa 10-14 Uhr EC MASTER VISA
Italienische Weine findet man in dem geschmackvoll dekorierten Laden von Teresa und Domenico Sciascia in allen Qualitätsstufen und Preislagen. Die meisten der rund 600 Gewächse sind Eigenimporte aus kleineren Betrieben, teils in Bioqualität, und bieten so manche Überraschung aus selte-

„Domenico's"-Inhaber Domenico Sciascia importiert Gutes aus seiner Heimat

nen autochthonen Rebsorten. Neu ist das Angebot an Magnum- und Doppelmagnumflaschen. Daneben bietet das engagierte Paar italienische Feinkost und viele Grappas. Bei gutem Wetter können die Weine im angrenzenden Garten verkostet werden, dazu werden kleine Leckereien gereicht. Regelmäßig veranstalten Teresa und Domenico Sciascia Wein-Events und Weinproben zu ausgewählten Themen, Voranmeldung ist erwünscht.
Anzahl der Weine: 600
Weitere Angebote: Balsamico, Antipasti, Konfitüren, Olivenöl, Pasta, Weinproben, Weinseminare

Saarbrücken

AMC – Wein-Import

OT St. Johann, Straße des 13. Januar 10
PLZ 66121, Tel. 0681-670 00
www.amcweinimport.de
Mo-Fr 9-18 Uhr, Sa 10-13 Uhr
EC MASTER VISA

Wer italienische Weine sucht, findet in dem schmucken Laden eine gute und fair kalkulierte Auswahl an Gewächsen aus allen bedeutenden Anbauregionen Italiens. Hier werden nicht nur die bekannten Klassiker, sondern auch Weine von kleinen, weitgehend unbekannten Produzenten stehen in den Regalen. Das freundliche Personal steht sowohl bei der Suche nach Altbekanntem als auch bei Neuentdeckungen mit Rat und Tat zur Seite, auch Raritäten gehören zum Portfolio. Passend dazu gibt es italienische Feinkost.
Anzahl der Weine: 300
Weitere Angebote: Grappa, Olivenöl, Weinproben, Weinseminare

Cardyco Feine Weine & Mehr

OT Güdingen, Am Langfeld 32, PLZ 66130
Tel. 0681-880 01 14
www.wein-burgard.de
Mo-Fr 8-19 Uhr, Sa 9-14 Uhr
EC MASTER VISA

Etwas außerhalb von Saarbrücken gelegen, bietet der riesige Weinladen ein umfangreiches, durchdachtes Sortiment an Weinen aus Frankreich, Italien, Spanien und Deutschland, dazu einige Positionen aus Argentinien, Chile, Neuseeland, den USA und Südafrika. Das Angebot reicht von einfachen bis zu erstklassigen Gewächsen, beachtenswert ist vor allem die Auswahl an weißen und roten Weinen aus dem Burgund und dem Bordelais zu fairen Preisen. Außerdem: gute Auswahl an günstigen Literweinen. Sekt und Champagner gibt es reichlich und für jeden Geldbeutel, dazu Feinkost, Liköre, Brandy, Cognac, Armagnac und Calvados aus verschiedenen Jahrgängen.
Anzahl der Weine: 1500
Weitere Angebote: Essig, Feinkost, Konfitüre, Olivenöl, Pasteten, Schokolade, Senf, Spirituosen, Weinzubehör, Weinproben, Weinseminare

Saarlouis

La Vinerie

Innenstadt, Kaiser-Friedrich-Ring 13 b
PLZ 66740, Tel. 06831-12 12 24
www.weinhaendler-des-vertrauens.de
Mo-Fr 13-18.30 Uhr, Sa 10-14 Uhr
EC MASTER VISA

Inhaber Thomas Welker beschreibt seine Weine wortreich und mit großem Sachverstand. Großes Plus: die Weinproben zu ausgewählten Themen mit kulinarischer Begleitung und direktem Blick in die Regale. Auch gut: Probierkartons werden bereits ab zwölf Flaschen verschickt. Obwohl der Schwerpunkt auf Frankreich liegt ist, bietet die Weinhandlung auch Weine und Spirituosen aus ganz Europa und Übersee an.
Anzahl der Weine: 250
Weitere Angebote: Edeldestillate, Essig, Feinkost, Grappa, Olivenöl, Weinproben, Weinseminare

Völklingen

Jacovin

OT Ludweiler, Am Sandberg, PLZ 66333
Tel. 06898-44 82 17
www.jacovin.de
Mo-Fr 9-12 und 14-18 Uhr, Sa 9-13 Uhr
EC MASTER VISA

Nur wenige Kilometer von Völklingen entfernt, hält die gut sortierte Weinhandlung eine große Auswahl an Gewächsen aus der Alten und Neuen Welt im mittleren Preissegment parat, darunter auch Weine aus Luxemburg, Israel und der Türkei. Einen Schwerpunkt bilden Weine aus französischen Anbauregionen. Deutschland ist mit Erzeugnissen aus Baden, Württemberg, Rheinhessen, der Pfalz, Mosel, Franken und einigen Gewächsen aus dem Gebiet Saale-Unstrut gut vertreten. Außerdem: empfehlenswertes Sortiment an Champagnern, Schnäpsen und Likören.
Anzahl der Weine: 800
Weitere Angebote: Weinaccessoires, Weinproben, Weinseminare

SIEGER SAARLAND

VIF Weinhandel

Innenstadt, Kreppstr. 6
PLZ 66333, Tel. 06898-270 70
www.vif.de
Mo-Fr 8-17 Uhr, Sa 10-14 Uhr
EC MASTER VISA

Wer auf eine kompetente und in jeder Hinsicht fachkundige Weinberatung besonderen Wert legt, ist bei Frank Roeder genau richtig. Der Master of Wine ist ein ausgewiesener Experte der nationalen und internationalen Weinszene, kennt die Produzenten persönlich und bietet für Groß- und Privatkunden einen erstklassigen Service. Das umfangreiche Sortiment lässt keine Wünsche offen. Weine aus der Alten und Neuen Welt gibt es in allen Preisklassen

Master of Wine und „VIF Weinhandel"-Inhaber Frank Roeder bietet erstklassigen Service

und unterschiedlichen Jahrgängen. Neben den gesetzten Klassikern sind auch interessante Entdeckungen aus kleineren Betrieben zu machen. Alle Weine, Schwerpunkte sind Frankreich und Italien, können vor Ort verkostet werden. Darüber hinaus bietet Frank Roeder auch ein kleines Sortiment an Olivenölen und Feinkost. Zweimal im Jahr große Hausmesse.
Anzahl der Weine: 650
Weitere Angebote: Feinkost, Olivenöl, Schokolade, Weinzubehör, Weinproben, Weinseminare

SACHSEN

Bautzen

Villa Vinum

Karl-Marx-Str. 4, PLZ 02625
Tel. 03591-53 23 98
Mo-Fr 10-18 Uhr, Sa 9-12 Uhr EC

Nicht nur Wein, Sekt, Champagner und Destillate bietet die „Villa Vinum" an. Das

„Villa Vinum": Beliebte Anlaufstelle in Bautzen für Weine und Feinkost

moderne, großzügig gestaltete Geschäft in der Kornmarkt-Passage ist auch eine bewährte Adresse für Feinkost, Weinzubehör, passende Verpackungen aus Holz sowie Gläser und Präsente. Und wer trotz guter Sortierung und Beschriftung in den Regalen nicht das Gewünschte findet, lässt sich einfach vom kundigen Personal zeigen, wo der Pircher Obstler aus Südtirol, die Single Malts aus den schottischen Highlands oder der 2006er Riesling Urgestein QbA trocken von Trenz aus dem Rheingau stehen.
Anzahl der Weine: 500
Weitere Angebote: Accessoires, Feinkost, Gläser, Olivenöl, Whisky (150 Sorten), Weinproben, Weinseminare

Chemnitz

Schliwas Weinhandlung im Kaßberg
Innenstadt, Fabrikstr. 6, PLZ 09111
Tel. 0371-694 96 94
www.schliwasweinhandlung.de
Di-Fr 11-14 und 17-23 Uhr, Sa 18-23 Uhr
EC MASTER VISA
Dieses Weinhaus samt Keller, Gewölben und Lager hat bisher noch jedes Hochwasser überstanden. Die historische Anlage bietet Weinfreunden ein gutes Sortiment, ganz gleich, ob sie einen Rivaner aus Baden oder einen Tempranillo aus Spanien suchen, einen eigenen Keller einrichten oder nur einen gepflegten Abend verbringen möchten. Das Angebot renommierter Winzer aus internationalen, europäischen und deutschen Anbaugebieten ist in gemauerten Nischen und den Regalen übersichtlich sortiert. Im Bistro-Bereich gibt's Mediterranes wie Tapas oder auch Flammkuchen. Bei kulturellen Veranstaltungen und Wein-Themenabenden läuft Jens Schliwa zu Hochform auf. Und wer seine Weine nicht zu Hause aufbewahren kann, findet im historischen Keller aus dem 16. Jahrhundert auch dafür allerbeste Bedingungen zum Einmieten.
Anzahl der Weine: 150
Weitere Angebote: Antipasti, Fisch, Gänseleber, Tapas, Weinproben, Weinseminare

Colditz

Weinhaus Till
Badergasse 6, PLZ 04680
Tel. 034381-451 59
www.weinhaus-till.de
Mo-Fr 10-13 und 14-18 Uhr, Sa 9-12 Uhr
VISA
Im umfangreichen Angebot des Getränkefachhandels, der seit nunmehr 20 Jahren besteht, nehmen in den gut sortierten Regalen Wein, Sekt und Spirituosen den größten Platz ein. Auch die Auswahl an Whisk(e)ys aus Irland, Schottland und Amerika fällt auf. Kein (Wein-)Kontinent fehlt. Renommierte Namen glänzen bei den sächsischen Weingütern, unter ihnen Vincenz Richter und Schloss Proschwitz von der Elbe. Auch ein Goldriesling der Winzergenossenschaft Meißen ist mit von der Partie. Und wie in allen Filialen von „Weinhaus Till" (in Döbeln und in Helbra) gibt es auch hier zahlreiche Accessoires sowie weitere Geschenkideen.
Anzahl der Weine: 600
Weitere Angebote: Weinproben, Weinseminare

S

Animierendes Ambiente in den Räumen von „Edelrausch" in Dresden

Dresden

Weine und Spirituosen Ellen Bethe

OT Neustadt, Böhmische Str. 1, PLZ 01099
Tel. 0351-804 34 18
Mo-Fr 10-20 Uhr, Sa 10-16 Uhr EC
Der erste Lieferwagen dieser 1871 gegründeten Weinhandlung brachte bereits 1926 Weine zu den Kunden in Dresden. Heute ist der kleine Eckladen in der Neustadt Kult. Vom lieblichen „Rotkäppchen"-Sekt bis zum Champagner Joseph Perrier bietet die Inhaberin ein rundes Programm. In der breiten Mitte sind Gewürztraminer Spätlese vom Weingut Rüttger und prämierte Tropfen von Schloss Proschwitz dabei. Dazu kauft das junge Publikum gern Saisonales wie Federweißer aus der Pfalz und Beaujolais Primeur. Gut beraten, wird hier jeder seinen Lieblingswein finden.
Anzahl der Weine: 160

SIEGER SACHSEN

Edelrausch

OT Innere Neustadt
Bautzner Str. 2, PLZ 01099
Tel. 0351-81 03 37 12
www.edelrausch.de
Mo-Fr 10-20 Uhr, Sa 10-17 Uhr
AmEx EC MASTER VISA
In den gediegenen Räumen im Erdgeschoss der „Villa Nina" fühlt man sich sofort wohl. Die Neue Weinwelt ist ebenso vertreten wie traditionelle Weingüter aller Anbauländer Europas. Schön, dass auch ein Spanier wie Telmo Rodriguez seinen Weg in die Dresdner Regale gefunden hat. Eigene Importe sorgen selbst bei Stammkunden immer wieder für Überraschungen. Kenner wie Laien erhalten eine erstklassige Beratung. Verkostungen finden im großen Kreis oder an kleinen Tischen statt. Vitrinen und Sidebords halten außerdem anspruchsvolle Präsente, Gläser und Karaffen bereit.
Anzahl der Weine: 1500
Weitere Angebote: Grissini, Käse, Kaffee, Olivenöl, Schinken, Schokolade, Weinproben, Weinseminare

Gustav Müller Weinhandlung

Bautzner Str. 23-25, PLZ 01099
Tel. 0351-810 31 58
www.wesenitz-bitter.com
Di-Fr 12-20 Uhr, Sa 10-16 Uhr
EC MASTER VISA
Es gibt wohl kaum einen Weinberg oder einen Winzer entlang der Sächsischen Weinstraße, den man in diesem Laden nicht kennt. Man führt Abfüllungen von Vincenz Richter, Jan Ulrich, Friedrich Aust und Fourier, auch die Prädikatsweingüter Zimmerling und Schloss Proschwitz. Internationale Weine, Sekt und Champagner, Prosecco und Cavas ergänzen das Sortiment.
Anzahl der Weine: 400
Weitere Angebote: Feinkost, Spirituosen, Weinproben, Weinseminare

Savoir Vivre

OT Pieschen, Bürgerstr. 36, PLZ 01127
Tel. 0351-840 12 21
www.frankreichladen.de

Mittlerin zwischen engagierten Winzern und interessierten Kunden: Cornelia Stollberg

Mo-Fr 10-19 Uhr, Sa 9-13 Uhr
AmEx MASTER VISA
Schon die typische Farbgebung der Fassade (blau, weiß, rot) signalisiert: Hier gibt Frankreich den Ton an. Im einem traditionell französisch anmutenden Ambiente wird man gut beraten. Das Sortiment bietet einen Überblick über französische Anbaugebiete, Lagen und Winzer. Renommierte Weinmacher wie die Domaine la Croix Canat von F. Tinel-Blondelet sind ebenso dabei wie „Taille Princesse de Gérard Depardieu". Außerdem: Liköre, Spirituosen, Feinkost und Trüffelprodukte. Im Bistro finden regelmäßig französische Abende statt, im Kellergewölbe werden Weinverkostungen veranstaltet. Käseplatten und Catering kann man im Salon und außer Haus ordern.
Anzahl der Weine: 120
Weitere Angebote: Feinkost, Käse, Pasteten, Salami, Schinken, Weinproben, Weinseminare

Weinhandlung Stollberg

Alttrachau 31, PLZ 01199
Tel. 0351-656 87 59
www.weinhandlung-stollberg.eu
Fr 12-19 Uhr, Sa 10-16 Uhr EC MASTER VISA
Nach dem Umzug vom Bischofsweg mitten in Dresden nach Alttrachau, einem eingemeindeten Dorf am Stadtrand, ist in der Weinhandlung von Cornelia Stollberg nichts mehr wie vorher. Die aufwendig neu gestaltete Anlage mit dem Haupthaus im Fachwerkstil, Hof und großem Garten erlaubt der gelernten Winzerin neue Wege zu gehen. Sie sieht sich als Mittlerin zwischen engagierten Winzern und genussfreudigen Kunden, organisiert Weinproben, Themenabende im Freien oder am Kachelofen und gibt am liebsten kleineren Weingütern eine Chance, ihre Weine zu präsentieren. Der Schwerpunkt des Sortiments kommt aus Deutschland, zum Beispiel von Martin Schwarz aus dem Meißner Elbtal oder dem Weingut von Racknitz an der Nahe. Es gibt aber auch ungarische Weine von Hummel-Villány sowie Erzeugnisse italienischer, portugiesischer und französischer Winzer. Im Laden stehen übrigens nicht nur Weinregale, sondern auch Körbe und Kisten mit Nüssen, Kartoffeln und Äpfeln aus eigenem Anbau.
Anzahl der Weine: 200
Weitere Angebote: Saisonale Spezialitäten, Weinproben, Weinseminare

Wein Kultur Bar

OT Striesen-Ost, Wittenberger Str. 86
PLZ 01277
Tel. 0351-315 79 17
www.weinkulturbar.de
Di-Sa 15-23 Uhr AmEx EC MASTER VISA

S

Das moderne Geschäft mit Verkaufsbereich und Bistro gilt als zuverlässige Adresse für internationale Weine und Käse. Silvio Nitsche verkauft nicht nur, er lebt hier seine eigene Anschauung von Genuss. Dafür organsiert er Basis- und Aufbauseminare, klassische Verkostungen und Genussabende, gern thematisch orientiert und in Verbindung mit Speisen. Auf Wanderungen, zum Beispiel zum Weingut Karl Friedrich Aust, wird das theoretische Wissen gleich veranschaulicht. Gute Beratung, entspanntes Einkaufen.
Anzahl der Weine: 1500
Weitere Angebote: Eigenes Label „genussmensch" (Kaffee, Olivenöl, Schokolade, Säfte), Weinproben, Weinseminare

Freiberg

Bodega Andaluza
Himmelfahrtsgasse 21, PLZ 09599
Tel. 03731-308 20
www.bodega-andaluza.com
Di-Mi, Sa 10-13 Uhr, Do-Fr 10-13 und 15-18 Uhr EC MASTER VISA
Wer die versteckt liegende Himmelfahrtsgasse am Stadtrand findet, trifft auf ein großes Sortiment an Sherry und Brandy, spanischen Wein, Cava, Feinkost und Accessoires. Direktimporte aus Spanien sichern ein gutes Preis-Leistungs-Verhältnis. Kleine, unbekannte Bodegas sind ebenso im Sortiment vertreten wie die renommierten Namen González Byass, Rey Fernando de Castilla oder Álvaro Domecq. Wer sich nicht auskennt, kann sich beraten lassen oder entsprechende Literatur erwerben. Als süßes Extra gibt es die vom Chocolatier Schürer aus Heidenau gemeinsam mit der Inhaberin Anette Haber kreierte Sherry-Praline. Regelmäßig finden Veranstaltungen statt, Verkostungen sind jederzeit möglich.
Anzahl der Weine: 220
Weitere Angebote: Käse, Olivenöl, Essig, Weinproben, Weinseminare

Maison des Vins
Obergasse 1, PLZ 09599
Tel. 03731-35 39 11
www.weinparadies.de
Mo-Fr 9-19 Uhr, Sa 10-12 Uhr
AmEx DINERS EC MASTER VISA
Das „Haus der Weine" ist für Kenner ein wahres Paradies mit rund 1000 Gewächsen auf der Karte, die man vor Ort kaufen oder im benachbarten Restaurant „Le Bambou" à la carte oder bei Verkostungen genießen kann. Neben einem breiten, internationalen Angebot sind schwerpunktmäßig vor allem Erzeugnisse aus Österreich und Frankreich vertreten, teils von ausgesuchten, kleinen Weingütern, aber auch große Namen wie Château Lafite-Rothschild. Der Inhaber, Christoph Wiesner, importiert selbst, pflegt zahlreiche persönliche Beziehungen zu Winzern und organisiert regelmäßig Weinseminare und Weinreisen nach Frankreich.
Anzahl der Weine: 1000
Weitere Angebote: Wein-/Kochkurse, Weinproben, Weinseminare

Nicht nur französische Weine im Angebot: „Maison des Vins" in Freiberg

Leipzig

Bräuermüller Weine
OT Großzschocher, Dieskaustr. 222
PLZ 04249, Tel. 0341-415 05 66
www.weinhandlungmueller.de

Weine aus aller Welt bietet die „Gourmétage Wein & Feinkost" in Leipzigs Mädler-Passage

Mo-Fr 10-18.30 Uhr, Sa 10-13 Uhr
AmEx EC MASTER VISA
Ulrich Müller und Bernd Bräuer plaudern gern, am liebsten über Reben, Weine und Winzer, nicht nur während der Öffnungszeiten, sondern mit Vorliebe auch anlässlich von Veranstaltungen mit Literaten, Künstlern und Gästen. In ihrem Weinrefugium setzen sie den Schwerpunkt bewusst auf deutsche Anbaugebiete, enttäuschen aber auch Liebhaber internationaler Tropfen nicht. Zudem offerieren sie nach ihren Reisen immer wieder Überraschungen, zum Beispiel vom Weingut Bickel-Stumpf in Franken oder von Saale-Unstrut-Winzer Klaus Böhme. Ihre Weinzeitung „Ganymed" hält alle auf dem Laufenden, ihr Weinkalender begleitet die Freunde des Hauses durchs Jahr.
Anzahl der Weine: 380
Weitere Angebote: Essig, Feinkost, Olivenöl, Schokolade, Weinbücher (120 Titel), Weinproben, Weinseminare

En Gros & En Detail

OT Plagwitz, Spinnereistr. 7 (Gebäude 3, Tor 12), PLZ 04179, Tel. 0341-926 17 15
www.weine-leipzig.de
Do-Fr 14-19 Uhr, Sa 11-18 Uhr EC
In dieser Weinhandlung auf dem Gelände des Kulturwerks „Baumwollspinnerei" sind Weine europäischer Anbaugebiete unkonventionell in Szene gesetzt, darunter solche von ökologischen Weingütern und Glanzlichter aus der jungen Winzerszene. Dierk Steinert bleibt beim Weinkauf keine Frage schuldig. Zu allen Gütern weiß er Details zu berichten über die jeweiligen Lagen, Rebsorten, Vorlieben beim Ausbau und den Winzern selbst, zu denen er vielfach persönliche Beziehungen pflegt. Unter seinen Favoriten sind der Winzerhof Gussek in Naumburg, das Pfälzer Weingut Benzinger, in Frankreich Isabelle und François de Cabissole und in Portugal Emil Stricker.
Anzahl der Weine: 100
Weitere Angebote: Grappa, Obstbrände, Weinproben, Weinseminare

Gourmétage Wein & Feinkost

Innenstadt, Grimmaische-Str. 2-4
PLZ 04109, Tel. 0341-961 10 90
www.gourmetage.de
Mo-Sa 9.30-20 Uhr
AmEx DINERS EC MASTER VISA
In Leipzigs erster Einkaufsadresse, der Mädler Passage, bietet die „Gourmétage" in anspruchsvollem Ambiente ein internationales Weinsortiment sowie Sekt, Champagner, Whisk(e)y, edle Obstbrände und andere Spirituosen an. In den Kühlvitrinen liegt Feinkost, in einem Humidor lagern Zigarren. Wer einen Goldriesling vom Prinzen zur Lippe

Ist in ein größeres Domizil umgezogen: „Weinhandlung Lindner" in Leipzig

sucht, wird ebenso fündig wie Liebhaber von Schlumberger oder Veuve Clicquot. Snacks und offene Weine gibt's an der Bar.
Anzahl der Weine: 600
Weitere Angebote: Essig, Käse, Öl, Salz, Schinken, Schokolade, Weinproben, Weinseminare

In Vino

OT Zentrum-Nordwest, Humboldtstr. 25
PLZ 04105, Tel. 0341-962 76 27
www.zigarren-wein.de
Mo-Fr 10-19 Uhr EC
Der Laden ist klein, der Tisch für gesellige Runden schön groß, und ein Blick durch die Tür ins Lager lässt ahnen, dass dort wesentlich mehr Weine deponiert sind, als in den Regalen ringsherum präsentiert werden können. Weinhändler Markus Beer legt Wert auf persönliche Beratung und ein faires Preis-Leistungs-Verhältnis. Sein Angebot an Weinen aus aller Welt ergänzen Spirituosen, Zigarren, feine Schokoladen und kulinarische Präsente. Zu seinen Weinabenden lädt er gern Interessierte, Stammkunden und Experten, etwa Master Sommelier Hendrik Thoma, ein. Die Spanne seiner Weine reicht vom unkomplizierten Zagarrón Sauvignon blanc aus dem spanischen Anbaugebiet La Mancha bis zum Lafite-Rothschild Premier Grand Cru von 1983. Dazwischen gibt es Weine für jeden Geschmack und in jeder Preislage. Günstige Schaumweine, edle Champagner.
Anzahl der Weine: 300
Weitere Angebote: Grappa, Whisky, Zigarren, Weinproben, Weinseminare

Weinhandlung Lindner

OT Schleussig, Könneritzstr. 46, PLZ 04229
Tel. 0431-480 88 74
www.weinhandlung-lindner.de
Mo-Do 10-20 Uhr, Fr 10-21 Uhr, Sa 9-14 Uhr
EC
Auch nach dem Umzug ins größere Domizil (Eingang Industriestraße) ist diese Weinhandlung eine feste Größe, wenn es um edle Tropfen oder feine Tees geht. Jetzt dabei: eine Wein- und Teebar für den gemütlichen Plausch und als Verkostungsplatz. Evi Lindner setzt auf bewährte Klassiker wie Schloss Proschwitz in Sachsen und inzwischen etablierte Neuwinzer (seit 1994) wie das Weingut Klaus Böhme aus dem Saale-Unstrut-Tal. Regelmäßige Themenabende bringen Winzer und Weinfreunde zusammen.
Anzahl der Weine: 350
Weitere Angebote: Cognac, Schokolade, Kaffee, Grappa, Olivenöl, Pasta, Pralinen, Tee, Whisky, Weinproben, Weinseminare

Wein & Ambiente Vogler

OT Zentrum-West, Thomasiusstr. 5
PLZ 04109
Tel. 0341-225 14 49
www.vogler-weinambiente.de
Di-Fr 11-19 Uhr, Sa 10-14 Uhr
AmEx DINERS EC MASTER VISA

Kleiner Laden, gute Auswahl, individuelle Bedienung. Vom VDP-Weingut Pawis aus Freyburg, Unstrut, bietet Britt Vogler fast das gesamt Sortiment an, LadiSmith Cellar aus Südafrika ist mit einem Chenin blanc vertreten, Louis Michel et Fils aus dem Burgund mit einem Petit Chablis AOC und das Wormser Weinhaus J. P. Valckenberg mit Grauem Burgunder. Regelmäßige Veranstaltungen, etwa mit Weinen aus Argentinien. Auch die stets kompetente Beratung sorgt für Abwechslung beim Weinkauf.

Anzahl der Weine: 180
Weitere Angebote: Feinkost, Olivenöl, Schokolade, Whisky, Weinproben, Weinseminare

Wein & Feines Rieder

OT Mitte, Peterssteinweg 11, PLZ 04107
Tel. 0341-960 79 04
Mo-Fr 10-19 Uhr, Sa 10-16 Uhr EC

Seit mehr als 20 Jahren ist Christian Rieder als engagierter Weinhändler bekannt. Persönliche Kontakte zu Winzern, zum Beispiel in Deutschland, Südfrankreich und Italien, tragen nicht nur dazu bei, dass das Standardsortiment sehr ausgewogen ist, sondern sorgen auch für stete Überraschungen in den Regalen. Die Auswahl aus deutschen Anbaugebieten ist erfreulich. Dr. Deinhard aus Deidesheim in der Pfalz ist mit einer Gewürztraminer Spätlese dabei, die Winzergenossenschaft Laufen aus Baden mit ihrer „Edition Terroir". In der Filiale Petersstraße finden regelmäßig Verkostungen, Themen- und Länderabende sowie Weinseminare statt, in der Jahnallee gibt's auch ein kleines Feinkostsortiment.

Anzahl der Weine: 600
Weitere Angebote: Feinkost, Kaffee, Konfitüren, Olivenöl, Pasta, Pasteten, Schokolade, Weinproben, Weinseminare

Markkleeberg

Weinabteilung im Globus Handelshof Wachau

OT Wachau, Nordstr. 1, PLZ 04416
Tel. 034297-790
www.globus-wachau.de
Mo-Sa 8-21 Uhr AmEx DINERS EC MASTER VISA

Die „Weinwelt" dieses Supermarktes wurde 2011 vom Deutschen Weininstitut als „Ausgezeichnete Weinabteilung" prämiert – zu Recht. Rund 1200 Weine regionaler, nationaler und internationaler Winzer lagern hier. Stets ist ein Weinberater vor Ort, der den Kunden zur Seite steht, Neuheiten zeigt und über die Unterschiede zwischen einer Grande Reserve Chabils 1er Cru von Philippine de Saint-Cyrille und einer Cuvée von der Mosel aufklärt. Fast täglich finden Verkostungen statt. Dank internationaler Einkaufsbeziehungen dürfte das Preis-Leistungs-Verhältnis kaum zu überbieten sein.

Anzahl der Weine: 1200
Weitere Angebote: Feinkost, Essig, Käse, Öl, Weinproben, Weinseminare

Meißen

Ernst Schumann

Innenstadt, Elbstr. 1, PLZ 01662
Tel. 03521-45 20 21
www.feinkost-spirituosen-schumann.de
Mo-Fr 8-18 Uhr, Sa 8.30-13 Uhr
AmEx EC MASTER VISA

In historischen Räumen am Markt bietet dieser Laden auch alles, was Touristen gern auf die Schnelle kaufen: Süßes, Getränke und Souvenirs. Herzstück des Ganzen ist aber das ausgewählte Weinsortiment, bei dem Abfüllungen sächsischer Winzer im Mittelpunkt stehen, darunter die Platzhirsche Jan Ulrich, Vincenz Richter und Schloss Proschwitz. Neu in den Regalen: die ersten Jahrgänge des Weinhauses Weimar des Prinzen zur Lippe. Ein Klassiker ist die eigene Sektmarke „Ernst Schumann".

Anzahl der Weine: 850
Weitere Angebote: Confiserie, Feinkost, Öl, Weinproben, Weinseminare

Niederwürschnitz

Weinhaus & Hotel Vinum

Chemnitzer Str. 29, PLZ 09399
Tel. 037296-93 17 50
www.hotel-vinum.de
Mo-Fr 8-18 Uhr EC VISA

Winzer deutscher Prädikatsweingüter und regionale Weine aus dem Elbtal gehören ebenso zur Sammlung von rund 1000 Weinen wie internationale Abfüllungen von Lafite und Mouton, Ornellaia und Alvaro Palacios sowie Weine aus Australien, Südafrika, Mexiko oder Chile. Zum Verkauf stehen auch Jahrgangsraritäten, eine gute Auswahl Bordeaux, Präsente und Accessoires sowie Großflaschen bis 15 Liter. Die Angebote wechseln häufig, deshalb lohnt der Weg zu diesem etwas abgelegenen Haus immer wieder aufs Neue. Der Inhaber, Matthias Härtel, berät gern, kennt Winzer und Lieferanten und gilt als zuverlässige Wissensquelle für Laien wie Kenner. Regelmäßige Weinproben und individuelle Events.

Anzahl der Weine: 950
Weitere Angebote: Weinaccessoires, Weinpräsente, Weinproben, Weinseminare

Radebeul

Gräfe's Wein & Fein

OT Ost, Hauptstr. 19, PLZ 01445
Tel. 0351-836 55 40
www.graefes-weinundfein.de
Di-Fr 10.30-18.30 Uhr, Sa 9.30-13.30 Uhr
EC

Es ist jedesmal wieder eine Freude, zu sehen, mit welchem Engagement und mit welcher Zuvorkommenheit Matthias Gräfe seine Kunden bedient, berät und mit umfangreichen Informationen versorgt. Der Feinkostladen führt ein gutes, sehr ausgewähltes Weinsortiment mit Schwerpunkt auf Erzeugnissen aus deutschen Anbaugebieten. Hier treffen traditionelle Winzer auf junge Betriebe.

Anzahl der Weine: 260
Weitere Angebote: Chutney, Käse, Wurst, Olivenöl, Weinproben, Weinseminare

Riesa

Vinothek am Hafen

OT Gröba, Lauchhammer Str. 25
PLZ 01591, Tel. 03525-65 79 44
www.wein-sammler.de
Mo-Di 14-18 Uhr, Mi 14-20 Uhr,
Do-Fr 10-20 Uhr, Sa 10-13 Uhr EC

Weinhändler Wilfried Thiel hat ein gutes Gespür für die Wünsche der Kunden. Sein Sortiment ist breit angelegt: vom Goldriesling aus Meißner Terrassenanbau bis zum Riesling-Winzersekt vom Weingut Schenk-Siebert aus der Pfalz, vom Portwein über vollmundigen Rioja bis zum Schaumwein von Graham Beck. Verkostungen sind jederzeit möglich, die thematischen Weinproben am Abend meist schnell ausgebucht.

Ein breit gefächertes Sortiment ist in der „Vinothek am Hafen" in Riesa zu finden

Anzahl der Weine: 700
Weitere Angebote: Feinkost, Spirituosen (160 Whiskysorten), Weinproben, Weinseminare

Zwickau

Weinhof Marienthal

OT Marienthal, Marienthaler Str. 171
PLZ 08060, Tel. 0375-57 91 95
www.weinhof-marienthal.de
Mo-Fr 10-19 Uhr, Sa 10-13 Uhr EC MASTER

Ob Wein- oder Erntedankfest, Ostermarkt, Mitternachtsball oder die Begrüßung des neuen Primeur – in diesem denkmalgeschützten, sehr gepflegten Vierseithof dreht sich alles um das Thema Wein. Keller, Stall und Tenne bieten beste Bedingungen für Veranstaltungen und Feierlichkeiten. Im rustikalen Laden kann man Weine verkosten und erwerben, vom bauchigen Bocksbeutel aus Franken bis zu schlanken Langhalsflaschen internationaler Winzer aus nahezu allen europäischen Anbaugebieten. Dazu sind Erzeugnisse von Winzern von der sächsischen Elbe und dem Saale-Unstrut-Gebiet gut vertreten. Passende Keramik, Gläser, Tees und Weinpräsente ergänzen das umfangreiche Programm.
Anzahl der Weine: 980
Weitere Angebote: Confiserie, Käse, Wurst Nudeln, Weinproben, Weinseminare

SACHSEN-ANHALT

Halle

Villa del Vino

Ankerstr. 10, PLZ 06108
Tel. 0345-807 07 60
www.villa-del-vino.de
Di-Fr 9-18 Uhr, Sa 10-14 Uhr EC
Im Hause des historischen Packhofes in Halle kann man an kulinarischen Weinproben teilnehmen, kulturelle Veranstaltungen erleben, Weinreisen buchen und selbstverständlich auch Wein kaufen. Unter den 350 Positionen nimmt das Saale-Unstrut-Gebiet besonders breiten Raum ein. Ihre Erfahrungen im Kontakt zu internationalen Winzern sowie kleinen Familienweingütern geben die Inhaber, Claudia Bächler und Hans-Jürgen Pietsch, gern an ihre Kunden weiter, bei den Verkostungen ebenso wie im unkomplizierten Gespräch. Schöne Atmosphäre in mediterranem Ambiente.
Anzahl der Weine: 350
Weitere Angebote: Feinkost, Honig, Kräutersalz, Schokolade, Trüffel, Weinproben, Weinseminare

Magdeburg

Das Weinfass

Altstadt, Keplerstr. 11 b, PLZ 39104
Tel. 0391-561 07 01
www.walter-schueler.de
Mo-Fr 10-13 und 14-18 Uhr, Sa 9-13 Uhr
EC
Im Plattenbau unweit des beliebten Hasselbachplatzes bietet Inhaber Walter Schüler seit zehn Jahren ein Sortiment an, das sich auf kleine, unbekannte Weingüter konzentriert, die er selbst einmal besucht hat, beispielsweise das Weingut Ernst Bretz in Bechtolsheim (Rheinhessen). Der 2011er Weißburgunder Schloss Neuenburg des Weinguts Klaus Böhme an der Unstrut war bereits Ende Oktober im „Weinfass" erhältlich.
Anzahl der Weine: 230
Weitere Angebote: Spirituosen, Grappa, Rum, Olivenöl, Pasta, Weinessig, Weingelee, Weinproben, Weinseminare

Dittmer

OT Ottersleben, Stadtweg 17
PLZ 39116
Tel. 0391-631 30 10
www.weinhaus-dittmer.de
Mo-Fr 14-20 Uhr, Sa 10-14 Uhr EC
Der geräumige Hofladen im Vorort Ottersleben konzentriert sich vorwiegend auf die beliebten fruchtbetonten Exoten aus Argentinien, Südafrika und Australien, hat aber beispielsweise auch einen 2005er Barolo oder Barbera von Elio Grasso aus den Langhe (Piemont) im Angebot sowie einen 2005er Rioja Reserva der Bodegas Vallbona aus Laguardia. In der Schatzkammer hinter Eisenstäben, neben Eisweinen und Beerenauslesen, liegt auch ein 1970er Château de Pressac aus St. Émilion. Eine Kostprobe lohnt der Bordeaux „Magdeburger Rotspon", im Barrique ausgebaut (80 % Merlot und 20 % Cabernet Sauvignon).
Anzahl der Weine: 500
Weitere Angebote: Balsamico, Nudeln, Olivenöl, Pasta, Pasteten, Saucen, Schokolade, Senf, Weinproben, Weinseminare

Engagiert: Auf Anfrage holt Karin Lassak in Halle ihre Bordeaux-Schatzkiste heraus

SIEGER SACHSEN-ANHALT

Lassak

Altstadt, Hegelstr. 18
PLZ 39104
Tel. 0391-543 29 62
www.weinhandlung-lassak.de
Mo-Fr 10-18 Uhr, Sa 10-13 Uhr EC

Im Souterrain eines prachtvollen Gründerzeitbaus nahe dem Dom präsentiert Karin Lassak ihre kleine, durchdachte Auswahl. Es gibt offene Brände und Grappas, Schokolade und Kaffee im Ausschank. Wir aber gingen auf Entdeckungsreise zu 1997er Barolo und Brunello, den 2008er „L'oca ciuca" (Betrunkene Gans), einer Cuvée aus Sangiovese, Merlot und Syrah des jungen Winzers Rossetti, zum Huylaender Bio-Vogelbeergeist aus dem Harz-Vorland und einen Retro-Chianti von Renzo Masi, in der einst so beliebten Korbflasche (schmeckte besser als gedacht). Interessante Weiße wie Südtiroler Edelvernatsch, „Hensel und Gretel" von Markus Schneider und Thomas Hensel oder die Riesling Spätlese „Alte Reben" von Frank Brohl (Mosel). Gutes Whiskyangebot, zum Beispiel der Waliser Single Malt Penderyn. Auf Anfrage wird die Bordeaux-Schatzkiste gebracht. Unwiderstehlich: der 1995er Château Léoville Barton Grand Cru Classé.

Anzahl der Weine: 250
Weitere Angebote: Edelbrände, Espresso, Essig, Öl, Feinkost, Schokolade, Whisky, Weinproben, Weinseminare

Reblaus. das weinkontor

OT Buckau, Schönebecker Str. 1 a
PLZ 39104, Tel. 0391-623 93 33
www.reblaus-weinkontor.de
Mo-Fr 10-19 Uhr, Sa 10-14 Uhr

Die „Reblaus" ist in ein schmuckes Holzhäuschen nahe der Elbe am südlichen Rand der City umgezogen. Trotz dieser räumlichen Veränderung ist der Laden weiterhin klein. Dafür gibt es im Sommer jetzt Weinproben auf der Außenterrasse mit Blick auf den Lenné-Garten. Die Stammgäste erfreuen sich an der kompetenten Beratung und der internationalen Weinauswahl. Wir probierten einen 2007er „Giné" aus dem katalanischen Priorat und den mit 12 Vol.-% nicht zu süßen 2003er Tokaji Sárgamuskotály.

Anzahl der Weine: 300
Weitere Angebote: Essig, Oliven, Öl, Pasta, Pasteten, Schokolade, Weinproben, Weinseminare

SCHLESWIG-HOLSTEIN

Breitenfelde

Flottran's Weinhof

Am Sportplatz 3, PLZ 23881
Tel. 04542-68 89
www.flottrans-weinhof.de
Di-Fr 10-12 und 14-18 Uhr, Sa 9-13 Uhr
EC

Die ausgebaute Scheune nicht weit von Mölln und den Lauenburgischen Seen ist noch gemütlicher geworden. In den Regalen lagern Weine aus aller Welt. Darunter sind viele Weiße, aber auch Rote aus Deutschland. Ein Schwerpunkt liegt bei Erzeugnissen von kleineren Winzern, wie den Weingütern Eißler oder Schiefer aus dem Württembergischen. Und auch das Angebot an italienischen Weinen mit knapp 150 Tropfen aus nahezu allen Anbaugebieten ist durchaus beachtlich.

Anzahl der Weine: 670
Weitere Angebote: Brände, Liköre, Essig, Gläser, Nudeln, Olivenöl, Pesto, Salz, Schokolade, Weinproben, Weinseminare

Elmshorn

Die Weintafel

Bauerweg 43, PLZ 25335
Tel. 04121-26 88 41
www.weintafel.de
Jan.-Nov. Di-Fr 10-19 Uhr, Sa 10-16 Uhr, Dez. Mo-Fr 10-19 Uhr, Sa 10-18 Uhr EC

In der nostalgischen Tankstelle am Bauerweg von Elmshorn wird schon lange kein Benzin mehr verkauft, sondern Wein ausgeschenkt. Laurenz Ott, fachkundiger Weinpromoter und Direktimporteur, kennt viele Winzer und deren Weinberge persönlich. So können seine Kunden über 400 solide kalkulierte Weine genießen. Dazu gehören ein respektables Riesling-Angebot sowie einige exklusiv vertriebene Weine, etwa der „Premiers Pas", ein roter Biowein der Rebsorte Carignano aus der Region südlich von Narbonne. Ende Oktober organisiert Laurenz Ott das jährliche „Wein-Event" im Industriemuseum Elmshorn. Ein weiterer Laden befindet sich in Hamburg-Neustadt, Dietmar-Koel-Str. 34.

Anzahl der Weine: 400
Weitere Angebote: Balsamico, Brände, Cognac, Grappa, Kaffee, Olivenöl, Pasta, Pesto, Schokolade, Weinproben, Weinseminare

Vinothek am Grauen Esel

Ramskamp 70, PLZ 25337
Tel. 04121-75 07 05
www.weinesel.de
Di-Fr 10-19 Uhr, Sa 10-16 Uhr
EC MASTER VISA

Wer einen Wein vor dem Kauf probieren möchte, ist im großen hellen Verkaufsraum des „Grauen Esels" im Gewerbegebiet am östlichen Stadtrand von Elmshorn gut aufgehoben. Für Patrick Henning, der 2011 sein fünfjähriges Jubiläum als selbstständiger Weinhändler feierte, ist der persönliche Geschmack des Kunden das Wichtigste. Der frühere Mitarbeiter von „Rindchens Weinkontor" (siehe Hamburg) vertreibt das umfangreiche Sortiment seines ehemaligen Chefs. Monatlich finden Weinseminare und Weinproben statt, jeweils Anfang November wird die Weinmesse „Asino Vino" mit mehr als 100 offenen Weinen veranstaltet.

Anzahl der Weine: 300
Weitere Angebote: Balsamico, Feinkost, Grappa, Nudeln, Obstbrände, Olivenöl, Portwein, Sherry, Weinproben, Weinseminare

Kundenorientiert: Patrick Henning in seiner „Vinothek am Grauen Esel" in Elmshorn

Flensburg

Weinhaus Braasch

Altstadt, Rote Str. 26-28, PLZ 24937
Tel. 0461-14 16 00
www.braasch.sh
Mo-Fr 10-19 Uhr, Sa 10-16 Uhr
AmEx DINERS EC MASTER VISA

In einem ochsenblutroten Haus aus dem 16. Jahrhundert, zu dem ein romantisch begrünter Innenhof gehört, betreibt der gelernte Destillateur Walter Braasch zusammen mit Sohn Karsten seinen Weinladen. Seit 1976 befasst sich die Familie mit Weinverkauf. Sie gehört auch zu den ältesten Rumhändlern und -herstellern der Stadt. Rund 300 Weine, überwiegend aus europäischem Direktimport, lagern zusammen mit Portwein, Sherry und Madeira (auch seltene alte Jahrgänge) in einem historischen Keller aus dem 14. Jahrhundert. Im gemütlichen Laden, unter schweren Eichenbalken, oder an den Tischen im Innenhof kann man alles verkosten und auch einen zünftigen Imbiss

Hübsche Location: Im „Weinhaus Braasch" in Flensburg lockt der schöne Innenhof

zu sich nehmen. Ein Kaffee, Cappuccino und andere warme Getränke sind hier ebenfalls zu haben. Viele Stammkunden fühlen sich in der besonderen Atmosphäre des denkmalgeschützten Hauses wohl und schätzen die fachkundige Beratung.
Anzahl der Weine: 300
Weitere Angebote: Feinkost, Madeira, Olivenöl, Portweine, hausgemachter Rum, Weinproben, Weinseminare

Halstenbek

HE-LA Weinhandel

Haupstr. 32, PLZ 25469, Tel. 04101-408 80
www.he-la-Weinhandel.de
Mo-Fr 9-19 Uhr, Sa 9-18 Uhr
AmEx EC MASTER VISA

In dem weiträumigen, gut sortierten Laden im Zentrum von Halstenbek teilt sich inzwischen Bettina Lammers die Verantwortung mit ihrem Vater Herbert. Geblieben ist die fundierte Beratung über jedes Produkt in ihrem Sortiment, vor allem bei deutschen österreichischen, französischen und – seit Kurzem – verstärkt spanischen Weinen. Beeindruckend ist auch die Palette hervorragender Bordeaux. Mit Argentinien, Chile, Kalifornien, Neuseeland und Australien sind auch die wichtigsten Anbaugebiete aus Übersee präsent. Wöchentlich finden hier Verkostungen statt. Weinseminare und Veranstaltungen zu den Themen Wein und Genuss. Mittags hält man ein kleines Angebot warmer Speisen bereit.
Anzahl der Weine: 1000
Weitere Angebote: Feinkost, Kaffee, Öl, Pasta, Pralinen, Spirituosen, Whisky, Zigarren, Weinproben, Weinseminare

Itzehoe

Heinrich Pfingsten – Historisches Weinhaus

Salzstr. 2, PLZ 25524, Tel. 04821-22 87
www.weinhaus-pfingsten.de
Mo-Fr 9-18 Uhr, Sa 10-14 Uhr EC

Wenn seit 1879 an demselben Platz gute Tropfen verkauft werden, darf man sich mit Fug und Recht „historisch" nennen. Die verwinkelte Weingroßhandlung mit guter Weinberatung wirkt mit den vielen kleinen Räumen etwas unübersichtlich, doch Heinz und Frauke Pfingsten, späte Nachfahren des Firmengründers, haben natürlich den Überblick. Die Schwerpunkte liegen auf französischen, deutschen und italienischen Produkten aus fast allen Anbaugebieten. Weinproben jeden letzten Donnerstag im Monat. 50 Brände und Liköre aus eigener Herstellung. Weinlokal jeden ersten Donnerstag im Monat geöffnet.
Anzahl der Weine: 300
Weitere Angebote: Essig, Gebäck, Olivenöl, Pasta, Schokolade, Saucen, Weingelee, Weinproben, Weinseminare

Kiel

Citti Markt

OT Hassee, Mühlendamm 1, PLZ 24113
Tel. 0431-689 32 81
www.cittimarkt.de
Mo-Mi, Fr-Sa 7.30-20 Uhr, Do 7.30-22 Uhr
EC MASTER VISA

Eine große Anzahl verschiedener aktueller Weine aus aller Welt wird übersichtlich präsentiert. Die Auswahl an Winzersekt, Champagner, spanischen Cavas, Spirituosen,

Zeichnet sich durch Kompetenz und ein durchdachtes Sortiment aus: „Kieler Weinkontor"

Grappas und Bränden ist immens. Die Neue Welt, beispielsweise Brasilien, Chile und Argentinien, ist sehr gut vertreten. Umsichtige, fachliche Beratung. Die Verkostung von rund 50 unterschiedlichen Weinen, deren Angebot wöchentlich wechselt, ist an zwei großen Tresen möglich.
Anzahl der Weine: 2400
Weitere Angebote: Feinkost, Weinproben

Kieler Weinkontor
OT Brunswik, Holtenauer Str. 96 (im Innenhof), PLZ 24105, Tel. 0431-593 30 28
www.kieler-weinkontor.de
Di-Fr 11-19 Uhr, Sa 11-16 Uhr EC
In einem unscheinbaren Hinterhof versteckt sich dieses Weinfachgeschäft. Ansprechend präsentiert werden Weine aus aller Welt. Ausnahmen bilden Gewächse aus jungen Regionen und Kalifornien. Überwiegend werden die Weine von kleinen Winzern, die fast alle persönlich bekannt sind, direkt importiert. In einer Probierecke können die Tropfen verkostet werden. Kompetente und freundliche Beratung.
Anzahl der Weine: 350
Weitere Angebote: Essig, Gewürze, Likör, Olivenöl, Pasta, Rieslingsenf, Salzgebäck, Schokolade, Spirituosen, Weinaccessoires, Weinproben, Weinseminare

Martins Weindepot
OT Blücherplatz, Holtenauer Str. 126
PLZ 24105, Tel. 0431-857 76
www.martins-weindepot.de
Mo-Fr 9-19 Uhr, Sa 9-14 Uhr
AmEx EC MASTER VISA
Das führende Weingeschäft der Stadt gehört mit rund 400 Sorten auch zu den Whiskyspezialisten in Norddeutschland, darunter zahlreiche Spezialabfüllungen. Die Weinabteilung präsentiert etwa 700 Flaschen aus rund 20 Ländern. Weine aus Deutschland, vor allem Weiße, liegen auch in der Landeshauptstadt im Aufwärtstrend. Die Nachfrage nach teuren Bordeaux ist dagegen verhaltener. Qualifizierte Beratung.
Anzahl der Weine: 700
Weitere Angebote: Feinkost, Olivenöl, Pasteten, Schokolade, Wurst, Weinproben, Weinseminare

Marxen Wein
OT Exerzierplatz, Knooper Weg 39
PLZ 24103
Tel. 0431-888 19 23
www.marxenwein.de
Mo-Fr 10-19 Uhr, Sa 10-18 Uhr EC
Sommelier Jan Peter Marxen steht für beste Weinqualität aus naturverbundenem Anbau. In seinem puristisch gestylten Eckladen bietet er rund 800 Weine an – vom günstigen Geheimtipp für jeden Tag bis zur Spitzencuvée (z. B. Guillot Clauzel und Pascal Cotat). Eigenimporte von Top-Winzern aus Deutschland, Frankreich, Spanien und Italien. Auch Raritäten. Zu den Kunden zählen Sammler und Kenner, denen auch Abfüllun-

gen eines Weines aus mehreren Jahrgängen offeriert werden können. Verkosten kann man leider nicht, und die Weinproben erfolgen ausschließlich auf Einladung.
Anzahl der Weine: 800
Weitere Angebote: Feinkost, Gläser, Olivenöl, Weinproben, Weinseminare

Weinhaus Tiemann Weinimport
OT Düsternbrook, Feldstr. 114, PLZ 24105
Tel. 0431-826 35
www.weinimport-tiemann.de
Mo-Fr 9-18.30 Uhr, Sa 9-13.30 Uhr EC
Renommiertes Weinhaus seit 1949. Im Angebot sind etwa 400 Weine aus Deutschland, Frankreich, Italien und Spanien, klassisch präsentiert in Regalen und Kartons. Preislich ist die Spannbreite groß. Viele Weine sind für unter 10 Euro zu haben. Gute Auswahl an Winzersekten, Crémants und Champagner sowie ein großes Sortiment an Whisky und Rum. Die Beratung ist freundlich und professionell.
Anzahl der Weine: 400
Weitere Angebote: Essig, Feinkost, Olivenöl, Weinproben, Weinseminare

Lauenburg

De Winhöker
Berliner Str. 18, PLZ 21481
Tel. 04153-524 81
Mo-Do 9-13 und 14.30-18.30 Uhr,
Fr 9-19 Uhr, Sa 8-14 Uhr
AmEx EC MASTER VISA
Der Umzug hat sich gelohnt. Sein 30-jähriges Jubiläum konnte Lauenburgs „Winhöker" Klaus-Meno Schönrok 2011 schon in neuen, lichten Räumen feiern. Rund 600 Weine lagern hier wohlgeordnet in den Regalen. Deutsche Anbaugebiete sind prominent vertreten, etwa das Weingut Manz, Pfalz, Rieslinge von Runkel, vom Weingut Bischel, Rheinhessen oder von Künstler, Hochheim, Rheingau. In der europäischen Abteilung liegen Italien, vom Piemont bis Sizilien, Österreich sowie Frankreich mit Languedoc und Bordeaux. Engagierte Beratung, großes Angebot an Single Malts.
Anzahl der Weine: 600
Weitere Angebote: Cognac, Confiserie, Essig, Feinkost, Gläser, Grappa, Obstbrände, Olivenöl, Port, Spirituosen (300 Sorten), Malt Whisky (100 Sorten), Weinproben, Weinseminare

Lübeck

Bom Dia
Innenstadt, Hüxstr. 105, PLZ 23552
Tel. 0451-39 68 96 60
www.bomdia-shop.de
Mo-Fr 10-18.30 Uhr, Sa 10-16 Uhr EC
Der ansprechende Laden in der angesagten Flaniermeile der Lübecker Altstadt hat sich in den vergangenen Jahren zum Spezialgeschäft für portugiesische und spanische Weine sowie Port entwickelt. Rund 150 verschiedene portugiesische Weine umfasst das Sortiment, 70 davon im Ladengeschäft, und füllt damit eine Marktnische. Als Agentur für Direktimporte beliefert „Bom Dia" auch bundesweit die Gastronomie und den Fachhandel. Sehr kompetente, freundliche Beratung. Im kleinen Stehimbiss kann man spanische und portugiesische Delikatessen genießen.

Spezialistin für portugiesische und spanische Weine: „Bom Dia"-Chefin Maya Hüttermann

Anzahl der Weine: 150
Weitere Angebote: Feinkost, Weinproben, Weinseminare

Weinhandel Roeper

Innenstadt, Hüxstr. 22-24, PLZ 23552
Tel. 0451-734 54
Mo-Fr 10-18 Uhr, Sa 10-15 Uhr EC MASTER
Die kleine, privat geführte Weinhandlung von Ulrich Männel hat sich im Laufe der Jahre einen festen Platz in Lübeck erobert. Der zentral gelegene Laden ist Treffpunkt beim Shoppingbummel. Hier kauft man seine Flasche für das Abendessen. Rund 400 Weine sind im Angebot, preislich liegen die meisten davon zwischen 10 bis 20 Euro. Schwerpunkte bilden Deutschland, Italien, Spanien und Frankreich. Sehr persönliche Beratung, freundlich und kompetent.
Anzahl der Weine: 400
Weinproben, Weinseminare

Carl Tesdorpf

Innenstadt, Mengstr. 64, PLZ 23552
Tel. 0451-79 92 70
www.tesdorpf.de
Mo-Fr 9-18 Uhr, Sa 9-14 Uhr
AmEx DINERS EC MASTER VISA
Ältestes Weinhandelshaus Deutschlands, 1678 in der Mengstraße gegründet. Seitdem ist es im Besitz der Familie Tesdorpf. Die historischen Geschäftsräume haben sich den Charme vergangener Zeiten bewahrt. Etwa 500 Weine der gängigen Jahrgänge sind im Angebot, überwiegend im mittleren bis hohen Preissegment. Die großen Namen sind vertreten. Der Schwerpunkt liegt durch familiäre Beziehungen insbesondere zum Bordelais auf Erzeugnissen aus Frankreich. Exklusive Bordeaux-Abfüllung: 2009er „Lübecker Rotspon Grande Sélection" in der typischen Tesdorpf-Flasche. Bordeaux-Keller mit Raritätenschrank. Ebenfalls gut sortiert ist das Angebot aus Deutschland, Italien, Österreich und Spanien. Verkostungen sind möglich. Sehr gute Beratung.
Anzahl der Weine: 500
Weitere Angebote: Feinkost, Olivenöl, Weinproben

H.F. von Melle

Innenstadt, Beckergrube 86, PLZ 23552
Tel. 0451-710 50
www.von-melle.de
Mo-Fr 9-18 Uhr, Sa 9-13 Uhr
AmEx EC MASTER VISA
Seit 1853 residiert das Familienunternehmen in dem historischen Kaufmannshaus mit Barockportal. In der großen Diele ist das umfangreiche Sortiment übersichtlich angeordnet. An einer Theke kann es auch mit Blick auf den schönen Innenhof verkostet werden. Das Angebot konzentriert sich auf Weine aus dem Bordelais und Italien. Gut vertreten sind aber auch Erzeugnisse aus deutschen Lagen. Neu aufgenommen ins Sortiment wurden Weine aus Südamerika. Bestens ausgebildetes Fachpersonal, freundliche Beratung.
Anzahl der Weine: 500
Weitere Angebote: Olivenöl, Weinproben, Weinseminare

Weinforum

OT Sankt Jürgen, Ratzeburger Allee 111-125
PLZ 23562
Tel. 0451-50 11 00
www.weinforum-wilhelm-ulex.de
Mo-Fr 10-18.30 Uhr, Sa 9-14 Uhr
EC MASTER
Am Stadtrand in Richtung Ratzeburg gelegen, hat sich die gut sortierte Weinhandlung in einem modernen Bau mittlerweile etabliert. Das Angebot, in Kartons und in Regalen verstaut, präsentiert sich ansprechend und übersichtlich. Der Schwerpunkt liegt bei italienischen Erzeugnissen. Sie machen mehr als die Hälfte des gesamten Sortiments aus. Es folgen Weine aus Südfrankreich, Deutschland und Spanien. Hauswinzer aus Deutschland ist das Weingut Michel aus Rheinhessen, das mit 22 unterschiedlichen Weinen vertreten ist. Gute Auswahl an Champagnern, Winzersekten und Prosecco. Direktimport. Freundliche und umfassende Beratung.
Anzahl der Weine: 400
Weitere Angebote: Essig, Olivenöl, Schokolade, Weinproben, Weinseminare

Sylt/Keitum

Pius' Weinwirtschaft
Am Kliff 5, PLZ 25980, Tel. 04651-889 14 38
www.pius-weine.de
tgl. 17-24 Uhr EC MASTER VISA
Gut 250 verschiedene, überwiegend mittelpreisige Gewächse lagern in begehbaren Klimaschränken und rund 50 davon schenkt man offen im 0,1- oder 0,2-l-Glas aus. Gekaufte Flaschen können gegen 12 Euro Korkengeld gleich vor Ort getrunken werden. Dazu gehören auch Rieslinge vom Weingut Von Othegraven von der Saar, das dem TV-Moderator Günther Jauch gehört, oder ein Merlot aus Bulgarien von der Bessa Valley Winery des Grafen von Neipperg. Die Spezialabfüllungen „Pius Rot" stammen vom Weingut Marcus Altenburger aus dem Burgenland und „Pius Weiß", eine Cuvée vom Weingut St. Antony in Rheinhessen. Bistro mit Snacks.
Anzahl der Weine: 250
Weitere Angebote: Essig, Olivenöl, Schokolade, Zigarren, Schokolade, Pasta, Weinproben, Weinseminare auf Anfrage

Sylt/Rantum

Sansibar
Diwai 3, PLZ 25980, Tel. 04651-96 46 46
www.sansibar.de
tgl. 10.30-24 Uhr AmEx EC MASTER VISA
Unter dem Sand, da liegt der Wein. Zumindest in den Dünen unter der mondänen Strandbude südlich von Rantum. Glücklich kann sich schätzen, wer einen Blick in den Gewölbekeller werfen darf, in dem rund 10 000 Flaschen lagern. In einem 360 Seiten starken „Taschenbuch" sind Weine aus 15 Ländern von Australien bis Südafrika für den Verkauf gelistet. Vom Silvaner und Chardonnay von Jochen Dreissigacker aus Rheinhessen für 7,90 Euro bis zum 2008er Domaine Romanée Conti Montrachet Grand Cru für 3900 Euro ist alles vertreten.
Anzahl der Weine: 1600
Weitere Angebote: Essig, Feinkost, Kaffee, Öl

Sylt/Tinnum

Heiliger Weinfachhandel
Zum Fliegerhorst 22, PLZ 25980
Tel. 04651-92 70 24
www.weinheiliger.de
Mo-Fr 8-12 und 9-18 und 14-18 Uhr, Sa 9-12 Uhr EC
In das neue große Lager mit angeschlossenem, gediegen eingerichteten Weingeschäft im Tinnumer Gewerbegebiet kommen viele Privatkunden, auch wenn „Weinheiliger" mit seinem großen Angebot vor allem für die Sylter Gastronomie eine wichtige Anlaufadresse darstellt: Mit Dr. Heger, Franz Keller, Johner oder der Winzergenossenschaft Oberbergen aus Baden, mit Künstler oder Robert Weil aus dem Rheingau, mit Bassermann-Jordan oder Pfaffmann aus der Pfalz sind neben vielen anderen deutschen Weinen auch die wichtigen Anbaugebiete in Europa und aus Übersee vertreten. Viele Lagen werden direkt und exklusiv für die Insel erworben. Großes Angebot an Champagner und Sekt. Weinmesse im Frühjahr mit mehr als 20 Winzern. Beeindruckend ist auch die exquisite Phalanx von Spirituosen und das Sortiment an Single Malts.
Anzahl der Weine: 850
Weitere Angebote: Spirituosen, Single Malt Whisky, Weinaccessoires, Gläser

Vino Vin
Mittelweg 5, PLZ 25980
Tel. 04651-936 54 84
Sommer Mo-Fr 10-18 Uhr, Sa 10-14 Uhr; Winter Mo-Fr 10-19 Uhr, Sa 10-18 Uhr
EC
Rund 250 Weine hat Petra Fuchs in Kartons in ihrer Verkaufshalle zwischen der Aral-Tankstelle und „Fisch Blum" gestapelt, fast 50 Prozent davon sind Italiener. Die andere Hälfte teilen sich die Neue Welt, französische und deutsche Winzer. Bioweine vom Weingut Wittmann aus Rheinhessen sind ebenso dabei wie Alexander Laible aus Baden mit seiner Palette exzellenter Tropfen. Nicht nur viele Weine, auch Öle, Essige, darunter Aperitifessig vom Doktorenhof sowie

Gewürze können probiert werden. Besonders beliebt sind die Mischungen aus dem „Alten Gewürzamt" von Ingo Holland. Dazu kommen Grappas und andere Spirituosen, das Buch „Sylt – kulinarische Genüsse" stammt aus eigener Feder. Veranstaltungen zu Weinen, Seminare zu Essigen und Ölen.
Anzahl der Weine: 250
Weitere Angebote: Balsamico, Feinkost, Olivenöl, Pasta, Weinproben, Weinseminare

Sylt/Westerland

Weinhaus Schachner

SIEGER SCHLESWIG-HOLSTEIN

Bismarckstr. 12, PLZ 25980
Tel. 04651-265 19
www.weinhaus-schachner.de
Mo-Sa 11-21 Uhr
AmEx DINERS EC MASTER VISA

Knapp 250 Seiten ist der Hochglanzkatalog stark, der das Angebot von 1800 Weinen und anderen feinen Genüssen versammelt. Der gebürtige Steirer Martin Schachner hat das Sylter „Weinhaus" seit der Gründung 1994 zu einem der führenden Weinhändler Norddeutschlands gemacht. Mit verlässlicher Beratung und einem Gespür für die Winzerstars von morgen. Die großen Weinregionen Deutschlands, Europas und aus Übersee sind vertreten. Eine umfangreiche Auswahl an Gewächsen aus dem Bordelais, von Vin de Pays bis zu bedeutenden Châteaux. Exzellentes Angebot an Schaumweinen und Bränden. Die Hausweine stammen aus dem Badischen und dem österreichischen Weinviertel. In der Vinothek werden zu täglich wechselnden Schmankerln wie der steirischen Brettljause oder den Crêpes mit Ziegenfrischkäse über 150 Weine offen ausgeschenkt.
Anzahl der Weine: 1800
Weitere Angebote: Antipasti, Öl, Essig, Gebäck, Käse, Schokolade, Senf, Spirituosen, Schinken, Wurst, Weinproben, Weinseminare

1800 Weine sind im Hochglanzkatalog von Martin Schachner versammelt

Trittau

Nürminger Wein und Wohnen

Kirchenstr. 25, PLZ 22946
Tel. 04154-827 24
www.nuerminger-wein.de
Mo-Fr 9-18.30 Uhr, Sa 9-14 Uhr
AmEx DINERS EC MASTER VISA

Der Kundenkreis von Stefan Jacobsen reicht weit über den Hamburger Vorort Trittau hinaus. Selbst bei der monegassischen Hochzeit 2011 war „Nürminger" mit dem Exklusivimport Bergwater Wein aus Südafrika vertreten. Das neue größere Domizil in der gleichen Straße ist der steigenden Nachfrage sowie dem breit gefächerten Angebot geschuldet. Mit einer kompetenten Beratung präsentiert man ein preislich gut gestaffeltes Angebot von rund 550 Gewächsen, davon viele Direktimporte aus Deutschland, Italien, Spanien und Frankreich. Das Programm reicht vom frischen rheinhessischen Rivaner Schankwein in der Literflasche bis zu besten Côtes-du-Rhône-Tropfen. Regelmäßige Weinproben und Abende rund um das Thema Wein und Genuss.
Anzahl der Weine: 550
Weitere Angebote: Essig, Feinkost, Foie gras, Käse, Öl, Pralinen, Rillettes, Senf, Schokolade, Tee, Terrinen, Trüffel, Weinproben, Weinseminare

T

THÜRINGEN

Arnstadt

Rewe Wagner
Ichtershäuser Str. 47, PLZ 99310
Tel. 03628-60 00 62
Mo-Fr 8-22 Uhr, Sa 8-20 Uhr
EC MASTER VISA
Vorbei an Flaschen mit Wasser und Säften sollte man seine Schritte in diesem Getränkemarkt rasch in den hinteren Teil lenken: In weitem Rund lagern in Wandregalen Weine aus nah und fern. Preiswerte sächsische Landweine sind ebenso dabei wie große Namen, darunter Châteauneuf-du-Pape von der Rhône oder Château Lafite Rothschild. Eine Gewürztraminer Spätlese vom Weingut Schales oder die Edition Justinus K., ein trockener Kerner vom Thüringer Weingut Bad Sulza, runden das Programm ab. Gut gekühlt stehen stets Flaschen zum Verkosten bereit. Ist der Chef vor Ort, gibt's auch eine umfangreiche Beratung.
Anzahl der Weine: 400
Weitere Angebote: Spirituosen, Weinproben, Weinseminare

Erfurt

SIEGER THÜRINGEN

La Petite France
OT Brühlervorstadt, Straße des Friedens 8, PLZ 99094
Tel. 0361-211 09 00
www.das-kleine-frankreich.de
Di-Fr 12-22 Uhr, Sa 8-12 und 18-22 Uhr
EC MASTER VISA
Ob „Elsässer Abend" oder Biowein-Verkostung: Der Veranstaltungskalender bietet ein umfangreiches Programm rund um Frankreichs Weine und die dazu passenden Speisen. Das frisch renovierte Eckhaus ist ein beliebter Ort für Kenner wie Laien, wenn sie Weine aus fast allen Anbauregionen Frankreichs suchen. Spanische, italienische und deutsche Abfüllungen ergänzen das Sortiment. Zu den rund 200 Positionen gehören Champagner von Bruno Paillard und Pol Roger, Bordeaux vom Château l'Escart

Frankreich in Thüringen: Im „La Petite France" gibt's auch Flammkuchen

und edelsüßer Muscat von Laurent Charles Brotte. Sehr kundige Beratung, nette Atmosphäre, auch im Bistro.
Anzahl der Weine: 200
Weitere Angebote: Aufstriche, Essig, Rohmilchkäse, Konfitüre, Honig, Öl, Saucen, Schokolade

Gera

Buch & Wein
Kurt-Keicher-Str. 53, PLZ 07545
Tel. 0365-551 20 28
Di-Fr 11-13 und 14-19 Uhr, Sa 10-13 Uhr
In einer schmalen Altbauwohnung in der Geraer Seitenstraße verkauft der Antiquar Ulrich Schmeißner Weine und Bücher. Fünf- bis sechsmal pro Jahr fährt er zu Winzern in Frankreich und füllt dann die Regale neu auf. Seinen Kunden drückt er gern ein Glas in die Hand, lässt sie probieren und erzählt von Winzern und Weinen. Fast alle französischen Anbaugebiete sind dabei. Aus seiner Vorliebe für das Jura macht er dabei kein Geheimnis, da plaudert er kenntnisreich und schwärmt schon mal von der Domaine Rolet Père & Fils. Nicht nur sein Laden ist

ein Geheimtipp, auch die Verkostungen im kleinen Stübchen sind stets gut besucht. Die Erzeugnisse einiger deutscher Weingüter komplettieren das Sortiment.
Anzahl der Weine: 170
Weitere Angebote: Armagnac, Essig, Konfitüre, Kräuter, Kräuterschnaps, Lavendelprodukte, Olivenöl, Weinproben, Weinseminare

Tête-à-Tête
Innenstadt, Kleine Kirchstr. 2, PLZ 07545
Tel. 0365-800 97 13
www.teteatete-gera.de
Mo-Fr 9.30-18.30 Uhr, Sa 9.30-13 Uhr
EC
Im bunten Sortiment der rustikal eingerichteten, verwinkelten Räume weist ein aus Korken gebauter Sessel den Weg zu gut bestückten Regalen und Körben mit ausgewählten internationalen Weinen, Schaumweinen und Spirituosen. Dabei kann man das Pfälzer Weingut von Marcus Stein ebenso entdecken wie Weine von Elbe und Saale-Unstrut. Das Gut Delheim aus Stellenbosch, Südafrika, steuert eine Jubiläumsflasche „Spatz Sperling" bei, das Colchagua Valley in Chile eine „Limited Edition Gran Crucero". Das Weinhaus selbst verspricht mit dem halbtrockenen Hauswein „1155 Wildsüsse Wonnen", eine im Holzfass ausgebaute Rotweincuvée, die in exakt 1155 Flaschen abgefüllt wurde.
Anzahl der Weine: 450

In Geras Weinhandlung „Tête-à-Tête" findet sich ein buntes Sortiment für Genießer

Weitere Angebote: Antipasti, Gewürze, Honig, Kaffee, Küchenutensilien, Konfitüre, Olivenöl, Schokolade, Spirituosen, Tee

Weimar

Port-Wein-Kiste
Altstadt, Rittergasse 1, PLZ 99423
Tel. 03643-77 25 77
www.port-wein-kiste.com
Mo-Fr 10-19 Uhr, Sa 10-16 Uhr
AmEx | EC | MASTER | VISA

Wie der Name sagt: „Port-Wein-Kiste"-Chef Jörg Krügers Herz schlägt für Portwein

Portweine sind die Spezialität dieser Weinhandlung an der Stadtkirche St. Peter und Paul. Dank guter Kontakte zu Winzern und spezialisierten Importeuren bieten die Betreiber ein gut durchdachtes Sortiment an, auch Sherry und Madeira. Zu den rund 70 Portweinen gehören Abfüllungen wie Delaforce 10 Year old Tawny oder auch eine Cuvée aus gereiften Ports, die zwischen sechs und 30 Jahren im Eichenfass lagerten. Neben weiteren internationalen Abfüllungen sind auch sächsische und thüringische Weine dabei, das Saale-Unstrut-Weingut Born lieferte zum Beispiel einen Rosé vom Höhnstedter Kelterberg. Die Beratung ist freundlich und engagiert, die Atmosphäre im Laden sehr angenehm.
Anzahl der Weine: 500
Weitere Angebote: Feinkost, Madeira, Sherry, Whisky, Weinproben, Weinseminare

WEINKAUF PER MAUSKLICK

Der Onlineversand – bequem und schnell – boomt. Wir stellen die 50 besten Versender in Deutschland vor: Sie präsentieren ihr Sortiment Flasche für Flasche, beschreiben es ausführlich und liefern Verkostungsnotizen sowie Geschmacksalternativen.

Aktuelle Newsletter und E-Mail-Services mit Nachrichten aus der Weinwelt sind Standard, ebenso elektronische Wunschzettel und unkomplizierte Bestellsysteme. Servicefreundliche Händler bieten ihren Kunden fast immer mehrere Bezahlmöglichkeiten. Aber bei Neukunden gehen viele auf Nummer sicher und verlangen Vorkasse oder liefern nur per Nachnahme.

Alpina Burkard Bovensiepen

www.alpinawein.de

EC MASTER VISA

Wer gereifte, ältere Jahrgänge sucht, kommt an dieser übersichtlich gestalteten Adresse nicht vorbei. Seit Jahrzehnten kauft Burkard Bovensiepen beispielsweise die jeweils aktuellen Bordeaux-Jahrgänge in größeren Mengen und kellert sie ein. Das bürgt dafür, dass die Weine echt sind und optimal gelagert werden. Mehr als 2000 Positionen umfasst das internationale Sortiment mit den Schwerpunkten Frankreich, Spanien, Italien, Kalifornien und Argentinien. Extra: umfangreicher Weinkatalog zum Blättern online, Preisliste und Subskriptionsangebote zum Downloaden.

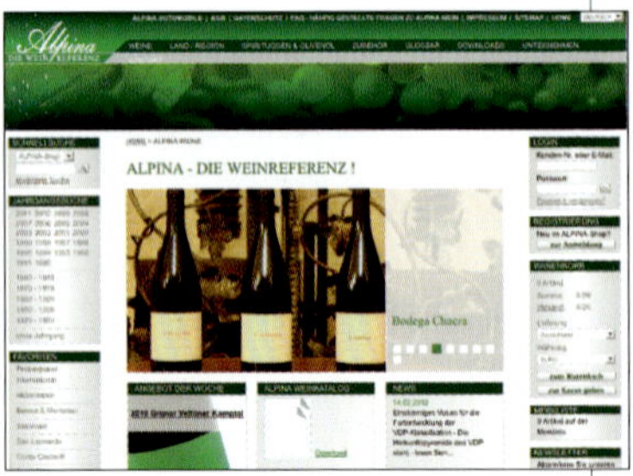

Anzahl der Weine: 2000
Weiteres Angebot: Olivenöl

Weinhandlung Apell

www.apell.de

Australien, Neuseeland, USA und Kanada steht im Programm dieses modernen, vorbildlichen Internet-Weinshops. Das Angebot ist erlesen und umfasst Gewächse von rund 40 Top-Produzenten sowie von vielversprechenden jungen Talenten aus Übersee. Nur ein paar Mausklicks braucht es, schon ist man bei seinen Favoriten angelangt. Unkompliziertes Navigieren, detaillierte Suchmaske, informative Weinbeschreibungen und angemessene Preise.

Anzahl der Weine: 80

A-Vino

www.a-vino.de

AmEx DINERS EC MASTER VISA

Mehr als 1000 Weine aus aller Welt präsentiert dieser übersichtliche Onlineshop. Das

Angbeot ist nach Ländern und Weintypen (Rotwein, Roséwein, Weißwein, Champagner, Sherry, Port) geordnet. Die Schwerpunkte liegen auf Spanien, Frankreich, Italien und Deutschland. Aus diesen Ländern

findet man viele bekannte Namen, aber auch zahlreiche Newcomer, die es zu entdecken lohnt. Informative Weinbeschreibungen und flotte Suchfunktion, einfaches Bestellsystem.
Anzahl der Weine: 1000
Weiteres Angebot: Olivenöl

Backhaus Weindepot

www.backhaus-weindepot.de

MASTER VISA

Gut strukturierte Auftaktseite, freundliche Farben, kostenlose 0800er-Service-Rufnummer und ein tolles Sortiment mit Weinen aus aller Welt (Australien, Brasilien, Mexiko, USA, Israel) – so präsentiert sich dieser Shop im Netz. Geboten werden viele Italiener (aus allen wichtigen Regionen), Deutsche und Franzosen. Starke Schaumwein-Abteilung (allein über 40 Champagner-Häuser).

Gesucht werden kann nach Ländern oder Weintypen.
Anzahl der Weine: 1200
Weiteres Angebot: Spirituosen

Belvini.de

www.belvini.de

AmEx DINERS EC MASTER VISA

Mit einem riesigen Sortiment, das von Europa über Argentinien bis China reicht, empfiehlt sich diese in freundlichen Olivtönen gehaltene Adresse. Das Angebot ist solide, viele Gut-und-günstig-Weine. Besonders stark sind Weine aus Südamerika und Österreich vertreten. Das Programm ist

übersichtlich aufbereitet und dank der vorzüglichen Suchmaske auch schnell zu erschließen. Nützliche Infos zu Weinen, Winzern und der jeweiligen Anbauregion.
Anzahl der Weine: 7300
Weitere Angebote: Antipasti, Essig, Gebäck, Kaffee, Espresso, Kräuter, Gewürze, Pasta, Reis, Pasteten, Pesto, Schokolade, Olivenöl, Spirituosen, Weinliteratur, Weinzubehör

C & D Weinhandel

www.c-und-d.de

DINERS EC MASTER VISA

Die Weinhandelsgesellschaft in Köln bietet ein weltumspannendes Programm, bei dem keine Wünsche offen bleiben. Europa steht dabei im Mittelpunkt, die renommiertesten Domänen von Château Margaux bis Angelo Gaja sind hier im Angebot. Auch Weine aus Übersee und Südafrika sind mit

vielen Top-Produzenten vertreten. Ausgezeichnete Suchfunktionen: Bei der „Profi-Suche“ kann man die Recherche nach Regionen, Jahrgängen und Preisklassen, Bewertungen (etwa Parker-Punkte) und anderem verfeinern. Interessant für Weinsammler und Weininvestoren: Die Rubrik „Subskription“ umfasst 250 bis 350 Weine pro Jahrgang. Preisliste zum Downloaden.
Anzahl der Weine: 5300

Cave du Connaisseur

www.caduco.de

Im eleganten, burgunderroten Rahmen präsentiert der Berliner Raritätenspezialist Jürgen Drawert seine erlesene Weinwelt von Argentinien bis Ungarn. Rund 2000 Positionen, vor allem aus Deutschland, Frankreich (tolle Auswahl an gereiften Champagnern) und Italien (viele davon aus der Toskana).

Die meisten Weine importiert der Händler direkt von den Weingütern. Der Onlineshop ist vorbildlich aufgebaut, mit vielen detaillierten Infos zu den einzelnen Weinen, und zeigt diese meist mit einem Foto. Nützlich: Der Interessent erfährt sofort beim Bestellen, wie viele Flaschen seiner Wahl noch auf Lager sind und wie lang die Lieferzeit ist. Aktueller Veranstaltungskalender.
Anzahl der Weine: 2000
Weiteres Angebot: Weinzubehör

Champagne & Cie.

www.champagne24.de

Die Französin und Wahlberlinerin Alexandra Durin-Hepke empfiehlt sich mit rund 50 feinen Winzerchampagnern. Zu dem ausge-

suchten Sortiment passt die in hellgrünen Farbtönen gehaltene Website perfekt. Die Schaumweine werden kurz und knapp beschrieben, die Weingüter in Text und Bild vorgestellt. Extra: elegante Champagnerflöten und „Original Champagner Verkostungsgläser“. Einfache Suche, unkompliziertes Bestellsystem.
Anzahl der Weine: 50
Weitere Angebote: Champagner-Accessoires, Bücher

Champagner & Genuss

www.champagner-genuss.de

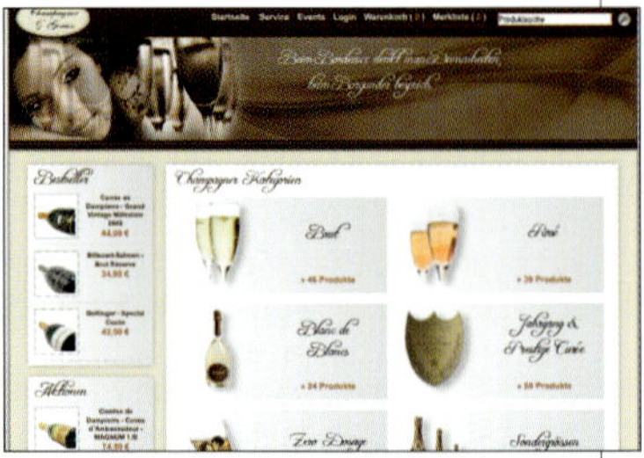

Mit 280 Champagnersorten gehört dieser Onlineshop zu den besten seiner Art in Deutschland. Die Palette reicht von der Standard-Cuvée (rund 40 verschiedene) bis zum Jahrgangsgewächs in der Magnumflasche für 300 Euro. Dazu gibt es eine ordentliche Auswahl an Digestifs (Marc de Champagne, Prunelle, Trester, Cognac). Minuspunkt: Der Veranstaltungskalender ist nicht aktuell.
Anzahl der Weine: 280
Weitere Angebote: Champagner-Accessoires, Kaviar

Champire

www.champire.de

MASTER VISA

Sie suchen Champagner Bollinger Rosé oder die Jahrgangscuvée „Winston Churchill" von Pol Roger? Auf dieser Website werden

Sie fündig. Das Sortiment des Champagnerspezialisten ist sehr übersichtlich aufbereitet, das Angebot kenntnisreich beschrieben, und kann dank solider Suchmaske blitzschnell erschlossen werden. Infoservice und aktuelles Blog.
Anzahl der Weine: 250
Weitere Angebote: Champagnerzubehör, Feinkost, Olivenöl, Salz, Schokolade

Cielo del Vino

www.cielo-del-vino.de

Isabel Simal-Rodríguez und Markus Buss haben sich mit Leib und Seele der spanischen Weinwelt verschrieben. Rund 300 Positionen aus allen wichtigen Weinanbaugebieten des Landes sind im „Weinhimmel" (so die deutsche Übersetzung) zu finden. Der Fokus

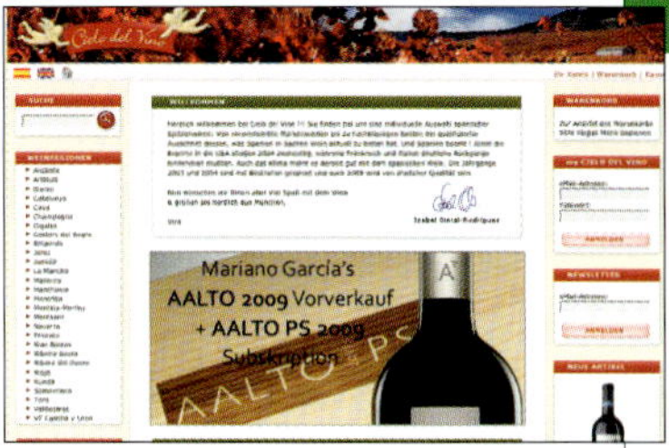

liegt auf Rioja, Ribera del Duero und Priorat. Auch interessante Gewächse aus den aufstrebenden Weingebieten Toro, Jumilla und Bierzo sind hier im Angebot. Man kann auf dieser schnörkellosen Website den gewünschten Wein nach Regionen und Herstellern suchen und ihn dann ganz einfach bestellen. Eigenes Weinlager mit rund 30 000 Flaschen.
Anzahl der Weine: 300
Weiteres Angebot: Olivenöl

CleverWein

www.cleverwein.de

AmEx MASTER VISA

In freundlichen, lichten Farben und mit einer klar strukturierten Homepage präsentiert sich dieser professionelle Onlineshop. Rund 3500 verschiedene Weine bietet der Ham-

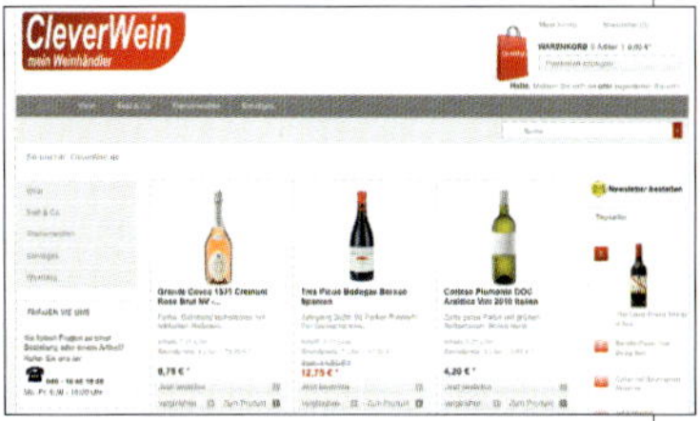

burger Weingroßhändler und -importeur Thorsten Wießner. Die meisten Flaschen kosten zwischen 5 und 15 Euro. Bordeaux-Fan Wießner vertreibt aber auch viele Spitzengewächse, die im Weinkeller im Bordelais lagern und von dort direkt zu den Kunden auf den Weg geschickt werden.
Anzahl der Weine: 3500
Weitere Angebote: Feinkost, Öl, Saft, Spirituosen

Colovino

www.colovino.com

AmEx DINERS MASTER VISA

Deutschland, Frankreich, Spanien, Italien, Südafrika, USA und Australien – nahezu die gesamte Weinwelt erschließt diese klar strukturierte, stark frequentierte Adresse im Netz. Das Angebot ist umfangreich und vielseitig. Das Augenmerk liegt vor allem auf preiswerten Gewächsen. Mit ein paar Klicks ist man beim gesuchten Wein. Vorbildlich: Die Suchmaske informiert über den aktuellen Lagerbestand und ob der gewünschte Tropfen in entsprechender Menge lieferbar ist. Weitere Pluspunkte: Merkzettel und Weinblog (allerdings nicht aktuell).

Anzahl der Weine: 4200

Weitere Angebote: Gewürze, Kaviar, Konfitüre, Kräuter, Olivenöl, Pasta, Pâté, Pesto, Sauce, Trüffel

Ebrosia

www.ebrosia.com

AmEx EC MASTER VISA

Auf dieser flotten Homepage lässt sich das internationale Weinangebot mit den Schwerpunkten Italien, Frankreich und Deutschland mit nur wenigen Mausklicks

komplett erschließen. Jede Flasche wird mit einem Bild gezeigt und beschrieben. Zu vielen Weinen können Interessierte einen Videoclip mit Verkostungsnotizen abspielen. Ein Sommelier berät online. Gute Idee, auch wenn die Weinempfehlungen sehr werblich sind. Die Weinauswahl ist vorbildlich: So kann man die Suche nach Weintypen, Regionen, Winzern, Rebsorten, Leitaromen oder Ausbau im Barrique verfeinern.

Anzahl der Weine: 1000

Weitere Angebote: Essig, Gewürze, Kaffee, Olivenöl, Pasta, Salz, Säfte, Sauce, Schinken, Spirituosen, Tapas

Elvinjo

www.elvinjo.de

AmEx MASTER VISA

Diese schnörkellose Website bietet ihren Kunden Weine aus Spanien, Portugal, Südamerika und Südafrika. Das Angebot ist enorm breit gestreut und hochinteressant. Man sollte sich etwas Zeit nehmen, um die Regale im virtuellen Shop zu studieren, denn hier gibt es neben soliden Alltagsweinen im unteren Preissegment auch sehr

gute, fair kalkulierte Gewächse von Newcomern. Allerdings ist der Aufbau der Homepage wegen der zahlreichen Bilder, die automatisch geladen werden, manchmal schleppend. Extra: Preisliste zum Downloaden. Weinglossar.

Anzahl der Weine: 600

Weiteres Angebot: Weinpräsente

Eurovine

www.eurovine.de

MASTER VISA

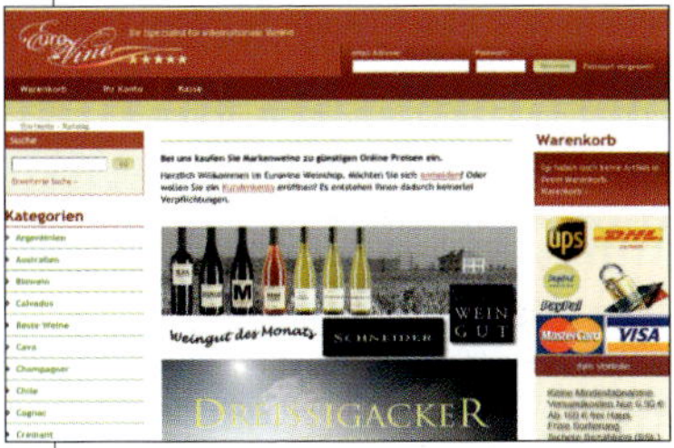

Übersichtlich, modern und mit einem weltumspannenden Sortiment präsentiert der Essener Weinhändler Markus Schneider seine Online-Weinadresse. Der Fokus seines Angebots liegt auf Europa: Deutschland, Italien und Frankreich sind besonders stark vertreten. Unkomplizierte Suche, klare Orientierung und informative Weinbeschreibungen – hier surft man gern.
Anzahl der Weine: 700
Weitere Angebote: Kaffee, Olivenöl, Schokolade

eWine

www.ewine.eu
MASTER VISA

Dass auch Südafrika viele hochkarätige Weine zu bieten hat, zeigt dieser gelungene Web-Auftritt. Rund 400 verschiedene Gewächse von 90 Winzern bieten die Importeure Daniela Selbach und Hans-Joachim von Goebler derzeit online an. Darunter viele renommierte Namen wie Boschendal, Klein Constantia, Thelema und Vergelegen. Das breit gefächerte Programm (auch viele Magnumflaschen) lässt sich über die Menüleiste, oder die Suchmaschine mit detaillierter Suchmaske erschließen.

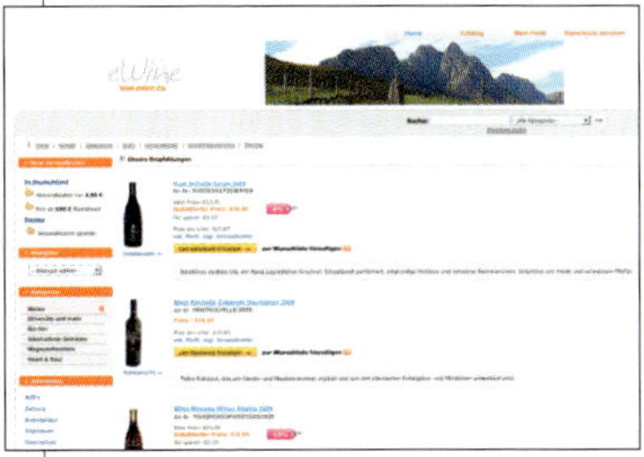

Die Weinbeschreibungen sind kurz, aber informativ. Merkliste und Newsletter.
Anzahl der Weine: 400

Weinhandlung Fronkreisch

www.fronkreisch-fronkreisch.de

Zugegeben, die Auswahl in diesem sehr persönlich gehaltenen Onlineshop wirkt auf den ersten Blick bescheiden, aber der Besuch lohnt sich trotzdem. Der Frankreich-Spezialist bietet rund hundert terroirbetonte Weine von fast 30 Winzerbetrieben, Handelshäusern und Genossenschaften – vor allem aus dem Bordelais und Burgund sowie aus

Südfrankreich. Viele Weine, die nach Regionen und Sorten aufgelistet sind, importiert er exklusiv nach Deutschland. Leider werden nicht alle Weine im Shop beschrieben. Die übrigen Bouteillen findet man auf der Preisliste, die heruntergeladen werden kann.
Anzahl der Weine: 100

Genuss 7

www.genuss7.de
AmEx EC MASTER VISA

Rund 1800 Weine, vom günstigen Probierpaket bis zum Grand Cru Classé erwarte, den Besucher auf den bunten und dennoch übersichtlichen Websites. Das Sortiment ist international, die Schwerpunkte sind Italien, Deutschland, Südamerika (besonders Argentinien und Chile) und Kalifornien. Es gibt jede Menge preiswerte Weine aus aktuellen sowie interessante Tropfen aus früheren Jahrgängen (etwas für Kenner). Wer hier

kaufen möchte, klickt am besten die nach Weintypen (Rotwein, Weißwein etc.) sortierte Menüleiste in der linken Spalte an und verfeinert die Suche mit dem Produktfilter („Länder", „Rebsorten", „Barrique" etc.) in der rechten Spalte. Extra: Steckbrief mit weiteren Infos zu den gelieferten Weinen.
Anzahl der Weine: 1800
Weitere Angebote: Feinkost, Gewürze, Kaffee, Salz, Öl, Spirituosen

Genussreich Weinversand

www.genussreich.de

AmEx | EC | MASTER | VISA

Mit frischer Optik und global ausgerichtetem Sortiment präsentiert Weinhändler Oliver Stoll aus Karlsruhe sein attraktives „Genussreich". Junge, aufstrebende Winzer stehen dabei im Mittelpunkt. Französische Erzeugnisse sind besonders stark vertreten. Die meisten Weine liegen im unteren bis mittleren Preissegment. Aber auch gefragte Top-Weine, etwa von Dominus Estate, Napa Valley, oder Château L'Évangile stehen zur Wahl. Die Orientierung auf der klar strukturierten Website ist einfach, die Suche komfortabel: So kann man etwa nach Aromen, Jahrgängen, Rebsorten, Herkunftsland und

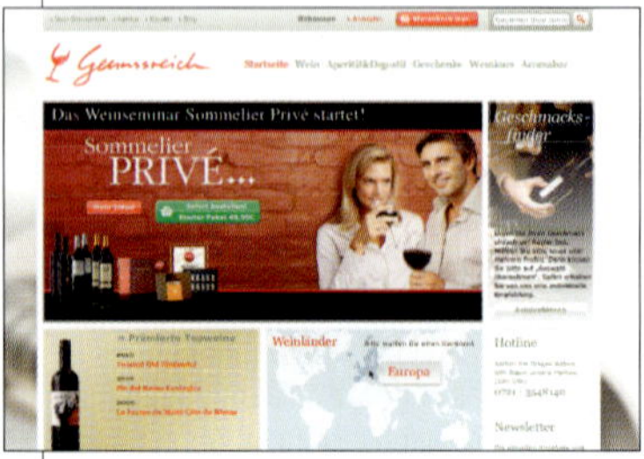

Lagerfähigkeit stöbern. Das Suchergebnis erscheint prompt. Knappe Infos zu den Weinen, unkomplizierte Bestellmöglichkeit.
Anzahl der Weine: 450
Weitere Angebote: Digestif, Port, Sherry

Gourmondo

www.gourmondo.de

Die Homepage des bekannten Onlineshops macht es dem Weinfreund nicht leicht – zu überladen wirkt sie. Der Besuch lohnt trotzdem, vor allem für Fans von italienischen, französischen und deutschen Weinen. Mehr als tausend internationale Weine sind derzeit lieferbar – in allen Preis- und Qualitätsklassen. Am besten gleich den Suchbegriff unterhalb der Navigationsleiste eingeben oder auf den „Wein"-Button klicken (Spalte links) und die Recherche schrittweise verfeinern. Die Suchmaschine ist schnell und

liefert gute Ergebnisse. Die Weine werden ausreichend beschrieben, dazu gibt es Infos zu den Domänen und Weinanbauregionen. Außerdem offeriert der Versender eine riesige Auswahl an Delikatessen aus aller Welt. Besonderheit: 24-Stunden-Lieferservice.
Anzahl der Weine: 1000

Grubis Weine

www.grubis-weine.de

MASTER | VISA

Romanée-Conti, Lafite-Rothschild, Château Margaux und Château Pétrus – die meistgesuchten französischen Spitzenweine bietet Händler Thorsten Grubmüller online. Ergänzt wird das Raritätenprogramm durch gute Gewächse aus Österreich, von F. X.

Pichler bis Umathum, exklusive Italiener (Gaja, Ornellaia), Deutsche (Dönnhoff) – und vom Schweizer Winzer Gantenbein. Aktueller Veranstaltungskalender. Weinankauf aus privaten Sammlungen. Minuspunkt: keine Infos zu den Weinen. Diese Adresse eignet sich eher für Kenner.
Anzahl der Weine: 400
Weiteres Angebot: Gläser

Hanseatisches Wein & Sekt Kontor

www.hawesko.de

AmEx MASTER VISA

Europas größte Weinhandelsgruppe bietet unter dieser Adresse eine große Palette mit internationalen Gewächsen. Viel Gutes aus Frankreich (über 250 Positionen, vor allem aus dem Bordeaux und Burgund), aus Italien, Deutschland, Spanien sowie Feines aus dem Rest der Welt. Die Suchfunktion

schließt den virtuellen Weinkeller mit wenigen Klicks auf. Jede Flasche wird im Bild gezeigt und kompetent beschrieben. Die Lieferung erfolgt aus dem eigenen, klimatisierten Weinkeller. Außerdem gibt es Brände, Cognacs, Weinzubehör und Delikatessen. Extras: Weinberatung („Mein Weinberater"), Wein- und Rebsortenlexikon, 24-Stunden-Lieferservice, Flaschen mit personalisiertem Etikett. Rückgabegarantie.
Anzahl der Weine: 1000
Weitere Angebote: Balsamico, Amaretti, Gläser, Olivenöl, Salz, Pfeffer, Weinaccessoires

Kia Ora

www.kia-ora-weinhandel.de

MASTER VISA

Sehr übersichtlicher Internetauftritt eines süddeutschen Neuseeland-Spezialisten. Die Seiten sind benutzerfreundlich aufgebaut, die Menü- und Navigationsleisten jederzeit gut sichtbar. Das Angebot ist nach Regionen gegliedert und dank der guten Suchfunktion mühelos zu erschließen. Ergänzt wird das Übersee-Sortiment um ordentliche Flaschen

aus der Toskana (Chianti, Montepulciano) und Sizilien. Ausführliche Weinbeschreibungen und faire Preise. Praktisch ist der Link zum www.preisroboter.de – der hilft beim Preisvergleich.
Anzahl der Weine: 70

La Vinateria

www.lavinateria-weinshop.de

Rund 1500 Weine und Spirituosen aus aller Welt bietet dieser Onlineshop auf seinen in dezenten Farben gehaltenen Websites. Besonders Liebhaber von französischen und italienischen Weinen werden hier sehr gut bedient. Es gibt Schoppenweine und Grands Crus. Aber das Angebot von Weinen im unteren und mittleren Preissegment überwiegt.

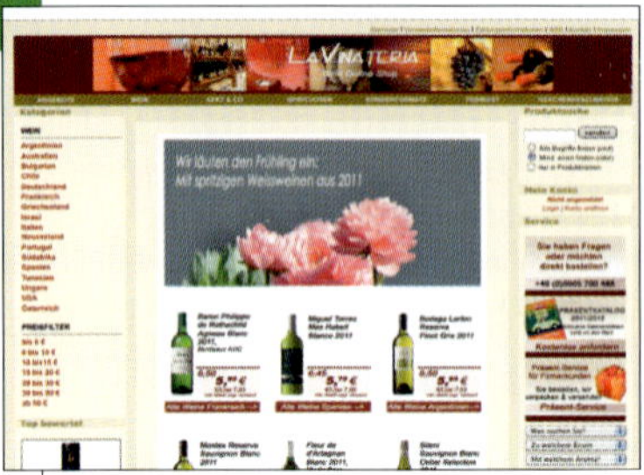

Ausführliche Infos zu jedem Gewächs, inklusive Parker-Punkten. Einfache, detaillierte Weinsuche.
Anzahl der Weine: 1500
Weitere Angebote: Essig, Kaffee, Olivenöl, Armagnac, Brandy, Cognac, Grappa, Likör, Obstbrände, Rum, Sherry, Whisky

Lucky Wines

www.luckywines.de

Mit rund 110 Premium-Weinen aus Australien, Argentinien, Südafrika und den USA ist die Auswahl überschaubar, aber dafür ist die Präsentation vorbildlich. Die Seiten sind klar strukturiert und bauen sich schnell auf. Schon auf der Startseite können Weine bestellt werden. Importeur Philipp Soest bietet „alles, was gesucht wird" – vor allem Qualität von gefragten Weingütern und vielversprechenden Neuentdeckungen. Schöne Degustationspakete. Sehr gute Informationen und Weinexpertisen. Prima Extra: „Butler Service" (Wein-Recherche auf Wunsch des Kunden). Preisliste zum Downloaden.

Anzahl der Weine: 110
Weiteres Angebot: Blind Tasting Sleeves

Pinard de Picard

www.pinard.de

AmEx | EC | MASTER | VISA

Bei dieser Top-Adresse muss man etwas mehr Zeit einkalkulieren: Das Angebot – Weine von Spitzenwinzern aus Frankreich, Deutschland, Österreich, Italien, Spanien und Portugal – ist spannend und wird kompetent beschrieben, aber die Suche ist, gemessen an heutigen Standards, umständlich. Man braucht fünf Klicks, bis man zu den jeweiligen Flaschen kommt. Schneller geht es mit der Suchmaske, sofern man genau weiß, was man will. Aufgrund des Angebots ist diese Website dennoch sehr empfehlenswert. Einfache Bestellmöglichkeit. Pluspunkt: Einige besonders gefragte Weine werden in Subskription angeboten.

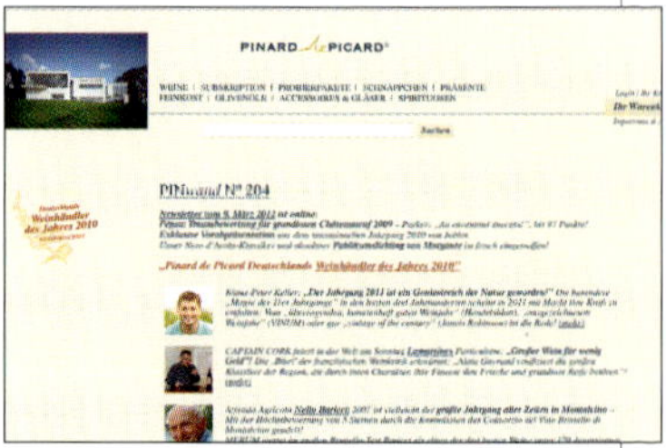

Anzahl der Weine: 1000
Weitere Angebote: Feinkost, Spirituosen, Weinaccessoires

Pinotage Weinkontor

www.pinotage24.de

Mehr als fünfzig Weingüter von Allee Bleue und Allesverloren über Klein Constantia bis Zonnebloem präsentiert dieser Onlineshop aus Hünstetten. Im Mittelpunkt der übersichtlichen Adresse stehen preiswerte solide Weine aus allen wichtigen Anbauregionen am Kap. Zu jedem Wein gibt es informative Degustationsnotizen und Speisenempfehlungen. Die Weinbestellung ist sehr benutzerfreundlich gestaltet und darüber hinaus

bei den Informationen immer auf dem allerneuesten Stand.
Anzahl der Weine: 250
Weitere Angebote: Feinkost, Gläser, Olivenöl

Portugal Weinversand

www.portugal-weinversand.de

AmEx MASTER VISA

Richtig loslegen kann der Weininteressierte gleich auf der ersten Seite. Alles Wichtige wird auf der Homepage angezeigt und ist miteinander verlinkt. Der in freundlichem Grün gehaltene Internetauftritt dieses Onlineshops offeriert ordentliche und interessante Weine von knapp fünfzig Weingütern aus allen wichtigen Weinbauregionen Portugals. Den gewünschten Wein kann der Besucher schnell über die Navigationsleiste oder das Menü in der linken Spalte finden.

Die Gewächse – überwiegend im unteren und mittleren Preissegment – werden zuverlässig beschrieben. Feine Madeiras (H. M. Borges) und Jahrgangsports (Burmeister, Graham). Das Bestellen ist unkompliziert.
Anzahl der Weine: 120

Portwein-Shop

www.portwein-shop.de

Für Portwein-Fans ist diese Adresse ein Muss. Alles, was in der portugiesischen Weinwelt Rang und Namen hat, ist hier vertreten, von J. H. Andresen über Delaforce bis Quarles Harris. Man kann den virtuellen Weinvorrat nach Jahrgängen oder über Eingabe des Produzentennamens durchsuchen. Außerdem gibt es in diesem Onlineshop viele gute Sherrys zu entdecken. Tipp: Besuchen Sie den „Port Blog" auf der rechten

Seite der Homepage. Dort sind aktuelle Infos aus der Portwein-Szene zu finden sowie Dutzende Links zu Produzenten, Wein- und Food-Blogs, Hotels, Restaurants etc.
Anzahl der Weine: 1200
Weiteres Angebot: Olivenöl

Pro-Biowein.de

www.probiowein.de

AmEx DINERS MASTER VISA

Auf dieser professionellen Wein-Website fühlt sich der Weinliebhaber vom ersten Moment an gut aufgehoben. Mit rund 650 Positionen gehört der Spezialist für Bioweine zu den am besten sortierten Anbietern in diesem Bereich. Im Mittelpunkt stehen

kleine, handwerklich arbeitende Produzenten, die sich dem Terroir-Gedanken verpflichtet haben. Schwerpunkte sind Deutschland, Frankreich, Italien und Spanien. Auch interessantes Übersee-Sortiment. Die Weinsuche ist unkompliziert, und die Tropfen werden fachgerecht beschrieben. Profis nutzen die erweiterte Suchfunktion (siehe rechte Spalte) – die führt noch schneller zu den gewünschten Favoriten.
Anzahl der Weine: 650
Weitere Angebote: Accessoires, Feinkost, Olivenöl, Spirituosen, Weinliteratur

SpanienWeinOnline

www.spanienweinonline.de

MASTER | VISA

Knapp 1700 Positionen verspricht diese eher schlichte Adresse. Und tatsächlich, das Sortiment an spanischen Qualitätsweinen ist imposant. Man kann sich die Weine nach Weinfarben gegliedert oder über die detaillierte Suchmaske anzeigen lassen (Button und Suchfeld in der Navigationsleiste). Zu

jedem Wein gibt es einen Steckbrief mit den wichtigsten Angaben (Traubensorte, Alkoholgehalt). Eine Homepage für Weinkenner.
Anzahl der Weine: 1700

Superiore.de

www.superiore.de

AmEx | MASTER | VISA

Der bekannte, elegante Onlineshop bietet nicht nur ausgezeichnete Delikatessen aus Bella Italia, sondern auch ein hervorragendes Weinsortiment. Sämtliche Weinregionen Italiens werden abgedeckt, Schwerpunkte bilden das Piemont und die Toskana. Die Auswahl (über 1500 Positionen) lässt kaum Wünsche offen. Sie reicht vom soliden Landwein bis zum exklusiven Gewächs aus Bolgheri. Viele Raritäten und Weine in Großflaschen sowie 130 Grappas. Auch die Präsentation des Angebots ist vorbildlich: übersichtlich, anschaulich (jede Flasche wird mit Bild gezeigt und mit Steckbrief beschrie-

ben) und informativ. Dank der „Detailsuche" in der Navigationsleiste lässt sich das Sortiment sekundenschnell und präzise erschließen. Das Beste: Sämtliche Produkte sind sofort lieferbar. Zwölf Wochen Rückgabegarantie.
Anzahl der Weine: 1500
Weitere Angebote: Balsamico, Dolci, Grappa, Olivenöl, Pasta, Pesto, Sugos

Televino

www.televino.de

Diese schnörkellose Adresse hat sich der italienischen Weinwelt verschrieben. Versender Markus Landmann, dessen Großvater schon Weine aus dem Süden importiert hat, empfiehlt sich mit über 600 Positionen,

überwiegend im unteren Preissegment. Venetien und die Toskana sind am stärksten vertreten. Das Angebot ist nach Regionen und Produzenten gegliedert. Einfach die Regionen auf der Homepage anklicken (linke Spalte oder auf der Karte). Noch schneller geht es mit der Suchmaschine, die akzeptiert sogar ähnliche Stichworte und bietet alternative Suchbegriffe an, falls man nicht mehr genau weiß, wie der Favorit heißt. Vorbildlich.

Anzahl der Weine: 600

Weitere Angebote: Essig, Espresso, Feinkost, Olivenöl

Thiem Best of Biowine

www.best-of-biowine.de

Die Nachfrage nach Bioweinen steigt stetig. Weinliebhaber Udo Thiem, von Beruf Landschaftsarchitekt, bietet auf seiner professionell gemachten Website biozertifizierte Gewächse. Die meisten der angebotenen Weine stammen von handwerklich arbeiten-

den Winzern, überwiegend aus Deutschland und Österreich. Der Händler kennt jeden der Winzer persönlich und importiert die Erzeugnisse direkt.

Anzahl der Weine: 140

Weitere Angebote: Feinkost, Olivenöl

Top Cru

www.topcru.de

EC | MASTER | VISA

Exklusive Spitzenweine aus dem Bordelais und Burgund gibt es in diesem lichten, übersichtlichen Onlineshop reichlich. Außerdem einige gefragte Italiener (Gaja, Ornellaia, Biondi Santi etc.), Spanier (Vega Sicilia)

sowie Kultweine aus dem Rest der Welt. Leider werden die Raritätenweine in diesem Onlineshop nicht mit einem Foto gezeigt. Für den alltäglichen Genuss empfehlen wir einen Besuch in den virtuellen Weinabteilungen „Deutschland" und „Österreich" (linke Spalte), wo es gute und günstige Flaschen zu entdecken gibt.

Anzahl der Weine: 1500

Unger Weine

www.ungerweine.de

Die Gebrüder Michael und Wulf Unger in Aschau gehören zu den führenden Spitzenweinhändlern in Deutschland. Das Kalifornien-Sortiment ist überragend. Auch die Bordeaux-Auswahl hat Klasse, mit vielen gereiften Jahrgängen, die man sonst kaum noch findet. All das wird auf dieser eleganten Website kundenfreundlich präsentiert. Die Suche ist einfach (über den Index mit den Produzenten oder über die Suchmaschine in der Menüleiste). Wer etwas mehr Zeit hat, studiert den 127 Seiten starken Online-

Katalog (linke Spalte) und kann dann daraus direkt bestellen. Außerdem: aktueller Veranstaltungskalender.

Anzahl der Weine: 2000

Weiteres Angebot: Weinaccessoires

Vinaturel Weinversand

www.vinaturel.de

MASTER VISA

Der Name ist hier Programm: Hochwertige Bioweine aus Deutschland, Frankreich (viel Elsass und Loire), Italien (Toskana)

und Spanien (Priorat) bietet Jürgen Franke. Der gelernte Sommelier aus Süddeutschland, der auch die Top-Gastronomie beliefert (z. B. die „Schwarzwaldstube" in der „Traube Tonbach"), schwört auf authentischen Geschmack und empfiehlt sich mit einer guten Auswahl an hochinteressanten Gewächsen auf den informativen Websites.

Anzahl der Weine: 800

vinehouse.de

www.vinehouse.de

Mit ein paar Dutzend Weinen aus Südafrika startete Andreas Damato vor fünf Jahren im World Wide Web. Mittlerweile hat der

Frankfurter Versender die ganze Welt im Blick, aber das Kap dominiert. Das Sortiment ist übersichtlich nach Ländern und Regionen geordnet. Moderne Optik, klares Schriftbild und gut lesbare Weinbeschreibungen machen neugierig auf mehr. Die Suche ist leicht: Einfach auf die „Länder"-Leiste (linke Spalte), danach auf die „Weinart" klicken, schon öffnet sich ein Fenster mit guten preiswerten Weinen. Noch schneller führt die Suchmaschine zum Ziel.

Anzahl der Weine: 800

vinello.de

www.vinello.de

AmEx DINERS EC MASTER VISA

Klare Optik, fröhliche Farben und eine ausgezeichnete Benutzerführung laden zum Verweilen ein. Das breite Sortiment mit Weinen aus der ganzen Welt lohnt erst recht

den Besuch. Die Auswahl reicht vom Grand Cru bis zum Kultwein aus dem Napa Valley. Die Weinangebote aus Frankreich und Italien sind besonders interessant. Kompetente Produktbeschreibungen und transparentes Bestellsystem. Kurzum: ein rundum gelungener Auftritt.

Anzahl der Weine: 3000

Weitere Angebote: Feinkost, Rum, Wein- und Baraccessoires, Whisky

Vineshop 24

www.vineshop24.de

MASTER VISA

Das Sortiment mit Weinen aus aller Welt ist riesengroß. Der Fokus liegt auf Importen aus Übersee. An der Spitze stehen Südafrika, Argentinien und Chile. Aber auch Europa ist mit Italien (rund 400) und Spanien (rund 230) gut vertreten – ein breit gefächertes Angebot zu vernünftigen Preisen. Vorbildlich ist die einfache, trotzdem sehr detaillierte

Suche nach einzelnen Weinen. Die Bestellmodalitäten sind unkompliziert.
Anzahl der Weine: 1600
Weitere Angebote: Saucen, Weinzubehör

Vinexus

www.vinexus.de

AmEx MASTER VISA

Dieser Webshop kombiniert Masse mit Klasse: Mehr als 4000 Weine von über 600 Weingütern aus aller Welt verspricht dieser deutsche Importeur. Das Sortiment ist imponierend. Der Spezialist für die Neue Welt (dazu herausragende Südafrika- und Australien-

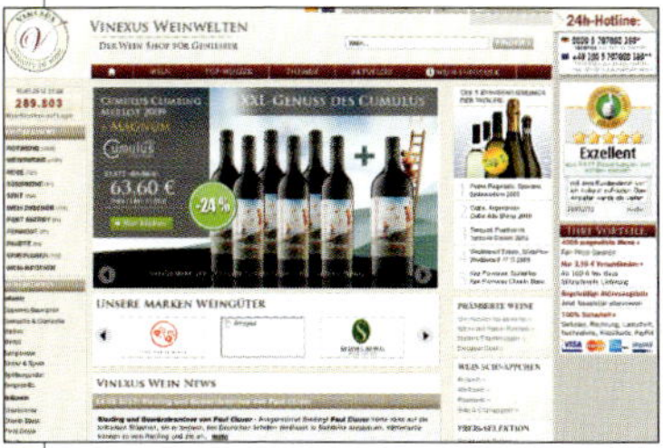

Auswahl) bietet auch viele gute Gewächse aus Spanien, Italien, Frankreich und Deutschland – in allen Preis- und Qualitätsstufen. Gute Auswahl an Schaumweinen. Die Menüpunkte sind übersichtlich, sodass man sich gut orientieren kann. Kurze, informative Beschreibungen erleichtern den Einstieg in die Weinwelt. Mehr Infos gibt es, wenn man auf die jeweilige Flasche klickt. Einfache Suche, schneller Seitenaufbau und ein leichtes Bestellsystem – was will man mehr?
Anzahl der Weine: 4000
Weitere Angebote: Feinkost, Olivenöl, Spirituosen

Vinondolo

www.vinondolo.de

AmEx MASTER VISA

Im Jahr 2000 gründete Junior Graziano Gallicchio diesen Onlineshop und verpasste ihm den wohlklingenden Namen „Vinondolo". Eine breite Palette an Weinen aus der ganzen Welt gibt es auf dieser Homepage zu entdecken. Erzeugnisse aus Italien sind

dabei natürlich besonders stark vertreten, außerdem gibt es Gutes aus Deutschland und Frankreich. Schon mit nur wenigen Klicks kann man sich einen schnellen Überblick über das Gesamtsortiment verschaffen. Kleiner Tipp: ein ausgiebiger Zwischenstopp in der Grappa-Abteilung lohnt sich (rund 150 Destillate) auf jeden Fall. Der Händler betreibt ein eigenes Lager und hat seine Bestände immer im Blick.
Anzahl der Weine: 1500
Weitere Angebote: Champagner, Feinkost, Olivenöl, Spirituosen (2000 Sorten)

Vinovit

www.vinovit.de

Wer solide, fair kalkulierte Weine aus Italien, Frankreich, Spanien, Deutschland und

Österreich sucht, wird auf dieser Website gut bedient. Der Schwerpunkt liegt hier auf Bella Italia. Die Homepage ist professionell aufgebaut und bietet einen unkomplizierten, schnellen Zugriff auf das Angebot. Katalog zum Downloaden.
Anzahl der Weine: 250
Weiteres Angebot: Olivenöl

Wein Baule

www.weinbaule.de

„Gute Weine zu guten Preisen" lautet das Motto von Martin Baulmann. Der in Frankfurt lebende ehemalige Banker hat seinen Beruf vor ein paar Jahren an den Nagel gehängt und bietet ein schönes, fair kalkuliertes Sortiment mit den Schwerpunkten Südafrika, Italien, Spanien, Portugal und USA.

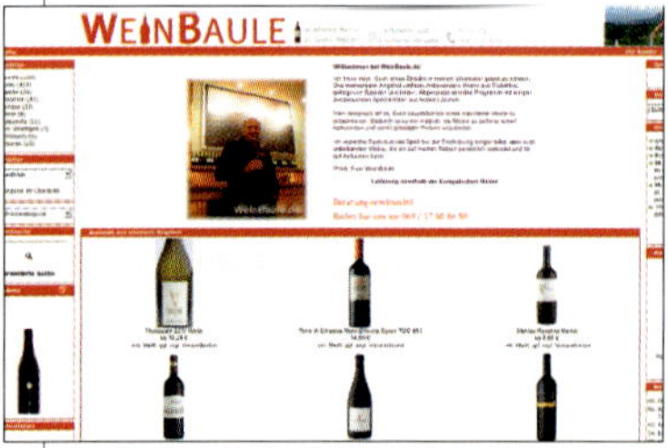

Rund 700 Weine stehen zur Auswahl, davon werden etliche direkt vom Händler importiert. Darunter sind sehr empfehlenswerte Gewächse von weniger bekannten, aber vielversprechenden Weingütern wie Dieu Donné, Ernie Els. Die Weine werden kurz, aber ausreichend beschrieben. Das Navigieren ist ganz einfach, die Orientierung auf dieser klar strukturierten Website funktioniert ausgezeichnet. Unkompliziertes Bestell- und sicheres Bezahlsystem.
Anzahl der Weine: 700

Wein Domaine

www.weindomaine.de

Auf dieser übersichtlichen, schnörkellosen Homepage erfährt man gleich auf der ersten Seite, wo die Schwerpunkte des umfas-

senden, weltweiten Sortiments liegen: in Italien (vor allem Piemont, Toskana und Friaul), Spanien (Rioja), Frankreich (Südfrankreich, Burgund) und Südafrika. Man kann den virtuellen Weinvorrat schnell erschließen und sich in Ruhe seinen Favoriten widmen, die knapp, aber ausreichend beschrieben werden.
Anzahl der Weine: 1400

Wein-Residenz

www.wein-residenz.de

Ein klasse Sortiment, das der Düsseldorfer Händler hier für internationale Spitzenweine und Raritäten zusammengestellt hat. Italien, Deutschland und Frankreich sind besonders stark vertreten. Vieles, was in der Weinwelt Rang und Namen hat, findet man in der „Wein-Residenz". Auch zahlreiche interes-

sante Aufsteiger sind darunter. Dazu passt der elegante, professionelle Auftritt des Onlineshops besonders gut. Die Websites sind sehr übersichtlich und lesefreundlich gestaltet, die Recherche nach bestimmten Weinen ist leicht. Jeder Wein wird detailliert beschrieben, inklusive kompetenter

Verkostungsnotizen und Speisenempfehlungen. Sehr guter Mail-Service und eine ausgezeichnete Benutzerführung. Viele Magnumflaschen und Doppel-Magnums. Extra-Angebot: Weinrecherche.
Anzahl der Weine: 2000
Weitere Angebote: Delikatessen, Olivenöl

Weisbrod & Bath

www.ps-wein.de

AmEx DINERS MASTER VISA

Mit einer imposanten internationalen Auswahl punktet der Versender im Internet. Das Sortiment ist breit gestreut, sogar Weine aus Georgien stehen zur Wahl. Darüber

hinaus gibt es viele Flaschen unter 10 Euro. Die Präsentation ist ansprechend und verständlich und mit interessanten Details gespickt. Jeder Wein wird einzeln vorgestellt und genau beschrieben.
Anzahl der Weine: 1500
Weiteres Angebot: Spirituosen

Wine & Waters

www.wineandwaters.de

MASTER VISA

Licht, klar und übersichtlich kommt der Onlineshop des Berliner Sommeliers Arno Steguweit daher. Jede einzelne Website ist eine Augenweide. Die Präsentation mit schneller Suchfunktion, Verkostungsnotizen und Vergleichslisten ist vorbildlich. Auch die Weinauswahl ist vom Feinsten: Rund 300 Spitzengewächse aus Europa und Kalifornien gilt es, zu entdecken. Darunter sind auch gefragte Raritäten, vor allem aus Deutschland, Frankreich, Italien und dem

Sonnenstaat an der West Coast. Die meisten Weine liegen im oberen Preissegment. Dazu gibt es feine Brände und über 50 Wässer aus aller Welt. Besonderheit: Subskriptionsliste. Diese Website hat Klasse!
Anzahl der Weine: 300
Weitere Angebote: Brände, Mineralwasser

Winespecials – Online-Vinothek

www.winespecials.de

Weinhändler Jens Greschner aus Nürtingen-Hardt hat sich auf erlesene Weine und Raritäten aus der ganzen Welt spezialisiert. Mehrere Hundert Edelgewächse kann man hier bequem per Mausklick bestellen. Die

allermeisten stammen aus Frankreich (viele aus dem Bordeaux und aus Burgund), Italien und Kalifornien. Eine übersichtliche Navigationsleiste, klare Schrift und ein schneller Zugriff auf einzelne Weine zeichnen diesen Onlineshop aus. Subskription, Preisliste zum Downloaden.
Anzahl der Weine: 1500
Weitere Angebote: Subskriptionsweine, Weinaccessoires, Weinklimaschränke

INDEX

▶▶▶

▶▶▶

▶▶▶

Online-Versender

DER FEINSCHMECKER WEIN Gourmet

ISBN 978-3-8342-1351-8

Chefredakteurin Madeleine Jakits
Redaktion Dieter Braatz, Andreas Rommelspacher (fr.)
Mitarbeiter Winfried Bährsch, Eva Dülligen, Stefan Elfenbein, Christine Ermert, Catherine Fabre, Ralf Frädtke, Catharina Karn, Sabine Knappe, Matthias Kothe, Helmuth Krause, Susanne Kranz, Felix Krohmer, Thomas Kuhlbrodt, Caro Maurer, Petra Mewes, Sabine Michaelis, Axel Pinck, Matthias Ring, Christoph Ruf, Sabine Schicke, Jakob Strobel y Serra, Uwe Studtrucker, Ulf Sundermann, Ingo Swoboda, Karin Szpott, Wolf Thieme, Astrid Wiedemann
Art Director Peter Steiner, Anna-Katharina Holtmann (stv.)
Chef vom Dienst und Herstellung Bartosz Plaksa
Layout Susanne Schweitzer (fr.)
Bildredaktion Helgard Below, Antje Elmenhorst, Susanne Friedrich (fr.), Charlotte Schönbrodt
Lithografie Peter Becker GmbH, Medienproduktionen, Würzburg
Druck und Bindung Parzeller Druck- und Mediendienstleistungen

Fotonachweis:
Titel Hardcover: G. Beer, GourmetPictureGuide, H. Holler, J. Lehmann, D. Messner/jalag-syndication.de, G. Wrage

Titel Softcover: GourmetPictureGuide, G. Wrage

Alle Fotos GourmetPictureGuide/Volker Renner außer:
Atelier Christine/Hof, Augenblick Fotografie/Bocholt, Bender Werbeagentur, F. Blickle, DeFacto, www.fotografie-prisma.de, M. Holz, foto.imbild.biz, M. Kothe (5), G. Kreikemeier, B. Mayer, K. Neumann, A. Pinck (8), T. Reinhardt, M. Ring (3), S. Schicke, U. Studtrucker (2)

Wir freuen uns, Ihre Meinung zu diesem FEINSCHMECKER-Guide zu erfahren.
Bitte schreiben Sie uns, wenn Sie Berichtigungen und Ergänzungsvorschläge haben oder wenn Ihnen etwas besonders gut gefällt:
Redaktion DER FEINSCHMECKER, Stichwort DER FEINSCHMECKER „Die besten Weinläden"
Jahreszeiten Verlag, Poßmoorweg 2, 22301 Hamburg
redaktion@der-feinschmecker.de

JAHRESZEITEN VERLAG

BRAND MEDIA

JAHRESZEITEN VERLAG GmbH

Der Feinschmecker Gourmet-Shop Bestellhotline Tel. 040/87 97 35 60
www.der-feinschmecker-shop.de

Vermarktung: BM Brand Media GmbH, Dorotheenstraße 84, 22301 Hamburg, www.brandmedia.de, Tel.: 040/27 17-32 33, Fax -43 43

Geschäftsführer: Mariette Adomeit / Alexander Kratz

Group Head Premium: Roberto Sprengel

Senior Brand Manager Premium: Sabine Rethmeier

Disposition Hamburg Anke Neitzel, Tel.: 040/27 17-24 17

Vertriebsleitung Der Feinschmecker Jörg-Michael Westerkamp

Objekt-Marketing Sonja Wünkhaus **Produkt-Marketing** Justus Hertle

Verlagsleitung Special Interest Oliver Voß

Geschäftsführung Special Interest Peter Rensmann

Verantwortlich für den redaktionellen Inhalt Madeleine Jakits

Verantwortlich für Anzeigen Roberto Sprengel

GourmetPictureGuide

Stefanie Lüken, Tel. 040/27 17-20 02,
syndication@jalag.de, www.jalag-syndication.de

Bei Interesse an Hotel- oder Restaurant-Fotografie: www.GourmetPictureGuide.de

iPUBLISH
GANSKE INTERACTIVE PUBLISHING

Redaktionstechnik iPUBLISH GmbH
Poßmoorweg 2, 22301 Hamburg
Telefon 040/27 17 39 00, Telefax 040/27 17 39 04
www.ipublish.de

TRAVEL HOUSE MEDIA

Vertrieb Buchhandel TRAVEL HOUSE MEDIA GmbH
Berg-am-Laim-Straße 47, 81673 München
Telefon 089/45 00 09-900, Telefax 089/45 00 09-901
www.travel-house-media.de